KB235614

# 행복디자인전도

도서출판
누가

# 행복디자인전도

**초판1쇄 발행** 2010년 2월 15일

**지은이** 박요섭
**펴낸이** 정종현
**펴낸곳** 도서출판 누가

**등록번호** 제20-342호
**등록일자** 2000. 8. 30.
**주소** 서울시 동작구 상도2동 186-7(3층)
**전화** (02)826-8802, **팩스** (02)825-0079
E - mail lukevision@hanmail.net

정가 12,000원
ISBN 978-89-92735-46-9

파본은 교환해 드립니다.
이 출판물은 저작권법에 의해 보호를 받는 저작물이므로 무단 복제할 수 없습니다.
독자의 의견을 기다립니다.

# 행복 디자인 전도

박요섭 지음

# | 서 문 |

하나님과 함께 행복을 여는 즐거운 여행
행복디자인전도…

청춘이란!
나이의 다소가 아니라 사명에 대한 불타는 열정이라고 말하고 싶다.
그리고 행복이란!
하나님과의 친밀한 동행이라고 말하고 싶다.

우리의 모든 삶은 "하나님의 지으신 모든 것이 선하다"(딤전 4:4)고 확신하며 즐거이 나가는 한 분명히 행복할 것이다. 종교 개혁자 마르틴 루터(Martin Luther)는 믿음을 일컬어 "우리가 자비로우신 하나님을 소유하고 있다는 즐거운 확신" 이라고 했다. 윌리엄 케리(William Carey) 선교사는 "하나님으로부터 위대한 것을 기대하라. 하나님을 위해 위대한 일을 시도하라(Expect great things from God, attempt great things for God!)"라고 말했다.

이러한 사실들이 모든 독자의 삶에서 현실화되기를 간절히 기도한다. 그리스도의 사랑으로 인한 행복한 삶이 이웃과 사회로 흘러넘치는 것이 행복디자인전도의 요지이다. 누군가 먼저 행복해지면 그 행복이 겉으로 드러나게 된다. 그리고 그것은 전파될 수밖에 없는 것이다. 따라서 내가 먼저 행복해지는 것이 행복디자인전도의 원리인 셈이다.

행복하지 못한 사람들이 너무 많다. 이는 자비로우신 하나님을 소유하고 있다는 즐거운 확신의 결여를 의미하는 것이기도 하다. 이러한 측면에서 행복디자인전도는 그리스도인의 '행복론'이기도 한 것이다.

다음으로는 이웃과 사회라는 우리를 둘러싼 환경에 대한 인식이 필요하다. 이웃과 사회를 도외시하거나 그 속으로 스며들 수 없다면 전도는 요원해진다. 그들과의 원활한 호흡이 필요하다. 가랑비에 옷이 젖는다는 말이 있다. 이러한 차원에서 잦은 교류와 접촉은 복음으로 젖어들게 할 수 있다는 것이다.

미국의 기상학자 에드워드 노턴 로렌츠(Edward Norton Lorenz)는 1960년대 대기연구를 하면서 나비 효과(The Butterfly Effect)라는 개념을 제시했다. 이것은 기존의 물리학으로는 설명할 수 없었던 '초기 조건에의 민감한 의존성'을 설명하는데 기여하였다. 즉 극히 작은 변화일지라도 그로 인해 결과적으로 엄청난 변화를 초래할 수 있는 경우를 설명한 것이다.

가령 브라질에서 생긴 나비 한 마리의 날갯짓이 대기의 흐름을 변화시켜 미국의 텍사스에서 토네이도를 발생시킬 수도 있다는 개념이다. 복음전도의 역사가 이러하지 않았던가? 이와 같은 차원에서 그리스도의 복음을 들고 이웃과 지역사회를 향해 행복을 디자인하자는 것이다.

유진 나이다(Eugene A. Nida)는 "훌륭한 선교사란 훌륭한 인류학자"라는 말을 했다. 전도의 역동적 대응(Dynamic Correspondence)에 대한 언급일 것이다. 비그리스도인들과 지역사회를 향한 우리의 전도 자세가 형식적 대응(Formal Correspondence)을 뛰어넘어야 할 것이다.

"여러분이 다른 나라로 복음을 전하러 갈 때에 여러분의 인격에서 나타나는 하나님의 사랑의 흔적과 형상 그 이상의 것을 가지고 갈 수는 없다. 사랑은 누구나 인지할 수 있는 보편적인 언어이다. 여러분이 중국이나 인도의 방언을 말할 수 있게 되려면 많은 시간이 필요할 것이다. 그러나 도착하는 그날부터 모든 사람이 이해할 수 있는 사랑의 언어는 자신도 모르는 사이웅변처럼 전달될 것이다."

헨리 드러먼드(Henry Drummond)의 이 말은 오늘날 우리에게도 그대로 적용된다. 복음전도는 말로만 하는 것이 아니라 그리스도인들의 사랑과 인격으로 한다는 것이 아닌가? 그래서 예수 그리스도의 편지요, 향기로 사는 삶의 총체적 의미로서의 전도를 하자는 것이다. 이것이 다름 아닌 행복디자인전도라는 것이다.

이러한 바탕 위에서 지역의 필요를 민감하게 수용하여 이끌어주는 시스템 속으로 사람들이 녹아들게 해야 한다. 이 단계에서라야 구체적인 프로그램이 강력한 자력처럼 막강한 힘을 발휘하게 된다. 이처럼 행복디자인전도에서 제시되는 프로그램과 시스템들이 아름답게 적용돼 전도의 새로운 시대가 도래하기를 기도한다.

성도들이 행복한 모습으로 앞서서 전도를 즐거워하는 생동감 넘치는 전도의 시대를 예감하며, 사도행전 2장의 말씀대로 주께서 구원받는 사람을 날마다 더하게 하시는 기쁨을 모든 성도와 교회들이 누릴 수 있게 되기를 뜨거운 가슴으로 두 손 모아 간절히 기도한다.

2010년 1월 1일
너무나도 좋으신 하나님을 찬양하며
박 요섭 목사

'행복디자인전도' 라는 의미를 살펴볼 때, 교회가 그리스도의 사랑과 하나님 백성 공동체의 행복을 지역사회에 스며들게 하는 데 아름답게 쓰임받자는 것이다. 이러한 차원에서 회중공동체의 가능성과 그 선교적 정체성을 발현하려는 모색에 박수를 보내며 기쁘게 추천하는 바이다. 이 책을 독서적 차원에서 읽고 도전 받는 것도 유익하겠지만 저자의 말처럼 '시대 가치적 구현' 으로써 교회 안에 작은 교회(ecclesiola in ecclesia)가 더 큰 활력을 갖는 전기가 되었으면 한다. '행복디자인전도' 가 또 하나의 프로그램이 아니라 예수그리스도를 통하여 이 땅에 임재하는 하나님나라를 전하며 세워나가는 일에 유용하게 쓰임 받기를 바란다.

교회가 처한 지역과 상황은 모두가 다를 것이다. 따라서 이 프로그램의 적용에 있어서도 그와 같을 것이다. 다만 하나님의 뜻을 찾아가고자하는 열정과 집약된 헌신을 통해 그리스도의 향기로, 또 편지로 성령 안에서 하나되며 각자의 처한 환경과 시간들을 비옥하게 가꾸어나가기를 기도한다. 저자는 학자이자 목회자로서 전국의 목회 현장을 찾아다니며 복음전도운동을 전개하고 연구하는 것을 보았다. 그 열매 가운데 또 하나가 이 책으로 엮어져 나온 것이다. 수년 동안의 연구와 경험으로 이루어진 이 출간이 많은 교회에 도전을 주며 복음전도의 물결을 더욱 세차게 하는데 크게 기여하리라고 기대한다.

황승룡 목사(신학박사)

호남신학대학교 명예총장

호남신학대학교 총장 역임, 호남신학대학교 교수(조직신학)

복음전도의 동역자 박요섭 목사님과 함께 고민하고 연구하던 일들이 '행복디자인전도' 라는 열매를 통해 출간됨을 기뻐하며 모두에게 추천하는 바이다. 저자는 늘 바른 목회와 교회부흥을 연구하고 실천하려는 학자이자 목회자이다.

본인도 연구와 학문을 게을리 하지 않으려고 요즘도 강의와 배움을 병행하고 있다. 현재 본인이 배움과 연구를 위해 속하여 있는 실천신학대학원대학교는 2009년 5월 26일 '제7회 국제실천신학심포지엄' 을 개최했다.

이에 앞서 5월 7일에는 연세대학교에서 이 심포지엄과 관련 '교회 간 양극화 현상 진단 · 작은 교회 살리기 대안 모색' 에 대한 기자간담회를 열었다. 작은 교회와 큰 교회의 양극화 심화현상이 그러잖아도 어려운 한국교회에 또 하나의 주요 침체 원인을 제공하고 있다는 지적이었다. 이러한 가운데 큰 교회의 보다 역동적인 선교적 사명의 실현과 작은 교회 살리기 방안을 모색해 보자는 것이었다.

이런 맥락에서의 '작은 교회 살리기 대안 모색' 연구에 본인이 담임하고 있는 웅포교회가 대상이 되어 기쁨과 아울러 부족함을 느낀다. '농어촌교회 살리기' 라는 방향에 있어서 웅포교회가 주목을 받다 보니 본인도 많은 강의를 할 수밖에 없었다.

크게 드러낼 것은 없다고 생각하여 극구 사양을 하면서도 갈급한 동역자들의 나눔에 대한 호소에 부족하나마 협조하려고 달려온 길일뿐이다. 그리스도인들이라면 그 누구라도 나름의 노력과 열심에도 불구하고 복음전도에 대한 갈망은 여전할 것이다. 이러한 때에 한 여름 소나기처럼 시원한 소식이 전해졌다.

'행복디자인전도' 라는 책이었다. 그리스도인들의 전도에 대한 부담을 봄 눈 녹듯 해소할 것으로 기대된다. 특별히 그리스도인들의 행복한 삶의 회복이라는 것이 마음을 사로잡는다. 이로 인해 그리스도의 사랑이 흘러넘치는 삶의 총체적의미로서의 전도를 실현해야 한다는 것은 그야 말로 획기적인 발상의 전환이요, 본질적 회복인 셈이다.

그리고 또한 바로바로 적용 가능한 구체적인 프로그램들이 놀랍다. 무엇보다도 교회들이 연합하여 일시에 많은 사람들을 교회로 오게 하는 시스템은 바라던 바였고 너무나 신선하다. 모쪼록 교회마다, '행복디자인전도' 로 새로운 부흥의 불길이 타오른다는 소식들이 곳곳에서 메아리쳐오기를 기대한다.

박재용 목사
웅포교회 담임
실천신학대학원대학교 실천신학박사(선교와 디아코니아 전공과정 중)

# | 차 례 |


서문

추천의 글

행복한 삶을 여는 20일 프로젝트


## 1부 11일 프로젝트(1.1.1)

첫째(1:God the Father)도, 둘째(1:God the Son)도, 셋째(1:God the Holy Spirit)도 하나님

### [날마다 부흥하는 교회로 만들어주는 행복디자인전도]

1. 행복디자인전도란   25

2. 전도는 표류하는 인류를 향한 희망의 편지 배달   30

3. 모두를 행복하게 하는 행복디자인전도   36

4. 총체적 선교 차원의 통전적 전도 시스템   42

5. 성도들의 삶이 행복으로 흘러넘치는 것이 전도   58

6. 성도들의 행복한 삶의 비결   64

7. 불신자가 호감 속에 달려오게 하는 전도방법의 개념 전환   83

8. 모든 성도들의 행복한 전도 아우성   91

9. 행복디자인전도를 열어가는 영성   98

10. 가서 제자 삼는 삶의 행복   108

11. 행복디자인전도를 향한 변화와 성숙   114


## 2부 6일 프로젝트(2.6)

침체된 상태에서의 변화와 약동을 통한 이륙(離陸, Taking Off)

**[교회의 패러다임 쉬프팅]**

1. 교회 부흥은 진정한 변화에서부터 시작된다  126

2. 우선순위의 패러다임 쉬프팅이 전제되어야 한다  137

3. 교회 부흥을 위한 구조로의 변화가 필요하다  143

4. 적응하는 목회가 아니라 변화의 주체로서의 목회가 필요하다  147

5. 성장 이데올로기에서 본질적 부흥으로의 목회적 전환이 필요하다  155

6. 본질적 토대의 구축위에 생명 나눔의 목회를 실천해야 한다  161


## 3부 5일 프로젝트(3.5)

비그리스도인들이 삼삼오오 몰려들게 함


**[행복디자인전도 실행 마스터링]**

• 행복디자인전도 실행을 위한 3P

1. 계획(Planning)  172

2. 사람들과 교육(People & Education)  219

3. 프로그램(Program)  292


• 행복디자인전도 실행을 위한 Q & A

1. 오픈 잉글리쉬(Open English)의 사용에 대한 이해  307

2. 행복디자인전도 실행 교육과 세미나  318

# 행복디자인전도

## 행복한 삶을 여는 20일 프로젝트

이 책을 읽는 스무날 동안 진실하고 행복한 삶으로 회복되기를 기도한다.
"하나님이여 내 속에 정한 마음을 창조하시고 내 안에 정직한 영을 새롭게 하소서 나를 주 앞에서 쫓아내지 마시며 주의 성령을 내게서 거두지 마소서 주의 구원의 즐거움을 내게 회복시켜 주시고 자원하는 심령을 주사 나를 붙드소서"(시편 51:10-12). 모든 성도들은 이 말씀의 실제적 체험을 이루며 살아야 할 것이다. 본 프로젝트는 행복한 삶을 회복하며 삶의 총체적 의미로서의 전도를 실천하도록 지원하는 아름다운 프로젝트이다.

### 본 프로젝트의 목적

· 하나. 자기중심을 깨뜨린다.
· 둘. 순종과 사랑의 사람이 된다.
· 셋. 말씀과 기도와 예배의 삶이 된다.
· 넷. 제자의 삶이 되어 자기 십자가를 지고 주님을 따른다.
· 다섯. 행복한 자기 자신, 행복한 가족, 행복한 교회로 인해 행복이 넘치는 전도의 삶이 되게 한다.

### 진행방법

① 말씀암송
② 독서와 행복
③ 회개와 변화 – 옆의 빈 공간에 해당하는 내용의 감동을 적는다. 필요한 경우 발표자료로 쓸 수도 있을 것이다.

## ♥ 1. 1. 1/일일일

첫째(1:God the Father)도, 둘째(1:God the Son)도, 셋째(1:God the Holy Spirit)도 하나님

◆ 날마다 부흥하는 교회로 만들어주는 행복디자인전도

## 행복한 삶을 여는 1일

1. 행복디자인전도란 (    월    일    요일)

"여호와는 나의 목자시니 내게 부족함이 없으리로다"(시편 23:1)

① 말씀 암송

② 독서와 행복

③ 회개와 변화

## 행복한 삶을 여는 2일

2. 전도는 표류하는 인류를 향한 희망의 편지 배달 (    월    일    요일)

"오직 성령이 너희에게 임하시면 너희가 권능을 받고 예루살렘과 온 유대와 사마리아와 땅끝까지 이르러 내 증인이 되리라 하시니라"(사도행전 1:8)

① 말씀 암송

② 독서와 행복

③ 회개와 변화

## 행복한 삶을 여는 3일

3. 모두를 행복하게 하는 행복디자인전도 (    월    일    요일)

"그리스도를 섬기는 자는 하나님을 기쁘시게 하며 사람에게도 칭찬을 받느니라"(로마서 14:18)

① 말씀 암송

② 독서와 행복

③ 회개와 변화

## 행복한 삶을 여는 4일

4. 총체적 선교 차원의 통전적 전도 시스템 (   월   일   요일)

"모든 사람으로 더불어 화평함과 거룩함을 좇으라 이것이 없이는 아무도 주를 보지 못하리라"(히브리서 12:14)

① 말씀 암송

② 독서와 행복

③ 회개와 변화

## 행복한 삶을 여는 5일

5. 성도들의 삶이 행복으로 흘러넘치는 것이 전도 (   월   일   요일)

"오직 성령의 열매는 사랑과 희락(喜樂)과 화평과 오래 참음과 자비와 양선과 충성과 온유와 절제니 이같은 것을 금지할 법이 없느니라"(갈라디아서 5:22-23)

① 말씀 암송

② 독서와 행복

③ 회개와 변화

## 행복한 삶을 여는 6일

6. 성도들의 행복한 삶의 비결 (   월   일   요일)

"그는 시냇가에 심은 나무가 철을 따라 열매를 맺으며 그 잎사귀가 마르지 아니함 같으니 그가 하는 모든 일이 다 형통하리로다"(시편 1:3)

① 말씀 암송

② 독서와 행복

③ 회개와 변화


## 행복한 삶을 여는 7일

7. 불신자가 호감 속에 달려오게 하는 전도방법의 개념 전환

( 월 일 요일)

"네 이웃을 네 몸과 같이 사랑하라"(마태복음 22:39)

① 말씀 암송

② 독서와 행복

③ 회개와 변화


## 행복한 삶을 여는 8일

8. 모든 성도의 행복한 전도 아우성 ( 월 일 요일)

"하나님은 모든 사람이 구원을 받으며 진리를 아는 데에 이르기를 원하시
느니라 하나님은 한 분이시요 또 하나님과 사람 사이에 중보자도 한 분이시
니 곧 사람이신 그리스도 예수라"(디모데전서 2:4-5)

① 말씀 암송

② 독서와 행복

③ 회개와 변화


## 행복한 삶을 여는 9일

9. 행복디자인전도를 열어가는 영성 ( 월 일 요일)

"형제들아 내가 너희에게 전한 복음을 너희에게 알게 하노니 이는 너희가
받은 것이요 또 그 가운데 선 것이라 너희가 만일 내가 전한 그 말을 굳게

지키고 헛되이 믿지 아니하였으면 그로 말미암아 구원을 받으리라"(고린도
전서 15:1-2)

① 말씀 암송

② 독서와 행복

③ 회개와 변화


## 행복한 삶을 여는 10일

10. 가서 제자 삼는 삶의 행복 (   월   일   요일)

"너희는 가서 모든 민족을 제자로 삼아 아버지와 아들과 성령의 이름으로
세례를 베풀고"(마태복음 28:19)

① 말씀 암송

② 독서와 행복

③ 회개와 변화


## 행복한 삶을 여는 11일

11. 행복디자인전도를 향한 변화와 성숙 (   월   일   요일)

"너희는 이 세대를 본받지 말고 오직 마음을 새롭게 함으로 변화를 받아 하
나님의 선하시고 기뻐하시고 온전하신 뜻이 무엇인지 분별하도록 하라"(로
마서 12:2)

① 말씀 암송

② 독서와 행복

③ 회개와 변화

## ♥ 2.6/이륙(離陸, Taking Off)

침체된 상태에서의 변화와 약동을 통한 이륙

◈ 교회의 패러다임 쉬프팅

### 행복한 삶을 여는 12일

1. 교회 부흥은 진정한 변화에서부터 시작 (　월　일　요일)

"너희는 유혹의 욕심을 따라 썩어져 가는 구습을 따르는 옛 사람을 벗어 버리고 오직 너희의 심령이 새롭게 되어 하나님을 따라 의와 진리의 거룩함으로 지으심을 받은 새 사람을 입으라"(에베소서 4:22-24)

① 말씀 암송

② 독서와 행복

③ 회개와 변화

### 행복한 삶을 여는 13일

2. 우선순위의 패러다임 쉬프팅이 전제 되어야 함 (　월　일　요일)

"너희는 먼저 그의 나라와 그의 의를 구하라 그리하면 이 모든 것을 너희에게 더하시리라"(마태복음 6:33)

① 말씀 암송

② 독서와 행복

③ 회개와 변화

### 행복한 삶을 여는 14일

3. 교회 부흥을 위한 구조로의 변화가 필요 (　월　일　요일)

"새 포도주를 낡은 가죽 부대에 넣지 아니하나니 그렇게 하면 부대가 터져 포도주도 쏟아지고 부대도 버리게 됨이라 새 포도주는 새 부대에 넣어야 둘이 다 보전되느니라"(마태복음 9:17)

① 말씀 암송
② 독서와 행복
③ 회개와 변화

### 행복한 삶을 여는 15일

4. 적응하는 목회가 아니라 변화의 주체로서의 목회가 필요

( 월 일 요일)

"내가 진실로 진실로 너희에게 이르노니 한 알의 밀이 땅에 떨어져 죽지 아니하면 한 알 그대로 있고 죽으면 많은 열매를 맺느니라"(요한복음 12:24)

① 말씀 암송
② 독서와 행복
③ 회개와 변화

### 행복한 삶을 여는 16일

5. 성장 이데올로기에서 본질적 부흥으로의 목회적 전환이 필요

( 월 일 요일)

"내 이름으로 일컫는 내 백성이 그들의 악한 길에서 떠나 스스로 낮추고 기도하여 내 얼굴을 찾으면 내가 하늘에서 듣고 그들의 죄를 사하고 그들의 땅을 고칠지라"(역대하 7:14)

① 말씀 암송
② 독서와 행복
③ 회개와 변화

6. 본질적 토대의 구축 위에 생명 나눔의 목회를 실천해야 함

(   월   일   요일)

"예수께서 이르시되 나는 생명의 떡이니 내게 오는 자는 결코 주리지 아니할 터이요 나를 믿는 자는 영원히 목마르지 아니하리라"(요한복음 6:35)

① 말씀 암송

② 독서와 행복

③ 회개와 변화

## 3부 5일 프로젝트

♥ *3.5/삼삼오오*

비그리스도인들이 삼삼오오 몰려들게 함

◆ 행복디자인전도 실행 마스터링

• 행복디자인전도 실행을 위한 3P



1. 계획(Planning) (   월   일   요일)

"사람이 마음으로 자기의 길을 계획할지라도 그의 걸음을 인도하시는 이는 여호와시니라"(잠언 16장 9절)

① 말씀 암송

② 독서와 행복

③ 회개와 변화

### 행복한 삶을 여는 19일

2. 사람들과 교육(People & Education) (   월   일   요일)

"지혜 있는 자는 궁창의 빛과 같이 빛날 것이요 많은 사람을 옳은 데로 돌아오게 한 자는  별과 같이 영원토록 빛나리라"(다니엘 12:3)

① 말씀 암송

② 독서와 행복

③ 회개와 변화

### 행복한 삶을 여는 20일

3. 프로그램(Program) (   월   일   요일)

"그의 위에 여호와의 영 곧 지혜와 총명의 영이요 모략과 재능의 영이요 지식과 여호와를 경외하는 영이 강림하시리니"(이사야 11:2)

① 말씀 암송

② 독서와 행복

③ 회개와 변화

• 행복디자인전도 실행을 위한 Q & A

1. 오픈 잉글리쉬(Open English)의 사용에 대한 이해

"예수께서 이르시되 할 수 있거든이 무슨 말이냐 믿는 자에게는 능치 못할 일이 없느니라 하시니"(마가복음 9:23)

① 말씀 암송

② 독서와 행복

③ 회개와 변화

2. 행복디자인전도 실행 교육과 세미나

"너는 마음을 다하여 여호와를 신뢰하고 네 명철을 의지하지 말라 너는 범사에 그를 인정하라 그리하면 네 길을 지도하시리라"(잠언 3:5-6)

① 말씀 암송

② 독서와 행복

③ 회개와 변화

"네 하나님 여호와를 경외하여 그의 모든 도를 행하고 그를 사랑하며 마음을 다하고 뜻을 다하여 네 하나님 여호와를 섬기고 내가 오늘 네 행복을 위하여 네게 명하는 여호와의 명령과 규례를 지킬 것이 아니냐"(신명기 10:12-13)

행복을 여는 20일을 마치신 —————, 당신께
하나님의 지극한 사랑하심과
귀한 은혜와 인도하심이 충만하시기를 축복합니다.

# 1부 11일 프로젝트 1.1.1 / 일일일

첫째(1:God the Father)도,

둘째(1:God the Son)도,

셋째(1:God the Holy Spirit)도 하나님

날마다 부흥하는 교회로 만들어주는 행복디자인전도

# 1부

**날마다 부흥하는 교회로 만들어주는 행복디자인전도**


1. 행복디자인전도란

2. 전도는 표류하는 인류를 향한 희망의 편지배달

3. 모두를 행복하게 하는 행복디자인전도

4. 총체적 선교 차원의 통전적 전도시스템

5. 성도들의 삶이 행복으로 흘러 넘치는 것이 전도

6. 성도들의 행복한 삶의 비결

7. 불신자가 호감속에 달려오게 하는 전도방법의 개념 전환

8. 모든 성도의 행복한 전도 아우성

9. 행복디자인전도를 열어가는 영성

10. 가서 제자 삼는 삶의 행복

11. 행복디자인전도를 향한 변화와 성숙

# 행복한 삶을 여는 1일

## 1. 행복디자인전도란

"여호와는 나의 목자시니 내게 부족함이 없으리로다"(시편 23:1)

전도는 그리스도인들의 본능과 같은 것이어서 일상생활 속에서 삶의 호흡처럼 해야 할 일이다. 그러나 그 방법은 시대적이며, 시대 견인적(牽引的)이어야 한다. 전도는 하나님의 명령이요, 기뻐하시는 일이니 그리스도인들의 사명이다. 그렇다면 전도는 우리의 기쁨이요, 역동성으로 나타나야 할진대 언제부터인가 무거운 짐처럼 힘들고 어려운 일로 인식이 되기 시작했다는 것이다.

이를 극복하기 위해 모두가 나름대로 최선을 다하고 있지만 서서히 지쳐가는 교회들도 없지 않다. 여기저기에서 교회성장이며 전도 세미나가 열리고 교회마다 목표를 세우고 구호를 외치며 결단한다. 전도지는 기본이고 화장지, 이쑤시개, 사탕, 비타민, 월간지, 문고리 전도지, 반지 고리 등등을 만드는데 적게는 수십만 원에서부터, 때론 천여만 원이 넘는 예산을 들여가며 전도에 전력투구하기도 한다.

하지만 돌아오는 결과로 인한 가장 큰 부담은 실망보다도 성도들이 전도 의욕마저도 꺾이지나 않을까하는 안타까운 마음이다. 이제 행복한 마음으로 복음을 전하는 행복디자인전도로 발걸음을 옮겨보자. 그러면 전도에는 달란트가 없다고 생각했던 성도들일지라도 전도에 자신감을 얻을 수 있게 될 것이다.

전도하느라 힘들고 어렵고 자존심 상했던 일들이 더는 반복되지 않게 될 것이다. 전도의 길이 막힌 것 같다고 한다. 여기저기에서 어려움을 호소한다. 이때 이 행복디자인전도가 한여름 더위를 식히고 생명의 물줄기를 공급하는 소나기처럼 곳곳에서 전도의 타는 목마름을 해소할 수 있기를 간절히 기도한다.

그렇지만 잊지 말아야 할 것은 아무리 좋고 탁월한 방법이 있어도 추진할 동력이 없으면 무용지물이라는 사실이다. 전도는 방법이나 기술에 앞서 영혼구령에 대한 불타는 열정이 있어야 한다. "오직 성령이 너희에게 임하시면 너희가 권능을 받고 예루살렘과 온 유대와 사마리아와 땅 끝까지 이르러 내 증인이 되리라 하시니라"(사도행전1:8).

"목회는 바로 전도이다"라는 외침이 있다. 전도에 최우선을 둔 목회철학인 것이다. 이런 교회는 당연히 담임 목회자부터 전도에 대한 열정과 헌신으로 넘쳐흐를 것이다. 바울 사도의 "그리스도의 사랑이 우리를 강권하시는 도다"(고린도후서 5:14)라는 외침을 보면 그가 잃어버린 영혼에 대해 얼마나 뜨거운 열정을 불살랐던가를 엿볼 수 있다.

담임목사가 전도에 주력하는 교회는 성도들도 그렇게 된다. 그러니 성장하게 되는 것은 당연한 귀결이 아니겠는가? 안산동산교회 김인중 목사님 역시 성도가 1,000명이 될 때까지 자신이 직접 매일 10명 이상씩 개인 전도를 했다고 한다.

이런 교회는 교회의 모든 관심사와 프로그램의 초점이 전도에 맞추어지는 것이다. 그러므로 늘 역동적이고 건강하다. 전도하는 신자는 예수 믿는 것이 곧 전도라는 의식으로 삶의 총체적인 의미가 전도로 가득한 사람이다. 이것이야말로 삶의 본질적인 행복이 아니겠는가? 이런 행복을 주변으로 전파하는 것이 행복디자인전도의 원리인 것이다.

디자인(Design)은 우리의 오늘을 이끌어왔고, 우리의 미래를 좌우할 중요한 분야일 것이다. 일반적으로 디자인(Design)이라고 하면 주어진 어떤

교회마다, 마을마다, 행복디자인전도의

# 행복한 전도 아우성

행복디자인전도 전략이 제공하는 프로그램들의 특징은 다음과 같다.

◉ 하나, 전하는 자나 듣는 자가 모두 행복하다.

◉ 둘, 모두에게 억지가 아니고 즐겁고 기쁜 일이다.

◉ 셋, 전하는 자는 신나고 듣는 자는 유용하다.

◉ 넷, 전하는 자는 기쁘고 듣는 자는 감사하고 감격한다.

◉ 다섯, 언제나 전할 수 있고 많은 사람들이 호감속에 달려오게 한다.

목적을 달성하기 위하여 의도적으로 선택하고 합리적으로 구성하여 유기적인 통일을 얻는 창조활동이라 할 것이다. 이에 대한 결과가 곧 디자인의 실체라고 볼 수 있다. 디자인은 인간의 의도적인 노력의 산물로 구체화되는 실체인 것이다. 이것은 곧 인간의 생활이었고 문명이 되어 왔다. 산업 생산적 측면에서의 디자인은 미(美)의 과학인 셈이다.

디자인은 우리 생활에 즐거움과 아름다움 그리고 편리를 선사해 왔다. 이러한 차원에서 바라보는 중요한 미래적 가치는 이 지구촌 모두가 행복하고 편리하게 공존하며 상생할 수 있는 디자인 능력을 배양하는 일이다. 이는 대부분을 산업 생산적 실체로 드러나는 차원에서 보는 견해이다.

그러나 이제는 좌뇌적인 차원을 넘어 우뇌적 차원의 디자인을 생각해야 한다. 다시 말해 삶의 의미로서의 지 · 정 · 의와 연관된 어떠한 패턴(Pattern) 또는 존재 이유와 목적을 이야기하며 의미를 부여하고 가치를 창출하는 디자인의 시대가 도래한 것이다.

바버라 챈들러 앨런(Barbara Chandler Allen)은 "디자이너가 되는 것은 변화의 중개자가 된다는 것을 뜻한다.”라는 말을 했고 미래학자 다니엘 핑크(Daniel H. Pink)도 예술성, 공감능력, 통찰력 등 우뇌 능력이 더욱 중시되는 관념화의 시대(Conceptual Age)로의 이동을 강조하였다.

그리스도인들은 이제 나와 다른 사람들의 행복을 디자인하는 변화의 중개자가 되어야 한다. 이러한 차원에서 행복하게 전도할 수 있어야 한다. 복음 전도야말로 인간 최대의 행복을 디자인할 참된 기쁨과 소망을 전달하는 일이다.

동일한 사고와 시선으로는 지나온 과정과 다른 것들을 생각하거나 볼 수 없다. 세상은 날마다 변화하고 있다. 교회의 패러다임은 이 변화하는 세상을 이끌어 가도록 변화해야 한다. 이제까지와 같은 사고와 시선으로는 늘 같은 것밖에는 보이지 않을 것이다. 전도적 측면에서의 변화는 무엇보다도 지역사회와의 관계변화에서부터 시작되어야 한다.

교회가 하나님의 백성 공동체로써 지역사회를 섬기며 그리스도의 사랑을 실천하는 것은 지역주민들이 교회를 올바르게 알고 인식하도록 왜곡된 시각을 바꾸어놓는 일이다. 이러한 교회들은 하나 같이 성도들은 행복하고 지역으로부터 사랑받으며 교회는 성장한다.

우리가 그리스도 안에서 늘 행복하게 잘 사는 것이 하나님을 기쁘시게 해드리는 것이다. “항상 기뻐하라 쉬지 말고 기도하라 범사에 감사하라 이는 그리스도 예수 안에서 너희를 향하신 하나님의 뜻이니라”(데살로니가전서 5:16-18). 이 말씀 안에는 우리가 늘 행복하게 살기를 바라시는 하나님의 사랑이 깊이 스며 있다.

우리는 이 사랑과 은혜에 감격해야 한다. 무엇보다도 최우선은 구원의 은총에 감격해야 한다. 이것이 바로 십자가의 사랑이 아닌가! 이로 인해 영영 죽을 수밖에 없었던 우리가 영생과 무한한 복락을 누리게 되었다. 성경은 “십자가의 도(道)가 멸망하는 자들에게는 미련한 것이요 구원을 얻는 우리에게는 하나님의 능력이라"(고린도전서 1:18)라고 한다.

이러한 새 생명과 회복에 대한 감사와 감격이 있는 성도에게는 하나님의 능력이 나타난다. 이런 성도 개개인에게는 날마다 넘치는 행복이 솟아나게 된다. 이것이 교회 공동체를 적시고 나아가 이웃과 지역사회로 흘러넘쳐야 한다. 바로 이런 하나님의 사랑과 역사(役事), 그로인해 넘치는 행복으로 이웃과 지역사회를 행복하게 만들어주는 데 쓰임 받으며 예수님을 전하는 방법이 행복디자인전도이다.

## 행복한 삶을 여는 2일

### 2. 전도는 표류하는 인류를 향한 희망의 편지 배달

"오직 성령이 너희에게 임하시면 너희가 권능을 받고 예루살렘과 온 유대와 사마리아와 끝까지 이르러 내 증인이 되리라 하시니라"(사도행전 1:8)

자본주의 발전은 그 유익에 못지않게 많은 모순을 낳고 있다. 무엇보다도 사람과 사람의 연대성이 물질 중심적으로 방향을 바꾸고 그쪽으로 정착해 가고 있다. 즉 나와 타인의 관계를 실리적인 이용 가치에 의해서만 평가하려는 경향이 강하다. 그야말로 인간성이 상실되고 있다.

아리스토텔레스(Aristoteles)는 그의 윤리학에서 '선(善)'을 이야기하는데, 인간에게 있어서 최고의 선(善)은 과연 무엇인가? 개인적인 안목과 시야에서만 해석하려고 든다면 그야말로 천차만별이 될 수밖에 없다. 하나님께서 창조하신 만물은 그 수만큼이나 다양한 특성을 지니고 있겠지만 하나님의 섭리 가운데 펼쳐지는 자연의 질서와 조화 속에서 살아야만 한다.

도스토예프스키(Dostoevski)는 "하나님이 존재하지 않는다면 윤리도 존재할 수 없다."는 말을 남겼다. 인간들이 자신의 행위에 대해 답변해야 할 최종적 권위가 자신들에게 있는 것처럼 행동한다면 인간 욕심에 따른 모든 것이 허용돼 버릴 것이다. 따라서 인류는 약육강식의 논리로 지배되고 말 것이다.

하나님을 생각하지 않는 윤리란 이렇게 위험한 인본주의적 기준일 뿐이다. 어거스틴(St. Augustine)은 "위풍당당하게 불의의 길을 걸어가는 것보다 절뚝거리며 의의 길을 걸어가는 것이 축복이다."라고 하였다. 인간의 욕망을 선(善)으로 본다면 이러한 끝 모를 연속적 상승은 결론적으로 궁극적인 목표가 없는 것이나 마찬가지이며 또한 무의미한 일이 되고 만다.

모든 것에서 통전적인 안목을 잃어버리면 왜곡된 시야에서 바라볼 수 밖에 없는 것이다. 마찬가지로 '최고선(The Supreme Good)'이라는 것도 인간의 삶 전체를 넘어 천지를 주관하시고 섭리하시는 하나님을 올바로 바라보는 시야에서 의미를 논해야 그 윤곽의 실체를 서서히 파악해갈 수 있을 것이다.

행복은 무엇일까? 사람은 저마다 나름의 철학을 가지고 있을 것이다. 돈을 잘 벌어 편안하게 사는 것, 출세하는 것, 맘에 드는 사람과의 결혼, 사업에서의 성공 등 너무나도 다양하고 많을 것이다. 이런 차원에서 보면 과연 우리에게 지속적인 행복이라는 것이 존재할 수 있겠는가?

현대를 살아가는 우리에겐 타자(他者)가 들어갈 틈이 별로 없다. 사람들은 자신의 유익을 위해 관계를 맺고 살아간다. 하지만 오로지 자신의 유익만을 위한 이기적 출발에서의 관계라면 집착하면 할수록 더욱더 외로움과 불만을 느끼며 고립 속으로 빠져들게 될 것이다. 모든 관계에서 참된 만남의 관계를 넘어 어떤 목적성이 우위를 차지하게 되면 그 만남은 지는 해와 같이 결국 빛을 잃고 사라지게 된다. 나와 내 가족만을 생각하는 행복은 결코 참다운 행복을 가져다주지 못한다.

그리스어로 행복을 뜻하는 말은 '에우다이모니아(Eudaimonia)'이다. 행복을 주관적인 안녕감이라고 보기도 하지만 에우다이모니아(Eudaimonia)는 주관적인 동시에 객관적인 의미를 담고 있다. 일반적으로 사람들은 대부분 바라는 것을 이루었을 때 행복하다고 믿는다. 아리스토텔레스(Aristoteles)의 관점은 그것이 옳을 수도 있고 그렇지 못할 수도 있다는 것이다.

아리스토텔레스(Aristoteles)는 그의 저서 '니코마코스 윤리학(Ethica Nicomachea)'에서 에우다이모니아(Eudaimonia)의 필요조건으로 이런 세

가지를 제시한다. 첫째는 외적인 조건들이 필요하다는 것이고, 둘째는 기능의 탁월성을 갖추어야 하고, 셋째는 덕을 실천하는 활동이어야 한다는 것이다. 즉 행복은 나만이 누리는 쾌락에 있는 것이 아니라 덕에 합치하는 능동성이 함께 있어야 한다는 것이다.

다시 말해 마음의 상태만이 아니라 거기에 동반하는 행동이 필요하다는 말이다. 우리가 흔히 말하는 행복의 의미에는 공동체 의식이 결여된 것이 많다. 그래서 웰빙(Well-being : 몸과 마음이 조화를 통해 행복하고 안락한 삶을 이루는 삶의 유형)을 넘어 로하스(LOHAS : Lifestyles Of Health And Sustainability, 건강과 지속가능성을 고려하며 자신의 행복뿐 아니라 지구환경의 보전을 추구하는 개념)의 삶을 추구하는 것이다. 무인도에서의 대통령 지위, 수천억의 돈이 과연 무슨 의미가 있겠는가?

아리스토텔레스(Aristoteles)의 최고선(最高善)은 그의 행복론을 대변할 것이다. 그가 말하는 행복은 본능적인 욕구가 과연 정말 바람직하고 좋은 것인지 삶의 총체적 시야에서 확인되어야 함을 강조한 것이 아니겠는가?

우리는 이런 관점을 놓치지 말아야 함은 물론 성경 말씀에 주목해야 함이 핵심이다. 그리스도의 가르침은 언제나 나눔과 사랑이었다. 작금의 현실을 바라보면 노사분규는 끊임없이 연례적인 이슈가 되었고, 정신병, 자살, 범죄 정도를 넘어 사이코패시(Psychopathy : 인격적 결함의 정신병질 일종으로 반사회적 인격 장애)적 범죄가 인간 타락의 극치를 드러내고 있다.

사람들은 소속감을 잃어버렸고, 가치 판단의 기준마저 흔들리고 있다. 우리는 무엇을 권장하고 무엇을 금해야 하는지도 오리무중인 것 같다. 보수와 진보의 대결이 그렇지 않은가? 평범한 사람들은 너무나 혼란스럽다. 도대체 무엇에 따라 행동해야 옳은지 판단하기 어려운 상태를 느끼게 한다. 이데올로기적인 왜곡양상의 중병은 회복이 불가능할 것처럼 반목의 골이 깊다.

그릇된 방법을 써서 경제적 이득을 취하려 하는 일들이 비일비재하다. 유전무죄(有錢無罪), 무전유죄(無錢有罪)라는 말이 한 죄수의 자기변명 정도의 넋두리라고 치부할 수 없는 일들이 곳곳에서 너무 많이 드러난다. 도박, 불법 다단계, 부동산투기 등등의 한탕주의가 사회적으로 위험수위에 육박하고 있다.

이처럼 극심한 혼란 속에서 현실은 일반적인 적실성(適實性, Relevance)을 갖는 행위양식이나 규범을 창출하지 못하고 표류하는 듯하다. 이러한 현상을 프랑스의 사회학자 에밀 뒤르껭(Emile Durkheim)은 아노미(Anomie)[1]라고 하였다.

그저 남이 장에 가면 나도 가야 하고, 남이 좋은 집, 좋은 차를 사면 나도 사야 한다고 생각한다. 내가 남보다 못할 것이 없다는 저급한 평등주의는 무분별한 모방심리나 질투심을 부추기는 천박한 이데올로기로 변질되어 버렸다. 이러한 현상의 문제는 공동체 유지에 필요한 정당한 권위를 부정하거나 가로막는 위험한 무기로 변질되고 있다.

막스 베버(Max Weber)는 현대사회를 분석하는 가장 기본적인 개념을 합리화로 보았다. 그는 자신의 목적 달성을 위해 가장 효율적인 방법으로 살게 되는 것을 합리화라고 생각했으며 이러한 과정을 현대화라고 보았다. 그는 "영혼을 잃어버린 전문가, 인정을 잃어버린 감각주의자, 이런 무가치한 사람들은 이전에는 이룰 수 없었던 수준의 문명을 얻었다고 상상한다."라는 말로 자신의 심정을 대변한 듯하다.

현대화의 과정은 사람들을 유능하게 한지는 몰라도 마침내 인간을 기계

---

1) 아노미(Anomie)
프랑스의 사회학자 에밀 뒤르껭(Emile Durkheim)의 저서인 "사회 분업론"과 "자살론"에서 사용된 용어인데 사회적 혼란으로 인해 지배적인 규범이나 가치가 붕괴되면서 여러 가지 갈등하는 규범이나 가치가 공존하게 되는 현상을 일컫는다. 이렇게 되면 사회적, 개인적 불안정이 심화되어 삶의 가치와 목적의식을 잃고 심한 무력감과 상실감에 빠지게 된다. 심한 경우 정신적 혼란과 자포자기로 인해 자살에 이르는 극단적인 행동이 나타나기도 한다.

적, 도구적으로 전락시키고 만 것이다. 그래서 막스 베버(Max Weber)는 현대인을 인간으로서의 자유와 존엄성을 잃어버린 '강철우리(Steel Cage)'에 갇힌 존재로 만들었다는 안타까움을 토로한 것이 아니겠는가?

현대 사회의 합리성은 인간을 쓸모 있는 유능한 도구로 만들므로 인해 풍요를 선물 받았다. 우리 속담에 "말 타면 종 부리고 싶다."는 말이 있다. 욕심은 끝이 없다. 잉여생산은 인간을 교만하게 만들 소지가 많다. 그래서 우리는 언제나 하나님의 말씀과 성령의 감동에 순종해야 한다.

예수님께서는 돈에 대한 자세를 많이 말씀하셨다. 인간이 유독 물질에는 약한 본성을 가장 잘 드러내기 때문이 아니겠는가? 그야말로 돈은 사람의 인격을 그대로 드러내는 거울과도 같다.

"너희는 조심해서 모든 탐욕을 삼가라. 사람의 생명이 그 소유의 넉넉함에 있는 것이 아니다. 또 비유로 그들에게 말하여 말씀하시되 한 부자가 그 밭에 소출이 풍성하매 마음에 생각하여 이르되 내가 곡식 쌓아 둘 곳이 없으니 어찌할까 하여 내 곳간을 헐고 더 크게 짓고 내 모든 곡식과 물건을 거기 쌓아 두리라 또 내가 내 영혼에게 이르되 영혼아 여러 해 쓸 물건을 많이 쌓아 두었으니 평안히 쉬고 먹고 마시고 즐거워하자 하리라 하였다. 하나님은 그에게 이르시되 어리석은 자여 오늘 밤에 네 영혼을 도로 찾으리니 그러면 네 준비한 것이 누구의 것이 되겠느냐 하셨다"(누가복음 12: 15-21). 자기를 위해서는 많은 재물을 쌓아 두면서도 하나님께 대해서는 부요하지 못한 사람은 이와 같은 것이다.

인간의 이기적인 속성은 경제가 발전하고 물질이 풍부해지면 안락과 쾌락을 찾게 된다. 이렇게 되면 인간성 상실과 타락이 기다렸다는 듯이 나타난다. 따라서 급속한 세속화의 물결은 걷잡을 수 없는 해일처럼 밀려들게 되는 것이다. 유럽의 교회는 이미 오래전부터 비어가고 한국교회도 마이너스를 기록하고 있다. 그러나 주목할 점은 어떤 경우라도 인간의 중요성은 불변하고 없어질 수 없다는 것이다. 그래서 사람들은 하나님을 찾게 되고 회복의 은혜를 경험하게 되는 것이다.

오랜 공산화 속에서 종교가 마약으로 취급받아왔던 저 중국의 복음화 물결은 이를 증명해 주고 있다. 인간은 하나님의 형상으로 지음 받았기 때문에 내적인 평안을 찾게 되는 것이 당연하다. 인류는 늘 자신들이 어디에서 와서 어디로 가는지에 많은 관심을 둬왔다. 그러나 그 누구도 이 해답을 얻지 못했다. 그것은 오직 하나님 안에서만 가능한 것이기 때문이다. 과학화와 세속화의 상황 속에서 번영과 향락을 추구해온 현대사회는 막다른 골목에 도달 된 듯한 느낌마저 들게 한다.

하나님께서 우리와 함께 하시지 않으면 우리는 우리 인생의 근본적이고 본질적인 문제의 해답을 찾을 수 없다. 하나님께서는 이 해답을 우리에게 전하라는 것이다. 이 아름답고 행복한 이야기를 기쁨으로 전하는 것이 전도이다. 한 알의 씨앗에도 봄, 여름, 가을, 겨울의 각기 다른 향기와 아름다운 이야기가 있다.

우리가 전하는 복음은 지상 최대의 기쁨이며 아름다운 이야기요, 하나님의 창조 섭리와 구원의 사랑이 넘쳐흐르는 생명의 이야기이다. 그러므로 우리는 전도라는 아름다운 편지로 표류하는 인류를 향해 희망의 손짓을 해야 한다. 이 편지의 전달 가방이 바로 '행복디자인전도' 가 아니겠는가?

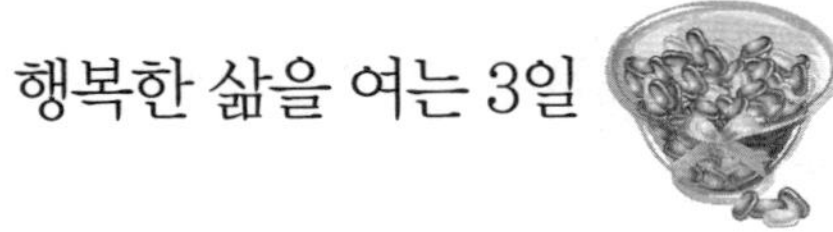

# 행복한 삶을 여는 3일

## 3. 모두를 행복하게 하는 행복디자인전도

"그리스도를 섬기는 자는 하나님을 기쁘시게 하며 사람에게도 칭찬을 받느니라"(로마서 14:18)

그리스도인들이 늘 마음속에 간직하고 점검하며 살아야 할 두 가지 중요한 명령이 있다. 첫 번째는 전도하라는 것이다. "모든 족속으로 제자를 삼아 아버지와 아들과 성령의 이름으로 세례를 베풀고"(마태복음 28:19). 두 번째는 서로 사랑하라는 것이다. "예수께서 가라사대 네 마음을 다하고 목숨을 다하고 뜻을 다하여 주 너의 하나님을 사랑하라 하셨으니 이것이 크고 첫째 되는 계명이요, 둘째도 그와 같으니 네 이웃을 네 자신 같이 사랑하라 하셨으니 이 두 계명이 온 율법과 선지자의 강령이니라"(마태복음 22:37-40).

요한일서 4장 16절은 "하나님이 우리를 사랑하시는 사랑을 우리가 알 수 있고 믿을 수 있다. 하나님은 사랑이시라 사랑 안에 거하는 자는 하나님 안에 거하고 하나님도 그 안에 거하신다."라고 이야기한다. "하나님은 사랑이시다."라는 것이다.

그러므로 우리에게도 서로 사랑하라고 말씀하시는 것이다. 우리는 주님의 제자이다. 제자는 주님을 사랑하는 사람이다. 그래서 그리스도인들이 살아가는 원리요, 삶의 존재 방식은 사랑이다. 주님의 말씀은 "새 계명을 너희에게 주노니 서로 사랑하라"(요한복음 13:34)는 것이다. 그러므로 하나님을 사랑하기 때문에 사람들을 사랑하고 섬겨줄 수 있어야한다.

따라서 우리는 사랑함으로 주님의 제자임을 보여주어야 한다. "새 계명을 너희에게 주노니 서로 사랑하라 내가 너희를 사랑한 것 같이 너희도 서로 사랑하라, 너희가 서로 사랑하면 이로써 모든 사람이 너희가 내 제자인 줄 알리라"(요한복음 13:34-35). 이런 모습을 통해 세상은 우리를 주님의 제자라고 인정하게 되는 것이다.

이처럼 전도와 사랑이라는 두 가지를 마음에 새기고 사는 그리스도인들 삶의 의지를 현실화하는 한 가지 방법이 '행복디자인전도'인 셈이다. '행복디자인전도'는 그리스도로 인해 솟아나는 나의 행복을 이웃과 사회로 흘러넘치게 하는 것이다.

이로인해 여기저기가 온통 그리스도의 향기로 가득해짐으로써 지역사회가 변화되고 행복하게 만들어져 가야 한다. 그러므로 행복디자인전도는 나는 물론 모두가 행복해지도록 만드는 일이다. 이로 인해 오히려 행복디자인을 만들어가는 스스로가 더더욱 행복하게 되는 신비로운 사역이 '행복디자인전도'이다.

행복은 시대를 막론하고 표현방식의 차이는 있었지만 모든 인간이 추구해온 가치이다. 사회의 행복 없이는 개인의 행복도 없다는 주장이 있다. 또한 반대로 보면 개인의 행복 없이는 사회의 행복도 어려운 것이다. 이것은 어느 것이 먼저냐를 떠나서 영육간의 문제처럼 상호적이고 공생적이어야 한다.

다만 행복의 구조적인 틀을 지키고 보호하기 위해서 공공의 안녕을 위한 질서와 윤리가 선행되어야 함은 당연한 것이다. 근대 이전의 사회에서 행복의 개념은 객관적이고 구조적인 측면, 즉 외부로부터의 내적 지향의 인상이 짙었다. 그러나 오늘날의 행복은 안으로부터의 성향이 중심을 이룬다. 다시 말해 주관적이고 선택적인 영역에서 비롯되고 있다는 것이다.

하버드대학교에서는 탈벤 샤하르(Tal Ben-Shahar) 교수의 행복론이 가장 인기 있는 강좌라고 한다. 이는 현대사회를 이해함에 있어서 행복이 얼마나 중요한 위치를 점하고 있는가를 대변하는 것이 아니겠는가? 탈벤 샤하르(Tal Ben-Shahar) 교수는 "행복도 훈련하면 내 것이 될 수 있다."며 행복한 삶을 만드는 구체적인 실천방법을 강의한다는 것이다.

행복이란 무엇일까? 모든 인간의 바람이었지만 가장 추상적이고 난해한 이 질문은 인류의 끊임없는 탐구의 대상으로 오늘에 이르렀다. 하지만 지금까지 그 누구도 이에 대한 명쾌한 결론을 내리지 못하고 있다. 사물의 이치에 있어서 제작자만큼 그것에 대한 확실한 지식을 가진 자는 없을 것이다.

이러한 측면에서 살펴볼 때 행복은 인간에게 해당하는 만족감이다. 그렇다면 인간을 만드신 분이 누구이신가? 인간의 창조자이신 하나님, 즉 행복을 조성하고 만드시는 분이 가장 잘 아시는 것은 자명하다.

하나님은 과연 행복에 대해 어떤 말씀을 하시고 계시는가? 시편 37편 4절은 "여호와를 기뻐하라 저가 네 마음의 소원을 이루어 주시리로다."라고 언급하고 있다. 이 말씀은 하나님과의 긴밀한 교제를 통하여 얻어지는 기쁨을 누리라는 사랑의 메시지이다.

사실 하나님을 의뢰하고 사랑의 교제를 하고 있는 그리스도인들은 비록 그 외적 여건이 어렵고 힘든 상황일지라도 영혼 깊은 곳에서 솟아나는 기쁨으로 넘쳐흐르게 된다는 것이다. 이것은 하나님께서는 이러한 기쁨을 소유한 자에게 응답의 통로를 열어주신다는 증거이기도 하다.

지난 100년간 우리나라 기온은 1.5℃ 상승했다고 한다. 주변 바다의 수온도 지난 40년간 0.93℃ 올랐다고 한다. 쓰시마 난류가 주요한 원인인데, 저위도 지방의 높은 열량의 에너지를 한반도 주변에 공급하면서 우리나라의 바다 생태환경을 변화시키고 있다는 것이다. 그 양이 무려 초당 4백만 톤 정도가 된다고 한다. 이런 엄청난 양의 물을 북쪽으로 수송해준다는 것인데 이것은 약 20만 개의 원자력 발전소가 쓰는 에너지에 해당한다고 한다.

이로 인해 한반도 연안의 생물종이 변화되어 연근해에서 대형 참치가 잡히고, 아열대 어종의 출현이 잦아지는 현상을 보인다고 한다. 이 쓰시마 난류는 일종의 바다 가운데 강줄기인 셈이다.

비유하자면 바로 여호와를 기뻐하는 자들에게도 이런 복을 주신다는 것이다. 은혜의 바다 가운데 사는 우리에게 이러한 축복의 강줄기를 통해 참된 행복을 안겨 주실 것이라는 약속이다. 왜냐하면 하나님께서는 하나님을 찾는 자들을 외면하지 않으시고 기꺼운 마음으로 그들의 필요를 채워 주시기 때문이다.

우리는 오늘 비록 구름 낀 날을 맞이하고 있을지라도 이미 햇볕이 화사한 날들을 보고 느끼고 경험한 자들이기 때문에 먹구름 저편에 푸른 하늘과 햇빛을 기대하며 나아갈 수 있다.

주님과 함께 함이 곧 행복의 시작이다. 눈에 보이는 것에 집착하면 상황의 변화에 따라 중심을 잃고 흔들리기 쉽다. 어려운 상황에서도 우리 마음의 소원을 이루시는 하나님께 소망을 두면 넓고 바른 시야를 확보하게 될 것이다. 바로 그때 우리가 믿음으로 시야를 확보한 만큼 우리의 믿음대로 상황이 움직여가는 것을 볼 수 있을 것이다. 이에 대한 보장은 성경의 많은 곳에서 찾아볼 수 있다.

"여호와는 나의 목자시니 내게 부족함이 없으리로다"(시편23:1).

"전심으로 여호와를 구하는 자는 복이 있도다"(시편119:2).

"여호와를 경외하며 그의 길을 걷는 자마다 복이 있도다"(시편128:1).

행복하려면 하나님을 기뻐하고 그분께 감사하는 것이 먼저라는 것이다. "여호와를 기뻐하라 저가 네 마음의 소원을 이루어 주시리로다"(시편37:4). 이 말씀의 순서를 보면 기뻐하고 감사하는 것이 먼저이다. 그러면 그다음 마음의 소원을 이루어주신다는 것이다. 현실을 하나님 섭리의 시야를 보는 믿음의 안경을 끼고 바라볼 수 있어야 한다. 그리고 하나님께서 베푸시는 사랑의 역사(役事)를 발견하며 받아들이고 감사하며 찬송해야 한다. 이런 기쁨의 상태가 우리가 처해지는 상황 상황을 가장 빠르고 강력하게 행복으로 변화시키는 동력이 되는 것이다.

소원은 현재와 미래를 연결시키는 행복의 다리이다. 소원은 무엇보다도 침체된 영혼을 소생케 한다. 소원은 우리에게 소원을 따라 생각하게 하고, 말하게 하고, 행동하게 하는 동력이다. 소원은 현재 속에 살면서 미래를 미리 맛보게 한다. 희망찬 미래를 가슴 가득히 채울 수 있게 하는 것이 바로 소원이다. 소원은 희망의 등불이 꺼져버린 우리의 가슴에 새로운 불을 점화시켜준다. 소원은 역경을 이기게 할 뿐만 아니라 실패까지도 삭혀서 성공으로 발효하게 만들어주는 힘이다. 그래서 소원은 고난 중에도 전진하게 하며 승리의 결말을 미리 당겨보며 감사하게 만드는 힘이다.

믿음의 사람은 오늘보다는 내일이 아름다울 것이라는 소원을 갖고 살아야 한다. 앞으로는 더욱 좋은 것들이 기다리고 있다는 것을 바라볼 수 있어야 한다. 그렇지 않으면 왜 하나님께서 남은 시간을 이끌어 가시겠는가? 그렇기 때문에 쉽게 타협하거나 비굴해지지 않아야 한다. 하나님께서 내 안에 심어준 하나님의 소원을 아름답게 가꾸며 최대의 행복으로 살아야 한다.

바울 사도는 "너희 안에서 행하시는 이는 하나님이시니 자기의 기쁘신 뜻을 위하여 너희로 소원을 두고 행하게 하시나니"(빌립보서 2:13)라고 말했다. 하나님께서는 누구에게나 소원을 주셨다. 그러나 소원이 없다고 하는 사람도 있다. 그러나 그는 관심이 없거나 발견하지 못했을 뿐이다. 소원을 가슴에 품고 오늘을 살고 있다면 그는 틀림없이 행복한 사람이다.

특별히 우리는 어떤 소원을 품고 살아야 하는가? 그것은 바로 영혼 구령에 쓰임 받는 거룩한 소원이다. 이것은 우리 주님의 지상명령이다. 따라서 이 거룩한 소원을 이루며 사는 것이 우리가 이 땅에서 존재하는 이유이며 목적이기도 하다. 그러므로 이 거룩한 소원을 이루며 사는 삶이야말로 인생 최대의 의미와 행복을 보장받게 되는 것이다.

그러면 우리가 어떻게 할 때 하나님께서 우리의 소원을 이루어주실까? 성경은 여호와 하나님을 기뻐할 때 하나님께서 우리의 소원을 이루어주신 다고 한다. 하나님을 기뻐하는 것은 하나님을 영화롭게 하는 것이며 인생의 궁극적인 목적이다. 오직 하나님 한 분만을 기뻐하고 그분만을 신뢰하면 우리의 소원은 반드시 성취될 것이다.

"여호와로 인하여 기뻐하는 것이 너희의 힘이니라"(느헤미야 8:10). 하나님의 은혜 속에서 하나님을 기뻐하는 것은 곧 하나님의 능력이 나타나는 통로가 되는 것이다. 소원은 기쁨을 주고 그 기쁨은 주님의 뜻을 따라 살아가는 길에 인내하는 힘이 된다. 우리들의 영혼이 전심으로 주님을 갈망하고 앙모하며 찾을 때에 하나님께서는 자신을 열어 기쁨의 샘을 공급하신다. 성경은 하나님만을 기뻐하라고 강조한다. 하나님만을 기뻐하며 감사하고 찬양하면 하나님께서는 우리의 소원을 이루어주실 것이다.

그래서 우리는 무엇보다도 내 삶에서 과연 하나님이 최우선 순위인가를 늘 점검해야 한다. 아직도 그렇지 못하다면 그것은 생사 화복이 내 손에 있다고 생각하는 것이나 마찬가지이다. 우리는 하나님을 기뻐함으로써 그분의 뜻에 따르는 과감한 결단과 순종을 해야 한다.

하나님께서는 이런 인생들의 모든 것들을 책임지시고 채워주심으로 말미암아 날마다 넘치는 행복을 보장해주실 것이다. 이러한 행복을 이웃과 지역사회에 나누어 주며 그들을 우리와 동일한 행복의 나라로 초청하여 살게 하는 역할이 바로 행복디자인이다. 이와 같은 행복디자인으로 인해 주님 품으로 돌아오도록 안내하는 일이 '행복디자인전도' 이다.

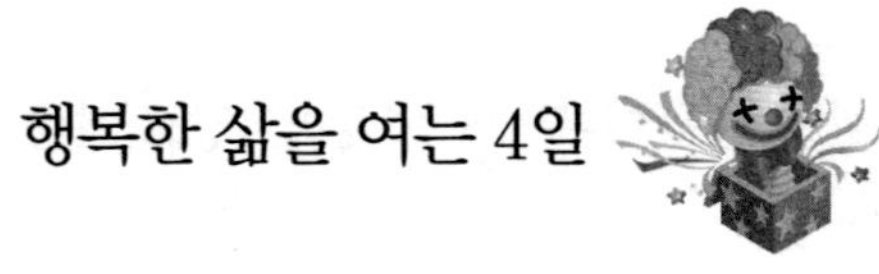

## 4. 총체적 선교 차원의 통전적 전도 시스템

"모든 사람과 더불어 화평함과 거룩함을 따르라 이것이 없이는 아무도 주를 보지 못하리라"(히브리서 12:14)

현재 한국교회의 성장이 정체되었을 뿐 아니라 감소 추세에 있다는 것은 주지의 사실이다. 문제는 이러한 위기가 단지 어떤 형태의 몇몇 프로그램이나 방법론 정도로 쉽게 극복될만한 차원의 문제가 아니라는 데에 우려를 금할 수 없다는 것이다.

우리가 이러한 위기 담론을 우려와 자조적 씁쓸함으로나 생각하고 있을 상황은 아닌 듯하다. 그동안 한국교회가 추구하여왔던 성장과 전도적 접근이며 방법에 대해, 시대 가치적 구현의 차원에서 혁신하고 더욱 바람직한 방향과 대안을 모색해야 할 것이다.

이는 그저 전도의 시급한 현실에 대한 임기응변적 대처 방법 정도를 논하자는 것이 아니다. 모든 교회가 열심과 의지만 있다면 보편적으로 적용하여 실행할 수 있는 시스템을 구축하자는 것이다.

### (1) 총체적 선교 패러다임으로서의 전도

전도는 대상자와의 인격적인 만남과 반응을 통하여 복음을 전함으로 인해 그가 그리스도와의 새로운 관계 속으로 들어가게 하는 것이라 할 것이다. 그러므로 전도는 일방적이고 획일적인 단회성으로 접근할 수 없는 일이다. 이것은 단회적 증거와 함께 전 인격적인 교제의 지속이 이루어져야 한다. 이러한 관계 속에서 새로운 인생과 하나님 나라의 공동체적인 삶으로 인도해야 한다.

총체적 선교의 관점에서 전도라 함은 회심만이 아니라 온전한 제자의 길을 지향한다는 것이다. 즉 복음의 선포행위인 케리그마[2]를 사회적 봉사를 일컫는 디아코니아[3]와 함께 하는 아웃리치(Outreach)[4]로 열어가자는 것이다.

## (2) 성경적 관점에서의 다양한 전도 방법들

### ① 정의와 양심의 소리 전도

세례 요한은 예수님께서 공적인 일을 시작하기 전에 이미 유대 사회에서 상당한 영적인 지도자로 부각되어 있었다. 그는 나눔, 정직, 권력 남용과 갈취 등을 혹독하게 비판하고 경계하였다. 죄악에 대한 그의 책망과 회개를 촉구하는 외침과 경고는 서민 대중은 물론 지도층에 이르기까지 간담을 서늘하게 했다. 사회가 아무리 부정하게 흘러가도 그리스도인들은 이에 편승하지 말고 그리스도의 정의를 따라 살 때, 소리는 없지만 강력한 전도가 될 것이다.

### ② 낮은 데로 임하는 전도

예수님께서는 언제나 가난하고 병들고 소외된 자들을 찾아다니셨으며 그들의 처지를 불쌍히 여기셨고 구원의 손길을 베푸셨다. 그래서 그리스도인들 역시 어려운 자들에게 최우선적인 발걸음을 옮기고 돌보는 전도적 자

---

2) 케리그마(Kerygma)는 복음의 내용과 성취에 관한 하나님 사자(使者)의 선포와 외침을 일컫는 말이다.
3) 디아코니아(Diakonia)는 봉사라는 뜻으로 그리스도인의 임무로써 마땅히 해야 할 본분으로 알고 기꺼이 즐거운 마음으로 봉사하는 것을 일컫는 말이다.
4) 일반적으로는 해당 분야를 널리 알리기 위한 현장접근과 봉사활동을 일컫는데 여기에서는 봉사활동이나 지역사회를 섬기는 모든 과정을 통한 선교라는 의미이다.

세가 필요한 것이다.

### ③ 갈급한 심령을 찾아가는 전도

요한복음 4장에는 사마리아 수가성 여인과 예수님의 대화 장면이 나온다. 여기에서도 알 수 있듯이 예수님께서는 상대방의 영적 상태에 집중하셔서 일상적인 주제로 시작한 대화를 복음의 핵심으로 접근시켜 주님을 믿게 한 것을 볼 수 있다.

그 여인으로 인해 온 사마리아 사람들이 예수님을 믿게 되었고 나중에 그들은 그 여인에게 "이제 우리가 믿는 것은 네 말을 인함이 아니니 이는 우리가 친히 듣고 그가 참으로 세상의 구주신 줄 앎이니라 하였더라"(요한복음 4: 42)라는 이야기를 할 정도로 전도되었다.

### ④ 가족 전도

'벳새다' 라는 동네에서 출생한 안드레는 자기의 형제 베드로를 주님께 인도한 침착하고 온건한 성품의 소유자였다. 안드레처럼 먼저는 가족에게 주님의 복음을 전하여 주님께 데리고 나옴은 물론 사명의 자리로까지 인도해야 한다.

### ⑤ 외치고 이끄는 전도

요한복음 1장 43절-51절을 보면 주님께서 갈릴리로 나가시다가 빌립을 만나게 된다. 빌립은 나다나엘에게 가서 모세가 율법에 기록하였고 여러 선지자가 기록한 분을 만났음을 알리며 '와 보라' 고 자신 있게 외치며 권면하여 이끄는 것을 볼 수 있다.

### ⑥ 체험과 간증을 바탕으로 한 전도

예수님께서는 제자들을 집중적으로 가르치시고 훈련하셨다. 이러한 과정 가운데 있었던 제자들은 "주는 그리스도요, 살아 계신 하나님의 아들이시다"(마태복음 16:16)라는 베드로의 고백처럼 이런 증거들을 얼마든지 보고 듣고 알 수 있었던 것이다. 이런 체험이야말로 어떤 환경에서도 과감하게 복음을 전할 힘이 되었다.

⑦ 선포하는 전도

베드로는 본래 갈릴리 호수에서 고기를 잡는 어부였다. 마태복음 4장 19절을 보면 예수님께서 베드로에게 말씀하시되 "나를 따라 오너라 내가 너희로 사람을 낚는 어부가 되게 하리라 하시니" 라고 하시며 베드로를 제자로 택하셨다는 것을 알 수 있다.

그는 주님의 12제자 중에서 남다른 열심과 열정이 있었지만, 예수님께서 잡혀가 고난을 받으실 때, 세 번 예수님을 부인하기도 한다. 그러나 부활한 주님을 만나 진심으로 회개한 다음에는 누구보다도 열심히 주님을 증거하였고, 한 번 설교로 3,000명이나 예수님께로 돌아오게 하는 일에 쓰임 받은 사도였다.

⑧ 사마리아 지역 전도

빌립은 유대인들이 잘 들어가려고 하지 않았던 사마리아 지역에 들어가 열심히 전도하였다. 남들이 선호하여 몰리는 지역보다는 무관심한 지역으로 가는 것도 필요하다. "빌립이 사마리아 성에 내려가 그리스도를 백성에게 전파하니 무리가 빌립의 말도 듣고 행하는 표적도 보고 한마음으로 그가 하는 말을 따랐더니 많은 사람에게 붙었던 더러운 귀신들이 크게 소리를 지르며 나갔다.

또 많은 중풍병자와 못 걷는 사람이 나으니 그 성에 큰 기쁨이 있었다고 했다. 사마리아 사람들이 빌립에게 전도를 받고 주 예수의 이름으로 세례를 받았을 뿐 아니라 예루살렘에 있는 사도들이 사마리아 지역도 하나님의 말씀을 받았다 함을 듣고 베드로와 요한을 파견한다. 두 사도가 안수하니 그들이 성령까지 받는 역사가 나타났던 것이다. 그러니 사도들이 주의 말씀을 전한 후에 사마리아 여러 마을에는 복음이 전파되었다는 것이다"(사도행전 8:4-25).

### ⑨ 열정과 눈높이 사랑 전도

바울은 3차에 걸친 전도여행을 통한 영혼 사랑의 열정을 불태운 사도이다. 그의 중심 전도지역은 도시였다. 그는 어떤 도시에 들어가게 되면 먼저 유대인의 회당에서 전도했는데 이는 자신의 동족과 회당에 출입하는 자들을 인도하기 위함이었을 것이다.

그의 열정은 때를 얻든지 못 얻든지 눈높이에 맞추어 유대인에게는 예수 그리스도에 의한 구약의 성취를 전하였다. 그리고 이방인에게는 유일하신 하나님의 실재와 주님의 십자가 사랑과 부활을 전파하였다. 또한, 바울은 교회의 조직과 체계를 세우고 성도들의 아름다운 교제와 덕을 세우게 하는 일에도 열심을 내었다.

### ⑩ 잔치와 사귐의 전도

마태는 예수님의 부름을 받고 완전히 변화된 다음 예수님을 위하여 잔치를 열면서 자신의 동료 세리들을 초청하였다. 이 잔치는 자연스럽게 예수님과 세리들이 만나는 자리가 되었으며 복음 전도의 자리가 되었던 것이다.

마태는 자기와 가까운 사람들, 같은 직업인들과 함께 식사 자리를 만들고 예수님과의 만남을 연결했다. 이것이야말로 대상자의 세분화, 호감도에 따른 접근 등의 관계성에 기초한 좋은 전도모델이다.

⑪ 평화와 섬김의 전도

바울과의 1차 전도여행 후에 헤어지게 된 바나바는 마가와 함께 구브로에서 복음을 전하여 구브로교회를 세웠으며 충성 되게 복음을 전하다가 순교했다고 한다. '바나바'는 그 이름의 뜻처럼 '권위자, 위로의 아들, 권면의 아들, 격려의 아들'이었다.

친절하고 온화하며 정(情)도 많은 사람이었고 학식도 뛰어났다. 그러나 교만하지 않고 이웃을 돕고 격려하는 인격자였으며 평화와 섬김의 사람이었다. 그는 바울을 도와 안디옥교회에서 사역하였고 전도여행도 함께 하였다. 이방인 지역의 성도를 위로하고 권고하며 말씀을 가르치는 직무를 감당한 성령과 믿음이 충만한 사람이었다.


⑫ 사랑의 실천 전도

항구도시 욥바 출신의 신실한 여신도인 도르가(Dorcas)는 그리스도를 영접한 다음부터 선행과 구제를 통해 헌신적으로 그리스도의 사랑을 실천한 인물이었다. 도르가는 헌신적인 봉사와 사랑의 실천을 통해 그리스도의 아름다운 향기를 드러냄으로써 많은 전도의 열매를 맺었던 것이다. 그녀는 하나님께 구제와 선행의 은사를 받은 아름다운 사람이었다.

도르가(Dorcas)는 "하나님 아버지 앞에서 정결하고 더러움이 없는 경건은 곧 고아와 과부를 그 환난 중에 돌아보고 또 자기를 지켜 세속에 물들이지 아니하는 이것이니라"(야고보서 1:27)라는 말씀을 실천하여 많은 사람을 그리스도의 생명 가운데로 인도한 사람이었다.

성경에 나타나있는 전도의 모범들은 지금도 여전히 유효하다. 물론 이 모든 것들이 기계적이고 획일적으로 적용된다면 굉장히 어려운 일이 될 것이다. 전도의 방법론을 넘어 전도자 스스로 그리스도를 닮아 마음을 다하고, 뜻을 다하고, 힘을 다하여 전도하는 자세가 가장 바람직할 것이다.

### (3) 전통적 전도모델에 대한 새로운 모색

여러 가지 측면에서 분석할 수 있을 것이나 개인 전도방식, 소그룹 양육 방식, 이벤트적 전도, 문화 접근적 전도 정도로 나누어 볼 수 있을 것이다.

### ① 개인 전도방식

이 방식은 일대일 대면접촉을 통한 전도적 실행 방법이다. 그러므로 이 방법은 개인의 역량과 열정이 무엇보다도 중요한 관건이 된다. 이 방법에서 복음에 대한 제시는 도전적이고 간단명료한 접근을 하는 경우가 대부분이다. 따라서 직접적이고 즉각적인 성과를 이끌어내는 전도방법이라는 측면에서 많은 교회에서 적용됐다.

이러한 방식은 일회성 접촉을 통해 논리적 설득으로 전도대상자를 반응하게 함으로써 복음을 전하려고 한다. 그러나 이는 자칫 인간의 이성적 이해와 설득의 차원에 치우칠 우려가 있다는 것이다. 진정한 의미에서의 전도적 접근은 전도대상자들을 전도의 목적을 위한 수단이나 목표로 이해하는 데 그쳐서는 안 된다는 것이다. 모든 관계에 내재한 하나님의 뜻과 신비로움이 상실되지 않도록 인격적인 교제의 대상으로 보고 지속적인 섬김을 통해 복음을 전해야 한다.

### ② 소그룹 양육 방식

소위 열린 모임이라고 하는 스몰그룹(Small Group) 단위로 이루어지는 만남을 통해 불신자를 초청하고 친근하고 편안한 분위기에서 복음을 전한다는 점에서 참석자들의 수용성이 매우 높다고 볼 수 있다. 또한 성령운동적 경험을 병행한다는 점에서 지성과 체험의 균형을 유지하려는 노력을 엿볼 수 있다. 그러나 프로그램이 획일화되어 있어서 개인적, 상황적 적용의 유연성이 부족할 수도 있다는 점이다.

또한 관계전도를 통해 모임에 참석한 불신자보다는 이미 교회에 출석하는 새신자 양육에 더 적합한 프로그램이라고 볼 수도 있다. 이 방식에서도 간과하지 말아야 할 점은 구령에 대한 열망과 사랑이 삶의 총체적 의미로서의 복음전도적 차원에서 드러남으로 인해 관계가 형성되게 해야 한다는 것이다.

그런데 개인 전도방식처럼 단기적이고 인위적인 목표달성형 방식으로 접근한다면 쉽게 지치고 난관에 봉착하고 말게 될 것이다. 또 한 가지는 셀(Cell)을 단위로 하여 전도하고 소그룹 분가의 형태로 전도와 증식을 반복하는 이 시스템은 그 목적을 달성하지 못할 때 퇴화하고 붕괴하는 약점이 발생할 수도 있다는 것이다.

그리고 전통적인 기존 교회를 셀 교회(Cell Church) 형태로 개편하는 과정에서 교회의 안정성이 흔들려버린 경우도 많아 많은 연구와 적응이 필요하다는 점에 주의해야 할 것이다.

## ③ 이벤트적 전도

이 방식은 축제적인 전도 집회에 할 수 있는 한 많은 군중을 초청하여 전도행사를 하는 것이다. 단기 집중적으로 교회의 모든 힘과 자원을 동원하여 당일 행사에 주력하는 방식으로 한때 많은 전도 효과를 내기도 하였던 방식이다. 하지만, 이제는 인맥이나 부탁에 의해서 들어주던 주변 사람들의 냉담한 반응을 절감할 수밖에 없다. 동원식 집회 추진은 포스트모던적[5] 상황과 지식과 정보화라는 시대적 조류 앞에서 그 효용성이 점점 더 퇴색하여지

---

5) 포스트모더니즘(Post Modernism)
중세와 비교하여 모던(Modern)이라고 명명했던 근세에서 벗어났다는 의미로 사용되는 용어이다. 모더니즘(Modernism)이 신성주의나 정형성 등의 규격화된 사고의 문화적 배경이라면 포스트모더니즘은 탈중심화나 비통일성 등의 탈 모더니즘으로 해석할 수 있다. 전반적으로 이성이나 중심, 전체, 공유 등을 중시하던 사상적 흐름이 감성이나 주변, 개체, 예외, 사유(私有) 등으로 변화해가는 흐름이 포스트모더니즘의 대략적인 경향이라고 볼 수 있다.

고 있다.

또한, 이런 방식을 모델로 하여 수차례 예배참석을 더 유도하는 응용방식도 선을 보이고 있다. 하지만, 이런 실적에 보상을 걸고 경쟁을 유발하게 시키는 것은 짙은 경영적 동기부여 방식이다. 이는 비용 부담은 물론 전도대상자였던 사람들에게 불쾌감을 자아내는 등 여러 부작용이 드러나기도 한다.

교회와 복음을 핍박하던 바울이 다메섹에서 예수님의 음성을 듣고 전격적으로 완전한 변화를 받았던 것처럼 특별한 예도 있다. 하지만, 보통의 경우 어떻게 한 두 번의 만남이나 예배 참석만으로 결신이 가능하겠는가? 복음전도는 예수님을 믿지 않는 사람들이 예수님을 구주(救主)로 영접하도록 복음을 전하고 그분의 말씀대로 사는 길을 가르치는 것이다.

이러한 과정을 총체적인 맥락에서 바라보지 못하면 한 번의 전도행사적 의미 이상을 만들어내기 어려울 것이다. 이렇게 되면 들어간 예산이나 노력과 비교하면 성과가 적다는 평가와 함께 행사 후 찾아오는 의욕상실에 대한 후유증이 만만치 않을 수도 있다는 것이다.


## ④ 문화접근적 전도

이 모델은 가장 현대적이고 시대 감각적 전도방식이라고 할 수 있다. 이 방식에서는 예배 혹은 집회를 전도대상자나 지역 주민 또는 세대의 특성에 맞추어 가장 적극적으로 기획하는 전도방식이다. 이 모델은 일회성 행사로만 그치지 않고 관계전도와 스몰그룹(Small Group)과의 연결을 시도한다는 점에서 상당 부분 복합적인 접근을 이루어낼 수 있을 것이다.

그러나 예배 신학적 측면에서 볼 때 예배는 예배로서의 목적 외에 다른 것으로 변질할 수 없다는 것이다. 따라서 예배 외에 다양한 문화적 이벤트로의 접근이 더욱 바람직하다고 하겠다. 또 하나의 문제는 이러한 접근법의 이면에 숨어 있는 경영적 논리와 합리화 그리고 타협이라는 위험요소라 하겠다. 이에 더하여 보통의 교회들이 쉽게 접근하기 어렵다는 점 때문에 보편성이 떨어진다는 것이다.

⑤ 사람들이 호감을 느끼고 몰려들게 하는 전도시스템 행복디자인전도

전도를 여러 가지 측면에서 조감해볼 수 있겠지만, 복음전달의 대상자가 예수 그리스도와의 관계를 맺고 구원받기를 원하여 행해지는 일련의 모든 과정이라고도 볼 수 있다. 개 교회는 전도를 통해 성장하기를 원한다. 교회는 살아있는 유기체와 같다. 그래서 건강하게 만들어야 한다.

건강한 교회를 만들어가는 비결은 성경적 가르침에 철저히 순종하는 것이다. 먼저 교회는 유기체와 같아서 성장과 증·번식을 이루어야 한다. 여기에서 정말로 간과하지 말아야 할 전제는 병적 요소에 대한 철저한 대비와 안전성 점검이다. 병든 몸은 쇠약하여 무기력해지기 때문에 어떠한 경우라도 질병적 요소는 발붙일 수 없게 해야 한다. 성경은 "범사에 헤아려 좋은 것을 취하고 악은 모든 모양이라도 버려라"(데살로니가전서 5:21-22)라고 준엄하게 명하고 있다. 건강한 교회라면 늘 새로운 기운으로 가득하고 희망이 넘쳐야 한다.

교회는 그리스도께서 머리가 되시며 우리는 지체이고 설계자는 하나님이시다. 그러므로 교회의 생명은 주님이시며 성장 또한 주님으로부터 이루어지는 결과이다. 성경은 "나는 심었고 아볼로는 물을 주었으나 자라게 하는 이는 하나님이시라"(고린도전서 3: 6)고 말씀하고 계신다. 결국, 교회 성장은 사람이 최선을 다하는 노력이 있어야 함은 틀림없지만 궁극적으로는 하나님께 달렸음을 깨닫고 겸손해야 할 것이다.

건강한 교회 성장을 위해 지도자들은 21세기를 통전적으로 조망하는 폭넓은 시야가 필요하다. 이러한 가운데 전 성도들이 그리스도를 닮은 인격을 갖추고 함께 동역 하는 성숙한 시스템을 구축해 나가야 한다. 복음이 교회

내부를 넘어 이웃과 지역사회는 물론 세상 곳곳으로 전달되게 하는 것이 교회에 부여된 사명이다.

지금까지도 교회는 성장하기 위해 많은 노력과 헌신을 아끼지 않고 달려왔다. 그래서 더욱 이런 고귀한 노력과 헌신들이 헛되이 되지 않도록 교회의 건강성을 유지하고 새로운 전략들을 개발해야 한다는 것이다. 그동안 많은 전도 전략과 모델들이 제시됐다. 모든 전도모델은 그 나름대로 시대적 소명을 다하여 왔다. 그러므로 이에 더하여 지속적인 역량력을 발휘해야 한다.

보통 관계 맺기를 통한 전도를 강조한다. 마땅한 강조이며 바람직한 방법임이 틀림없다. 그러나 이러한 관계가 이미 소진되어 강바닥을 드러낸 사람들에게는 굉장히 힘든 이야기이다. 여기에서도 새신자의 중요성은 또 한 번 나타나고 있다. 새로운 신자라야 전도할 수 있는 관계들이 아직 많이 남아 있다는 것이다.

이제 분명한 것은 새로운 관계를 개발해야 하고 또 그 관계를 개발했다고 하더라도 전도와 연결지어야 한다. 그리고 등록으로 이어지게 해야 하며 양육에서 영적 번식으로 연결되어져 가는 메커니즘(Mechanism)이 순조롭게 작동되어야 한다.

교회 성장을 언급한다면 전도에 대하여 논하지 않을 수 없으며, 이는 교회 건강에도 직결되는 문제이다. 복음을 전할 공동체의 내적 건강성이 확보되지 않는다면 과연 어떻게 외부로 복음이 전파될 수 있단 말인가? 그러므로 공동체의 내적 건강은 전도와 교회성장에 전제임을 재론할 여지가 없을 것이다.

"오직 성령이 너희에게 임하시면 너희가 권능을 받고 예루살렘과 온 유대와 사마리아와 땅끝까지 이르러 내 증인이 되리라 하시니라"(사도행전 1:8)는 말씀에서도 볼 수 있듯이 사도행전에서의 메시지는 성령의 임하심과 내적 건강에 따른 외부로의 흘러넘침이다. 이것이 지속적으로 확산하여 주변은 물론 지구촌 곳곳으로 퍼져 나가 복음의 능력이 나타나는 통로가 된 것이다.

"날마다 마음을 같이하여 성전에 모이기를 힘쓰고 집에서 떡을 떼며 기쁨과 순전한 마음으로 음식을 먹고 하나님을 찬미하며 또 온 백성에게 칭송을 받으니 주께서 구원받는 사람을 날마다 더하게 하시니라"(사도행전 2:46-47)라는 말씀과 "주의 말씀이 너희에게로부터 마케도니아와 아가야에만 들릴 뿐 아니라 하나님을 향하는 너희 믿음의 소문이 각처에 퍼졌으므로 우리는 아무 말도 할 것이 없노라"(데살로니가전서 1:8)라는 말씀을 볼 때 내적 건강과 흘러넘침의 영향력이 얼마나 중요한지를 말해주고 있다.

이러한 건강성이 점점 약화하여 이제는 전도 자체를 이데올로기화하려는 경향도 나타난다. 전도 행위와 교회성장 그 자체가 우리의 목적이 아니다. 전도가 어떤 인위적 작동의 부산물로 생각해서는 안 된다. 성급하게 무조건 결신을 요구하여 대답을 강요하려고 애쓰는 방법은 지양(止揚)해야 할 것이다.

중요한 것은 "이 세상이 자기 지혜로 하나님을 알지 못하는 고로 하나님께서 전도의 미련한 것으로 믿는 자들을 구원하시기를 기뻐하셨도다"(고린도전서 1:21)라는 말씀처럼 인간의 전도라는 미련한 것을 사용하시되 모든 일의 결정과 역사는 하나님의 뜻이라는 사실이다. 전도에 있어서의 열정과 노력보다도 놓치지 말아야 할 중요한 것은 한 사람의 삶 속에서 역사 하시는 하나님의 뜻하심이다.

한 개인이 복음을 수용하고 스스로 교회에 나가는 것은 가능하지만, 한 사람이 구원에 이르는 것이 단순히 인간만의 의지로 되는 것이 아니다. 누구나 복음을 듣는다고 해서 모두 다 예수 그리스도를 구주(救主)로 받아들이고 믿는다고 할 수는 없다. 성령께서 역사 하셔야 가능한 것이다.

또한, 하나님께서는 모든 사람 각자에게 특별한 방법으로 역사 하셔서 회심의 과정으로 인도해 가신다. 그래서 결신을 위한 인위적인 압력을 주의해야 한다는 것이다. 우리의 최선의 전달에 하나님의 역사 하심을 기다리며 기도해야 할 것이다. 이러한 차원에서 우리는 더욱 성령의 역사 하심에 민감하여 그 뜻에 순종해야 한다.

우리는 그 대상이 누구든지, 언제 어디서나 주저 없이 복음을 전해야 한다. 하지만, 하나님의 역사 하심보다 인간의 주의(主義)나 주장, 프로그램, 시스템 등이 결코 앞서서는 안 될 것이다. 우리는 기쁨으로 충성된 종의 사명을 다할 뿐이다. 다만, 우리의 지혜가 요구되는 것은 전도 대상자 모두 각자의 삶의 여정과 처한 위치가 다르다는 점을 인식한 대처가 필요하다는 것이다.

이처럼 이들의 갈급한 필요가 모두 다르다는 것이다. 그뿐만 아니라 이들의 공감도와 이해도 또한 다양하다는 것이 성령의 역사가 아니면 인간적인 방법으로는 불가능함을 대변해준다. 이제 전도를 위한 그리스도인들의 지혜와 노력을 살펴보자. 전도는 비그리스도인들이 복음을 수용하도록 그리스도인들이 복음을 전하는 일련의 과정들이다.

여기에서 '행해지는 전도'와 '이루어지는 전도'라는 점에 주목해보자. 고대 그리스의 과학자 아르키메데스(Archimedes B.C 287~212)는 그가 살고 있던 시라쿠사(Siracusa)가 로마의 침략을 받았을 때, 볼록렌즈를 조립한 거대한 육각형의 거울을 만들어서 이것으로 햇살을 반사시켜 로마의 배들을 불태워버렸다고 한다. 태양광선을 볼록렌즈로 초점을 모으면 타는 재질의 물건은 다 태울 수 있을 것이다. 태양빛이 온 누리에 비치지만 볼록렌즈를 가지고 태양빛을 끌어당겨 초점을 맞추어야 불을 붙여 태울 수 있다.

충성심에 불타서 무조건 돌격 앞으로 나가는 것만이 능사는 아니다. 하나님께서 창조하신 것들을 통해 볼록렌즈를 만들고 온 누리에 비춰주시는 햇빛을 모으는 지혜가 필요하다. 그래서 전도에서도 성경적 원리를 모델로 삼아야 한다는 것이며 이를 시대 가치적으로 발현해야 한다는 것이다. 불타는 열정으로 '행해지는 전도'가 나쁘다는 것이 아니다. 시대적으로 많은 저항에 직면하기 때문에 쉽지 않다는 것이다.

그래서 사람들이 전도를 어려워하게 되기도 한다. 반면 '이루어지는 전도'는 좋은 소문을 들려주고 아름다운 모습을 보여주는 방식이라 관심을 집중시킬 수 있다. 이것은 사람들이 소리 없이 교회로 이끌려 나오게 한다. 이는 볼록렌즈로 모인 빛처럼 강력한 것이며, 모래 가운데에서도 쇠붙이들을 빨아들이는 강력한 자력의 힘처럼 사람들을 교회로 흡수하게 하여 줄 것이다.

교회 내의 요란한 갈등의 목소리들이 교회 담장을 넘는다면, 이는 전도의 엄청난 걸림돌이 될 것이 자명한 사실이다. 그야말로 복음의 반역 행위인 셈이다. 교회 내의 건강한 모습, 아름다운 미소, 청아한 웃음과 사랑의 목소리가 교회 문밖으로 흘러나가 이웃과 사회에 들려지고 나타나야 한다. 교회 내의 사람들도 싫어하고 무관심한 프로그램들이나 활동에 어떻게 비그리스도인들이 관심을 보이겠는가?

이제는 분열과 갈등, 시기, 다툼, 질투, 의심, 거짓, 원망과 같은 어둠의 그림자는 모양이라도 버려야 할 것이다. 아직도 이런 제안에 변명을 늘어놓거나 말꼬리를 잡을 의사가 남아 있다면, 그 대답은 지금 즉시 그 마음을 거두고 진심으로 회개하고 기도하며 전적으로 성령의 인도 하심을 따르기로 작정하라는 것이다. 진정한 그리스도인들이라면 어찌 서로 사랑하라, 아니 원수도 사랑하라(누가복음 6:27)는 주님의 명령을 반박하겠는가? 전도를 운운하기 이전에, 이제 교회에서는 악한 길의 모든 요소를 조건 없이 종식해야 한다. 그것이 전도의 새로운 출발이 될 것이다.

이러한 차원에서 '행복디자인전도'는 관계 맺기의 개발에서부터 영적 번식에 이르기까지 총체적인 안목으로 새롭게 전도를 열어 가자는 것이다. 이제 전도에 있어서도 예수님께서 본을 보이신 방법들이 이 시대 가운데 본질의 시대 가치적 구현의 차원에서 아름답고 힘 있게 현실화되어야 할 것이다. 우리는 전도를 사람들의 결단을 촉구하는 강압이나 논리적인 설득으로 몰아가서는 안 될 것이며, 심리적인 방법으로 사람들을 조건화하고 조작하려는 일체의 인본주의적 접근도 멈추어야 한다.

복음은 입으로 전하는 화법적 커뮤니케이션의 기술이 아니다. 즉 즉각적이고 단회적 반응으로 전도를 규정하려는 자세를 넘어 지속적이고 친밀한 관계 속에서 복음을 전하며 제자화되어 가도록 도와야 할 것이다. 복음을 전함에 있어서 대상이 되는 사람들을 전도의 목표나 대상으로만 여겨서는 안 된다. 사랑과 개방적인 태도로 상호 교제하여야 할 자유로운 인격으로 보아야 한다.

더욱 역동적인 복음화를 위해서는 무엇보다도 교회 공동체의 아름다움과 생명력에 찬 모습이 전달되어 전도 대상자들이 그리스도의 사랑과 생명에 젖어들어야 할 것이다. 예수님은 사랑으로 인해 인류에게 생명을 주신 구주이시다. 복음전도에는 이 진정한 사랑에 대한 체험이 주체할 수 없이 흘러넘쳐야 한다. 그러므로 입으로 복음을 외치는 것에서 끝나면 곤란하다. 그리스도의 복음에 따르는 신비의 공동체를 살아가며 그것을 보여주는 것이 가장 큰 전파요, 전도의 신비적 능력이라 하겠다.

전도적 측면에서 지금 우리의 상황은 직접적인 선포라는 차원의 접근보다는 포괄적인 의미에서 적극적으로 다양한 매체를 활용하는 지혜가 필요한 시대이다. 보다 본질적으로 접근하자면 전도의 위기는 교회의 본질을 회복함으로써 극복될 수 있다고도 말할 수 있다. 그러므로 이러한 차원에서 우리는 교회의 본질적 모습과 사역을 통해 복음을 증언하고 전하는 전도적 지혜가 절실한 것이다.

이러한 상황에서 사람들이 모여들게 하는 전도시스템 '행복디자인전도'

가 전도의 새로운 동력과 도전이 되기를 소망한다. 교회를 교회 되게 하고
전도가 전도되게 하는 본질적 회복이 곳곳에서 일어나야 한다. 이를 통해
하나님의 하나님 되심이 성도들의 손길을 통해 곳곳에서 나타나는 전도적
회복이 일어나기를 기대한다.

## 5. 성도들의 삶이 행복으로 흘러넘치는 것이 전도

"오직 성령의 열매는 사랑과 희락(喜樂)과 화평과 오래 참음과 자비와 양선과 충성과 온유와 절제니 이 같은 것을 금지할 법이 없느니라"(갈라디아서 5:22-23)

성경은 언제나 밖을 지향하라는 말씀을 전달하고 있다. 온 땅에 충만하라고 하신다. 가서 제자 삼으라고 하신다. 네 이웃을 네 몸과 같이 사랑하라고 하신다. 나누어주라고 하신다. 하나님께서 부여하신 사명을 따라 열방을 향해 나가라는 것이다. 그리스도의 복음을 품고 평화와 사랑의 충성스런 일꾼들이 되어 제자를 삼으라는 것이다.

이것은 마치 민들레 홀씨처럼, 백합의 향기처럼 밖으로, 밖으로 퍼져 나가라는 것이다. 그리스도인들은 항상 밖을 향해야 한다. 그래야 우리에게 부여된 사명을 감당할 수 있기 때문이다. 사람은 어울려서 살아야 한다. 그렇지 않으면 삶에 있어서의 기쁨과 의미의 구축이 어렵다는 것이다. 개인이든 교회공동체이든 수구적이고 방어적인 입장을 취하면 화석화 되고 만다.

살아있다는 것은 호흡하고 생동하며 이동과 만남을 지속한다는 의미이기도 하다. 교회는 자기들만의 성을 쌓은 채 폐쇄성을 띠고 정체해서는 안 된다. 어거스틴(St. Augustine)도 자기 자신을 중심으로 하여 장벽을 치는 것이 가장 나쁜 죄악이라고 하였다.

우리의 스몰그룹(구역, 목장, 셀 등)과 우리의 교회 공동체는 과연 어떠한가! 장벽을 치고 있는가? 아니면 문을 열고 이웃과 지역 사회를 향해 따뜻한 사랑의 손길을 펼치고 있는가? 과연 하나님의 말씀인 성경은 무엇을 주문하고 있다고 생각하는가? 성경이 하나님의 말씀이라고 믿는다면 주저함 없이 따라야 함이 옳지 않은가?

당연하고 마땅한 것을 굳이 물어서 뭘 하겠는가? 따라서 우리는 늘 밖을 향해 복음을 들고 나가는 삶의 총체적 의미로서의 전도를 실현하는 삶을 살

---

사람들이 호감을 가지고 몰려들게 하는 전도시스템

# 행복디자인전도의 원리

- 1단계, 열린 창으로 인사하고 손짓하기
  좋은 인상을 심어 준다(미소와 안부, 격려 운동)
- 2단계, 관계를 맺고 알아가기
  가벼운 질문과 조언을 구하고 감사를 전한다
  (경청과 동의, 감사 화법)
- 3단계, 연결고리 찾기와 만들기
  나와의 연계성이나 공통점을 찾아서 상대를 지지해준다
  (동행과 지지)
- 4단계, 사상이나 종교적 신념에 대한 파악
  터놓고 나누는 대화 속에서 사상이나 종교 성향을 눈치 챈다
  (자신의 체험을 진실되고 간결하게 전한다)
- 5단계, 동반자적 배려와 따뜻한 동행
  지속적이고 따뜻한 배려와 동행 속에 더 깊은 내면으로 들어간다
  (배려와 나눔)
- 6단계, 공통적 인식의 형성과 도전
  하나 됨과 동화를 통해 복음을 증거한다(스몰그룹으로 인도)
- 7단계, 복음으로의 안착
  적응하고 자라도록 가꾸어 간다(교회 출석)
- 8단계, 생명의 잉태와 결실
  무성하고 힘 있는 성장 속에 결실을 이루어가게 한다(잉태와 결실)

---

아야 한다. 이것이야말로 주님께서 주시는 행복이요, 기쁨이다. 이것은 끊임없이 솟아나는 샘물과 같은 원리인 셈이다. 내적으로 차오르는 사랑은 반드시 흘러넘칠 수밖에 없다는 것이다.

## (1) 삶의 총체적 의미로서의 전도

전도가 억지로 하는 힘든 고역이 되어서는 안 된다. 전도는 부담이나 의무가 아닌 삶이다. 그리스도인들이 살아가는 삶의 총체적 의미가 전도이다. 존 스토트(John R. W. Stott) 목사는 그리스도인의 두 가지 사명을 전도와 빛과 소금으로 사는 것이라고 하였다. 하지만, 이것은 분리가 아니고 하나라는 것이다.

일부러 전도하는 것이 아니라 그리스도인의 삶을 사는 것이 전도이다. 전도가 삶의 본질적 정체성에 대한 자세요, 태도가 되어야 한다. 그러자면 먼저 자신부터 구원의 감격과 주님의 영원한 생수로 넘쳐흐르는 삶이 되어야 한다.

이런 행복으로 흘러넘치는 삶이 바로 전도로 나타나야 한다. 이것이야말로 삶의 총체적 의미로서의 전도라 할 수 있다. 그러므로 전도는 힘든 것이 아니라 복음의 증인 된 자의 복된 삶의 표현인 셈이니 그야말로 행복한 아우성이 되는 것이다. 온 성도가 이러한 행복으로 감사와 만족이 넘쳐야 한다. 이런 교회야말로 복음의 능력을 누리는 교회이다.

## (2) 전도를 어려워하는 이유

전도가 어렵고 힘들게 느껴지는 것은 특별한 일이라는 생각과 결과에 집착하기 때문이다. 그래서 전도하려면 특별한 다짐과 복장, 준비물을 갖추고 특별한 장소로 나가야 하는 것으로 생각하고 실제로 그렇게 하는 경우도 많다.

보통 일상적인 일에서는 특별한 긴장을 하지 않고 충분한 역량을 발휘하며 자연스럽게 할 수 있는 일도, 특별히 진행하고자 하면 긴장되고 어렵게 느껴지는 것이다. 또 한 가지는 자신감의 결여에 있다. 더더욱 개척 교회라면 자신이 속한 교회가 열악한 환경이라는 것에 대한 자신감의 상실로 이어지기 쉽다.

무엇보다도 모두가 넘어야 할 과제는 비신자들이 더 좋아하고 관심 속에 참여하게 할 수 있는 전략과 프로그램의 부재이다. 또한, 전도에 대한 경험의 부족과 창피를 당하거나 외면당할지도 모른다는 염려가 갈 길을 막는 문제이다. 그리고 완벽 강박증이다. 전도하면 반드시 열매를 맺어야 한다는 사고가 있어서 부담감으로 가득 차 있다는 것이다.

전도라고 하면 대상자를 자신의 교회로 초대하는 일에 성공해야 하고 교회에 등록시켜야 하는 것으로 생각하게 된다. 이렇게 된다면 전도를 하기 전에 결과부터 걱정하게 된다. 이런 부담감이 전도자들의 의기(意氣)를 꺾어서 포기하게 하는 강력한 적이 된다.

이런 두려움을 해소하기 위해서는 전도의 일상화가 이루어져야 한다는 것이다. 전도의 일상화가 그냥 되는 것은 아니다. 일상화가 되도록 전략을 구상하고 실행하여 정착하게 해야 한다.

## (3) 행복디자인선교사

전도를 생각하면서 먼저 힘들고 어려운 부담감이 떠오른다면 전략의 부재요, 훈련과 교육의 부족이다. 예를 들어 입대 지원병들을 전투에 출병시키자면 전투에 대한 최소한의 훈련과 교육이 필요하고 그에 상응하는 무기가 지급되어야 한다. 그다음 해당 부대에 배속되게 하여 전략과 전술에 따라 전투에 임하도록 해야 한다. 전도에 있어서도 마찬가지로 전도를 희망하는 지원자들의 모집과 교육훈련, 무기지급, 부대배속과 같은 전략 전술적 전투가 순차적으로 이루어져야 할 것이다. 이를 위한 교육훈련이 '행복디 자인전도' 선교사(VP/Vision Provider, FT/Facilitatior, Lea-der/LD)코 스이다.

이들에게는 행복디자인전도 선교사 명함을 주게 된다. 보통 주부들은 특 별히 명함을 가질 이유가 없었는데 이 명함을 지니고 다니면 무척 좋아한 다. 전도에 대해 말을 꺼내기 전에 먼저 이 명함을 건네면 대화가 시작되는 것이다. 전도지는 버리는 경우가 많지만, 상대방이 건네준 명함을 면전에서 버리는 경우는 거의 없다.

이 명함의 뒷면에는 영어교실을 비롯해 교회에서 시행하는 각종 프로그 램을 명시해놓았기 때문에 자연스럽게 어울리는 해당 프로그램에 대해 이 야기를 나누면서 초청하면 된다. 이러한 가운데 전도적 접근을 수월하게 이 루어가는 것이다.

## (4) 전도적 접근

성경은 창세기에서부터 "온 땅에 충만 하라"고 말한다. 이것은 열방을 향 한 우리의 사명이다. 예수님의 제자들도 열방으로 보냄을 받았다. 이것은 우리가 밖을 지향해야 할 충분한 이유이다. 그런데 근래에 와서 교회들이 온갖 방법을 다해 전도에 집중해보지만 정작 비신자들은 크게 움직이는 것 같지 않다.

일부 몇몇 교회가 숫자적으로 크게 성장하는 사례도 있지만 대부분 회심 에 의한 성장이라기보다는 수평이동에 의한 경우가 많아서 총체적으로는 정체현상이 나타나고 있는 것이다. 이런 현상의 주요 원인은 무엇일까? 전 도의 접근방법은 적절하게 이루어지고 있는 것일까?

길거리에서 일방적으로 이루어지고 있는 전도 방법들에 대하여 비신자 들은 더는 호감을 갖지 못한다는 것이다. 전도의 열정이야 너무나 귀한 것이지만 비신자의 상황을 고려하지 않는 전도는 많은 부정적인 이미지를 초래하게 된다.

한국교회의 전도 방법을 들여다보면 길거리 전도(28.9%), 주보나 전단지(26.3%), 행사(13.8%) 등 이라고 한다. 더는 이대로 나가는 것은 무리인 듯싶다. 자연스런 접근을 통한 전도방법을 모색해야 할 때이다.

전도의 접근 방법론적인 측면에서 살펴보면 최우선은 삶을 통한 전도이다. 그리스도인들의 삶을 통해 비신자들에게 그리스도의 향기를 발하는 것이다. 그다음은 성령의 능력을 의지하여 복음을 선포하여 전하는 방식이다. 마지막은 복음을 선포하며 전하고 세심한 관심과 배려를 통해 주님을 영접하도록 돕는 방식이다.

전도는 주님의 명령이다. 그러므로 주님이 기뻐하시는 방법대로 해야 할 것이다. 예수님께서는 제자들을 파송하면서 "내가 너희를 보내는 것이 양을 이리 가운데 보내는 것 같도다 그러므로 너희는 뱀 같이 지혜롭고 비둘기같이 순결하라"(마태복음 10:16)고 말씀하셨다. 이 말씀은 험난한 세상에서 지혜롭게 행동하되 마음에 순수성과 순결성만은 잃지 않는 분별력을 취해야 한다는 행동의 양면성을 이르는 말씀이 아니겠는가?

## 6. 성도들의 행복한 삶의 비결

"그는 시냇가에 심은 나무가 철을 따라 열매를 맺으며 그 잎사귀가 마르지 아니함 같으니 그가 하는 모든 일이 다 형통하리로다"(시편 1:3)

사람들은 그 누구라도 예외 없이 안전하고 행복한 삶을 갈망한다. 그러나 각자가 추구하는 행복의 조건과 행복감에 대해서는 인간들의 군상(群像)만큼이나 다양한 의견을 표출한다. 오늘날 사람들은 과거와는 비교할 수 없을 만큼의 물질적 풍요를 누리고 있지만 행복이라는 측면에서 비교해 본다면 결코 물질적 풍요와 비례할 수 없음을 쉽게 알 수 있다. 아니 어쩌면 오히려 이전보다 못하다고 해도 무리는 아니다.

현대인의 삶은 물질적 풍요로 인해 얻어진 혜택만큼이나 순수한 인간적 아름다움과 행복을 내어주고 있음이 나날이 삭막해져 가는 사회현상 속에서도 쉽게 입증될 수 있다. 하물며 지도자들을 선택하는 기준도 도덕성 정도는 논외로 하는 분위기가 용인되기도 한다. 무엇보다도 경제적 규모를 얼마나 더 크게 만들어 줄 수 있느냐에 무게중심을 두고 있기 때문이다. 지나친 물신주의(物神主義, Fetishism)[6] 풍조가 빚어낸 결과들이다.

행복에 대한 추구를 가치에 두는 것이 아니라 규모와 물질에 두고자 하는

---

6) 물신주의(物神主義, Fetishism)
물신(物神, fetish)이란 말은 물질을 신처럼 숭배한다는 의미이다. 인간의 생활에 편리함과 윤택함을 일구고 유지하기 위한 도구가 물질이다. 그런데 오히려 이것이 주체적 역할을 하게하여 인간이 물질에 의해 좌우되는 종속적 상태가 되도록 부추기거나 그런 것을 선호하는 경향이나 주장을 일컫는다.
7) Michael Argyle, 『행복심리학』, 김동기, 김은미 역 (서울:학지사, 2005), p.13.

것이다. 하나님께서는 "내가 오늘날 네 행복을 위하여 네게 명하는 여호와의 명령과 규례를 지킬 것이 아니냐"(신명기 10:13)라고 말씀하신다. 그리스도인들이라면 마땅히 우리의 행복을 위하여 명하는 하나님의 명령과 규례를 지켜 하나님께서 주시는 참된 행복을 누려야 할 것이다.

## (1) 인간의 행복을 위한 하나님의 뜻

인류는 한 번도 행복을 포기하려고 한 적이 없으며, 향후도 행복을 추구하는 과정이 인류의 역사를 이어 갈 것이다. 신학자 폴 틸리히(Paul Johannes Tillich)는 모든 인간이 가지는 3가지 불안을 언급하였다. 그것은 존재론적 불안인 죽음과 도덕적 불안인 죄와 정신적 불안인 허무라고 하였다.

이와 연관하여 볼 때 행복에 대한 추구는 불안, 죄, 허무 같은 것들에 대한 반작용일 수도 있다. 인간 스스로 이러한 근본적인 문제를 해결할 수 없기에, 더욱더 행복해지기 위하여 종교를 만들었고, 학문을 연구했으며 경제 개발에 심혈을 기울였다. 이에 만족하지 못할 때에는 심지어 정복 전쟁을 일으키기도 하였다.

아리스토텔레스도 모든 사람의 궁극적인 목적은 행복이라고 주장하였다. 영국의 많은 보통 사람들은 돈이나 건강 그리고 성(性)보다도 행복함을 삶의 질을 구성하는 가장 중요한 요소로 평가하였다는 연구결과도 있다.[7] 그렇다면 행복은 과연 무엇이고 진정 사람들이 만족할 수 있는 행복의 길이 있기는 한 것인가?

행복이란 무엇일까? 사람의 마음에는 행복을 얻게 하여줄 것들과 그에 대한 추구가 설계되어 있기 때문에 그렇게 움직여 나가게 된다. 행복은 행운, 고양(Elation), 희열, 평온, 환희, 축복 등의 말들과 공존하며 유사한 의미 또는 보완적인 의미로 강력한 생명력을 유지하고 있다. 일반적인 개념에서의 행복(Happiness)은 부족함이나 불안감을 느끼지 않도록 욕구가 만족되어 안정된 심리적 상태를 의미한다. 하지만, 이러한 상태라는 것이 객관적일 수 없고 극히 주관적이라는 것이다.

아리스토텔레스는 행복은 지적이고 도덕적인 덕(德)에서부터 나온다는 주장을 하였다. 그러나 대부분의 사람은 행복을 깊은 차원에서 고민하여 정리한 상태에서 인식하지는 않는다. 이들은 자신이 원하는 것들이 원하는 정도나 그 이상에서 실현되어 질 때 주관적 안녕감(Subjective well-being)의 차원에서 행복하다고 느끼고 또 그렇게 말하는 것이다. 카알 힐티(Carl hilty)는 행복은 진실로 우리들의 모든 사상의 열쇠라고 하였다.[8]

대니얼 네틀(Daniel Nettle)은 행복의 의미를 세 가지로 분류하였다. 1단계는 순간적으로 느끼는 기쁨이나 즐거움이고 2단계는 웰빙(Well-being)이나 만족 같은 느낌들에 대한 종합적인 판단이며 3단계는 존재의 번영, 자아실현 등에 대한 삶의 질과 연관된 문제로 분류하였다[9]. 아브라함 마슬로우(Abraham Maslow)는 자아실현자가 공통으로 경험하는 것이 있는데 그것을 절정경험(Peak experience)이라고 말했다.

이는 자아몰입 또는 희열의 감정을 경험하는 것을 뜻한다.[10] 행복이란 과연 무엇이며 어떻게 살아야 참된 행복을 얻을 수 있을까? 또한 이미 얻은 행복을 어떻게 잘 간직하고 또 더욱 발전시킬 수 있을 것인가? 모든 사람이 자신의 인생에서 수없이 당면하게 되는 이러한 질문에 대하여 시원하게 대답할 수 있을 때, 그 인생은 행복해 질 수 있다. 그러니 행복해지기 위한 첫 번째 관문은 먼저 각자의 삶에서 행복이란 과연 무엇인지가 분명해져야 한다.

행복을 원하지 않는 사람은 없다. 하지만 그 행복이 무엇인지에 대해서 명확한 정의를 내리기는 어렵다. 만약 건강이나 재물, 권력, 시간 등이 늘어

---

8) Carl Hilty, 『행복론』, 박현석 역 (서울:예림미디어, 2004), p.259.
9) Daniel Nettle, 『행복의 심리학』, 김상우 역 (서울:와이즈북, 2006), p.66.
10) 이훈구, 『행복의 심리학』 (서울:법문사, 1998), p.95.

나면 그만큼 더 행복해질 수 있을까? 그렇다면 도대체 이런 것들의 적정량
은 얼마가 되어야 하는가?

생리적 차원에서의 행복감은 긍정적 기분과 관계가 있다. 왜냐하면 엔도
르핀(Endorphin), 도파민(Dopamine), 세로토닌(Serotonin)같은 신경전달
물질들은 분명히 긍정적 기분의 창출에 기여하기 때문이다. 엔도르핀은 우
리 몸속에서 저절로 만들어지는 내인성(內因性) 모르핀(Morphine)으로 이
것은 우리로 하여금 쾌감을 느끼게 하고 고통을 견디게 하는 물질이라고
한다.

또한, 사랑을 느낄 때 뇌에서는 특별한 시스템이 작동해 만족감과 즐거움
을 느끼게 하는 도파민이라는 화학물질을 분비하는 신경세포들이 활성화
된다고 한다. 아울러 뇌의 시상하부에서 분비되는 신경전달물질 가운데 하
나인 세로토닌이라는 물질이 있는데 이것도 사랑과 행복의 감정을 안겨주
어 기분을 좋게 해주며 생활에 활력을 준다고 한다. 그러므로 뇌에서 이러
한 물질이 덜 만들어지게 되면 감정이 불안정해져 근심, 불안, 우울감 등이
상승하여 행복감을 느낄 수 없는 상태에 빠지게 되는 것이다.

이와 관련하여 행복한 사람은 얼굴만 보아도 쉽게 알 수 있다는 것이 안
면 피드백 이론(Facial Feedback Theory)이다. 또한, 행복감은 사회적 활
동을 통한 사회적 욕구의 만족감과도 연관된다. 삶에 대한 만족이 자신보다
열악한 타인과의 비교에서 더 커질 수 있다는 것은 행복감에서의 인지적 요
인의 작용을 찾아볼 수 있게 한다. 즉 목표의 달성, 성공적인 과업 수행, 여
가활동 등의 욕구 만족이나 자아존중감은 분명히 행복의 중요한 자원으로
설명될 수 있기 때문이다.

이러한 유기적 메커니즘(Mechanism)의 모호함 속에서 특히 상대적 빈
곤감(The Sense of Relative Deprivation)은 욕심과 위축감을 동시에 불러
일으키며 인생들을 두려움과 불안 속으로 끌어들인다. 이런 현상에 대한 반

작용으로 적극적 사고, 긍정적 사고가 상당한 위치를 점하게 되는 것이다. 과연 이러한 심리적 처방만으로 충분한 행복을 얻고 그것을 유지하며 발전시킬 수 있겠는가? 인간은 영과 육이 있는 존재들이다. 따라서 생리적, 심리적 위로와 충족만으로는 영적 차원의 만족을 이루어낼 수가 없다. 그러므로 영적 만족을 위한 본질적 차원의 충족이 필요한 것이다.

사람들은 신체적으로 균형 감각을 유지하며 살아가야 한다. 하지만, 이것이 어찌 신체적인 부분에서 만이겠는가? 더욱더 중요한 것은 영·육간에 균형이 이루어져야 한다. 비신자들이라고 할지라도 육체적인 부분과 정신적인 부분에서 균형이 있어야 한다. 인간을 떠나서도 모든 것들이 균형을 유지해야 안정감이 있고 아름다운 것이다.

문학에 대한 기능을 이야기할 때에도 균형을 강조한다. 독자들에게 교훈을 주고 인생의 진실을 보여주어 삶의 의미를 깨닫게 하는 교시적(敎示的) 기능이 필요하다. 그러나 이것만으로 문학적 가치의 충족을 이루었다고 보기는 어려울 것이다. 아울러 고차원적인 정신적 즐거움이나 미적 쾌감을 주는 기능 또한 필요한 부분이다.

이런 차원에서 보면 후자는 모든 예술의 직접적 목적은 쾌락이며, 쾌락은 정서적 자극을 통하여 얻어진다는 입장이 된다. 이와 같은 입장을 강조하면 예술지상주의가 된다. 어떻게 이런 이분법적 대립만이 최선이겠는가?

문학의 참다운 기능은 독자에게 고차원적인 정신적 즐거움과 함께 인생에 대한 깊은 성찰과 방향에 대해서도 함께 가르치는 기능을 수행하는 것이 옳다. 즉 문학은 인간의 가치 있는 체험을 전달하는 양식이 되어야 한다는 것이다. 그러므로 문체가 아무리 유려하고 형식이 완벽하게 이루어졌다고 해도 삶의 진솔한 문제를 이야기해나가지 못한다면 그 문학 작품은 큰 가치가 없다고 하겠다. 마찬가지로 행복을 논함에 있어서도 이와 다르지 않다. 영·육의 균형적 충족을 통한 만족이 되어야 행복하다고 할 수 있다.

행복에 관해 많은 철인(Philosopher)들의 논의가 있었다. 그러나 그 누구도 분명한 해답을 제시하지 못하고 있다. 돈으로 좋은 침대는 살 수 있어도 행복한 잠을 살 수는 없다는 말이 있지 않은가? 과연 인간은 참된 행복을 얻을 수 없는가? 참된 행복을 얻을 수 없다면 그 원인은 무엇인가? 참된 행복을 누리기 위해서는 어떻게 살아야 하는가?

인간들은 행복해지고 싶다고 하면서도 오히려 자기 자신의 행복을 망치는 우를 범하는 경우가 많이 있다. 그리곤 소망과 그 실현을 가로막는 좌절이라는 늪에서 허우적거리는 가운데 점점 더 깊은 수렁으로 빠져들며 행복이여 나를 살려달라고 소리치는 형국이다. 도저히 구원의 손길을 찾을 수 없을 것 같지만 참된 행복을 얻을 수 있는 유일한 길이 있다. 성경에 그 해답이 있다. 성경은 분명하게 복 있는 사람, 즉 행복한 사람에 대해서 말하고 있다.

진정 행복한 사람은 분위기나 환경에 따라 좌우되는 심리적 만족을 얻은 사람이 아니라는 것이다. 어떠한 내·외적 조건에서도 흔들림이나 마름이 없는 본질적이고 총체적인 평안을 얻은 사람임을 분명히 밝히고 있다. 몸과 땅은 둘이 아니고 하나라는 뜻에서 자기가 사는 땅에서 나고 자란 농산물을 먹어야 체질에 잘 맞음을 이르는 신토불이(身土不二)라는 말이 있다. 또한, 비록 기계제품이라고 할지라도 그 제품의 생산자가 공급하는 정확한 부품을 사용해야만 정상적인 작동이 가능해진다.

하물며 기계도 이럴진대 영적 존재인 사람이야 말해 무엇 하겠는가? 창조주가 공급하는 영적인 만족을 누려야 영·육의 강건과 행복을 가져오게 된다는 것이다. 이런 해석적 방법에 대해 단지 기독교적 측면에서의 접근이라고 단정 지어 말하는 이들도 있을 수 있을 것이다. 하지만, 이것은 단순히 기독교 이기주의적 관점에서 논하려는 것이 아니다. 해가 뜨고 달이 지며, 바람이 불며 눈비가 오고, 새가 울며 꽃이 피는 것은 어느 사람이나 조직의 이기적인 차원에서 조종되는 것이 아니다.

누구도 부인할 수 없는 우주의 창조적 섭리에서 일어나는 일들이다. 바로 행복의 비결도 이와 같은 차원에서 논하고자 하는 것이다. 아리스토텔레스도 모든 사람의 궁극적인 목적은 행복이라고 주장했다. 그는 행복을 완전하면서도 자족한 것과 축복받은 것으로서의 지고(至高)의 선(善)이라고 믿었다.

그래서 그는 완전하면서도 자족한 것은 인간이 획득할 수 있는 최고의 행복이라는 의미로 유다이모니아(Eudaimonia)라고 하였다. 또한, 절대자를 통해서 얻어지는 최상의 축복으로서의 행복을 축복받은 것이라는 뜻을 지닌 마카리오스(Makarios)로 설명하려 했다.

마카리오스(Makarios)라는 말은 신약성경의 '팔 복'에서 예수님께서 일컬은 복의 개념이다. 즉 창조자만이 제공할 수 있는 복의 개념이다. 인류가 행복을 이해해온 척도가 어떠하든지 간에 인간은 최선의 행복에 대한 해답을 제시하지 못하고 있음을 역사는 말해주고 있다. 인간이 누릴 수 있는 최선의 행복은 오직 인간의 창조자만이 제공해 줄 수 있다.

그리스도인들의 행복은 삶의 총체적 의미로서의 교회적 삶과도 일치하는 것이라 하겠다. 하나님의 백성으로서의 삶은 그리스도와의 연합된 삶이며 그리스도로 인해 사는 삶이다. 그러니 우리의 삶은 날마다 그리스도를 닮아 사는 교회로서의 삶이 되어야 한다. 어떻게 하면 보다 더 순수하게 하나님의 뜻을 따르며 세상의 많은 사람에게 참된 유익을 제공함과 동시에 나 자신의 행복을 이루며 살 수 있겠는가?

먼저는 살아계신 주님, 나보다도 나를 더 사랑하시는 주님을 기대해야 한다. 또한, 탁월해야 한다. 이것은 내가 노력하며 힘쓰고 애써서 얻는 남다른 차별성이나 우수함을 말하는 것이 아니다. 주님과의 호흡과 대화 속에서 주님으로부터 공급받아 이 땅에 심고 가꾸어 열매 맺는 아름다움을 말하는 것이다. 그러니 이것은 부러움의 대상으로 전락하지 않으며 덕과 유익을 세우는 것이 되어야 한다. 그리고 날마다 새로워져야 한다는 것이다.

주님께서는 새 술은 새 부대에 담으라고 하셨다. 늘 옛것을 발판으로 새로워지려는 사고를 통해, 아직 오지도 않은 미래로부터도 배울 줄 알아야 한다는 것이다. 즉 성령의 임재를 통한 하나님의 영원과 사랑을 인식하고 신뢰할 때, 창조주 하나님의 섭리 하심을 깨달아 알며 그 뜻에 따라 하나님을 기뻐하는 삶을 살 수 있게 되는 것이다.

따라서 생활적 차원에 있어서도 지금의 생활은 미래와 연결되어 있으며, 현재의 상상은 미래와 이어주는 영적 센서(Sensor)가 되는 것이다. 성경은 철저하게 하나님과의 관계성 속에서 인간을 이해하도록 하고 있음을 알 수 있다. 즉 하나님에 의해 잠재된 영이 그리스도로 인해 회복되지 않고서는 인간은 올바른 길을 찾고, 올바른 사고와 판단을 할 수 없음을 고백해야 하는 존재이다. 그러므로 진정한 행복을 누리고자 한다면, 영적 회복을 통해 하나님과의 상시적 커뮤니케이션이 방해받지 않을 때 가장 행복한 삶을 누리게 된다는 것을 인식하고 그렇게 살아야 한다.

행복한 인생을 살 것인가? 불행한 인생을 살 것인가? 이 명제에 대한 답은 하나님의 은혜 가운데 주어지는 본인의 선택에 의한 실천과 태도에 달려 있다. 그래서 하나님께서는 인간에게 자유의지를 부여하신 것이다. 행복은 일상의 소망으로부터 시작된다는 작지만 중요한 인식이 필요하다. 때로는 각 개인이 자신의 바람과 노력만으로 그것에 도달할 수 없을 때에는 다수의 사람이 공동으로 그것을 합심해서 추구해야 한다.

행복은 인생이 추구하는 모든 과정과 영역에 힘을 부여하는 궁극의 거점이 되는 것이다. 인간들은 행복에 대해 나름대로 해석과 실천을 한다. 하지만, 그 내면을 들여다보면 행복이야말로 모든 사람의 평범하고도 변함없는 인생의 목표임을 부인할 수 없다. 인간이라면 누구든지 최선을 다하여 행복해지고 싶어 한다. 그것이 바로 삶의 여정이기도 하다. 무엇보다도 하나님의 백성으로서의 삶을 사는 그리스도인들에게 있어서의 행복은 어떤 실천과 태도로 이루어져 나가야 하겠는가?

이에 대한 분명한 해답은 성경에 이름대로 따라야 한다는 것이다. 이것은 마치 국민이 헌법을 따라야 함이나 마찬가지다. 마태복음 5:3-10에서 하나님은 참된 행복의 정의와 실천지침을 제시해 놓으셨다. 소위 말하는 이 '팔복의 말씀'은 시대를 초월하여 이 진리를 따르는 자들을 참된 삶의 진리로 인도한다.

여기에서 여덟 번이나 반복된 "복이 있나니"라는 말씀은 단순한 세속적 축복의 의미가 아니고 참된 기쁨과 진실로 행복한 상태를 뜻하는 마카리오스(Makarios)라는 것이다. 마카리오스는 사람들의 행복을 가리키는 말이 아니고 하나님의 행복을 의미하는 말이다. 과연 이 단어를 통해 행복을 말씀해주신 까닭은 무엇이겠는가? 예수님 자신이 누리시는 행복을 당신의 백성도 누리고 체험하며 살기를 바라시는 사랑의 표현이다.

예수님은 제자들에게 '팔 복'의 말씀을 통하여 어떤 자가 행복한 사람인가를 가르쳐 주셨다. 또한, 시편 1편을 통하여서도 어떤 사람이 행복한 사람이 될 수 있는지를 가르쳐 주셨다. 하나님이신 예수님은 이런 행복을 주시고자 이 땅에 오셨다. 그러므로 그리스도인들에게 있어서의 최고의 행복은 그들의 심령에 하나님의 나라가 임하는 것이다. 예수님은 복 있는 자가 소유하게 되는 하나님의 나라를 말씀하셨다.

하나님의 나라는 마음이 가난하고 하나님 편에 분명히 서는 사람들이 들어갈 수 있다는 것이다. 하나님의 나라는 서로 화목 하는 곳에 임한다는 것이다. 즉 하나님에 대한 관계와 인간과의 관계에서 어떻게 살아야 하는지를 말씀해주신 것이다. 그리스도인들이라면 행복에 대한 표면적 집착에 속아서는 안 된다.

먼저는 행복의 원리를 깨달아야 한다. 그것은 무엇보다도 먼저 우리의 심령에 하나님의 나라가 임재하여 매 순간 그것을 체험하며 사는 것이다. 그리고 그것으로 인해 이 땅에서의 삶을 살 때 진정한 행복의 삶을 누릴 수 있음을 깨닫는 것이다.

예수님은 "내가 온 것은 양으로 생명을 얻게 하고 더 풍성히 얻게 하려는 것이다."(요한복음 10:10)라고 말씀하신다. 또한 "내가 이것을 너희에게 이름은 내 기쁨이 너희 안에 있어 너희 기쁨을 충만하게 하려 함이다."(요한복음 15:11)라고 말씀하시며 우리에게 주시고자 하시는 주님의 기쁨 안에서의 행복을 누리라는 것이다. 그러니 참된 행복은 하나님께서 주시는 평강과 기쁨에서 창조되는 모든 선함의 좋은 씨앗으로부터 비롯되는 것이다.

벤자민 프랭클린(Benjamin Franklin)은 "남에게 선을 행할 때, 인간은 자기 자신에게 최선을 다하는 것이다."라고 했다. 그리스도인들이 진정한 행복을 누리고자 한다면 하나님의 백성으로서의 정도(正道)를 걸어야 한다. 즉 삶의 총체적 의미로서의 행복을 깨달아 알고 실천해야 한다. 하나님 백성으로서의 그리스도인들의 행복은 삶의 총체적의미로서의 교회적 삶과도 일치하는 것이라 하겠다.

디모데전서 4장 4절에서는 "하나님의 지으신 모든 것들이 선하다."라고 말씀하고 계신다. 그러므로 우리 스스로 자신을 사랑하는 것보다도 더 우리를 사랑하시는 하나님 안에서의 놀라운 은혜를 통하여 삶의 총체적 의미로서의 교회적 행복이 넘치는 삶을 살아야 할 것이다.


## (2) 행복으로 인도하는 확실한 길 '팔 복'

과연 우리는 무엇을 위해 살아가고 있는가? 사람은 누구나 인생에 대한 부푼 꿈과 희망을 안고 달려간다. 그러나 깊이 있는 생각과 계획도 없이 달려가기만 하다가 보니 더는 나아가지 못하고 헛바퀴를 돌리는 자신을 발견하게 되기도 한다.

언제부터 인가 남들이 만들어 놓은 궤도에 따라 다람쥐 쳇바퀴 돌듯 생활하며, 그들이 만들어 놓은 삶을 살고 있음을 발견하게 된다. 바로 이와 같은데에서 인생이 무의미하다는 느낌을 받게 되고 허무함 속으로 빨려 들어가고 마는 것이다.

18세기 대각성 운동을 주도하였던 신학자요, 철학자였던 조나단 에드워즈(Jonathan Edwards)는 "모든 사람의 영혼은 필연적으로 행복을 추구한다."라고 말하였다. 이것은 인간의 생리적 욕구와도 같은 가장 기본적인 정서이다. 행복을 바라지 않으며 좋아하지 않는 사람은 없다. 사람은 누구나 행복을 원하고 그것을 쫓아 살아간다.

'팡세'를 통해 파스칼(Blaise Pascal, 1623~1662)의 행복에 대한 철학을 엿볼 수 있다. "모든 인간은 예외 없이 행복을 추구한다. 그들 각자가 선호하는 어떤 수단을 쓰든지 간에 그들은 모두 이러한 목적을 지향한다. 혹자는 전쟁하러 가고, 혹자는 이를 회피하지만, 그 원인은 모두 동일한 욕망으로 단지 관점만 서로 다를 뿐이다.

행복 추구는 모든 인간의 모든 행동의 동기이다. 그럼에도 신앙이 없이는 누구도, 아무리 많은 세월이 지난다 할지라도 모든 사람이 지속적으로 주목했던 그 지점에는 도달하지 못했다. 인간의 마음에는 하나님만이 채울 수 있는 공간이 있기 때문이다." 프랑스의 천재적인 수학자이며 물리학자, 철학자이기도 한 파스칼(Blaise Pascal)의 이러한 견해는 무엇을 의미하는가?

모두가 그렇게 행복을 추구하지만 올바른 신앙이 없이는 결국 자신들이 추구하는 그 행복에는 이르지 못함을 시사(示唆)하는 것이다. 인생을 행복이라는 아름다움을 찾아 떠나는 여행으로 노래한 시인들도 많다. 그러나 정작 진정한 행복을 누리는 사람은 많지 않다는 사실이다. 인간에게는 영혼의 욕구가 있다.

그리고 이 욕구들이 충족되지 않는 한 행복은 있을 수 없다. 그러므로 영혼의 만족을 충족하는 것이 바로 참 행복을 얻을 수 있는 비결이다. 인간을 행복으로 인도하는 유일하고 확실한 길이 있다. 이 길을 통과한 사람은 누구나 참된 행복을 얻게 되었다.

이 길은 제한 된 것이 아니라 누구에게나 열려 있다. 요한복음(4:9-18)에 보면 야곱의 우물가에서 예수님과 수가성 여인 사이에 오간 대화가 있다. 야곱의 우물에서 얻게 되는 물은 육체적 만족을 제공하는 모든 것의 상징일 것이다. 그런데 이런 것들은 아무리 많이 마셔도 유한할 뿐이고 인간의 영적 기갈을 해소할 수 없다는 것이다.

행복을 추구하면서도 하나님이 아닌 다른 것에 목말라 한다면 그것은 삶은 씨앗에서 싹이 트기를 바라는 것이나 마찬가지일 것이다. 그러므로 진정한 행복을 얻고자 하는 자라면 주님이 주시는 "영생하도록 솟아나는 샘물"을 마셔야 한다.

혹시 맛있는 것을 먹기 위해 사는 것이 인생 최대의 목적이요, 목표라고 생각하는 사람은 없을까? 이 질문은 외관상으로는 목적론적 색채를 띠고 있지만 내면적으로는 존재론적인 함의와 형이하학적 실재성을 내포하는 말이다. 과연 우리는 무엇을 믿고 있는가? 인간이 생존하고 의식한다는 것은 무엇인가를 믿고 있다는 것이다.

인간은 그렇게 살도록 창조된 영적인 존재들이기 때문이다. 즉 자신들의 존재적 의미를 부여하는 형이상학적인 것들을 알려는 것이 인간의 본성으로부터 비롯된 것임을 인류의 역사는 증명하고 있다. 이러한 인식론적인 토대가 확실할 때만이 인간은 인간답게 살 수 있다.

'무엇을 위해' 라는 질문은 목적론적인 차원에 대한 것이다. 인생에 대한 의미와 목적이 사람에 따라 각기 다른 색조를 띨 수는 있겠지만, 누구나 공통으로 바라는 바는 행복의 추구라는 것이다. "온 세상이 미친 듯이 안전과 행복을 향해 돌진한다."라는 말이 있다.

돈이나 권세, 인기로 행복을 살 수 있을 것 같았지만, 인류의 역사 속에서 많은 사람이 그렇지 못했음을 증명하고 있지 않은가? 과연 이유는 무엇인가? 엉뚱한 곳에서 행복을 찾기 때문이다. 마을 이름과 정확한 번지가 적혀 있는 쪽지를 들고 몇 시간째 찾아가고자 하는 건물을 못 찾고 헤매는 사람이 있었다고 보자.

어찌 된 영문인가? 도와줄 요량으로 그 사람을 불러 쪽지를 받아들고 정황을 물어보았더니 마을 이름은 같았지만 찾는 마을은 다른 지역에 있는 곳이었다고 하자. 그야말로 엉뚱한 곳에서 헤매는 상황이다. 우리의 인생에서도 행복의 번지를 잘못 찾는 정도가 아니고, 엉뚱한 지역에서 헤매는 경우가 허다한 것을 볼 수 있다.

마태복음 5장 3절-10절을 통해 하나님께서는 행복의 참된 주소를 말씀해주고 계신다. 인간의 마음에는 오직 하나님만이 채울 수 있는 공간이 있음을 부인할 수 없다. 이 공간을 하나님 아닌 다른 것으로 채워보지만 목마름만을 더 해 줄 뿐이다. 그렇게 하면 할수록 남들이 모르는 공허함과 허무가 밀려드는 것을 누구보다도 스스로들이 잘 알고 있을 것이다. 이제 행복의 집을 찾아가기 위해 올바른 곳으로 방향을 전환하여 바삐 가야 한다.

마태복음 5장 3절-10절을 표현적 측면에서 보면 여덟 가지 복에 대해 언급된 각 절은 "~있나니"라는 표현의 똑같은 형식으로 되어 있다. 이것의 헬라어 본문은 동사가 없는 감탄문의 형식을 취하고 있다. 이 감탄문에는 현재성이 내포되어 있다. 이러한 차원에서 그리스도인의 복이란 장차 하늘나라에서 받을 복만을 뜻하는 것이 아니라, 지금 여기에서 누리는 복의 개념까지도 내포하는 것이다.

그러므로 우리는 '팔 복' 말씀에서 장차 하늘나라에서의 복뿐만 아니라,

지금 이 땅 위에서도 누리며 살아가는 복을 충만히 받을 수 있다. '팔 복'의 말미마다 말씀하시는 "~복이 있나니"라는 말은 위에서 언급한 것과 같이 감탄적 표현으로 '~복이여!' 라는 뜻이다. 이 말의 헬라어는 마카리오스(Makarios)라는 말로 '복 되다, 행복하다' 라는 뜻이 있다.

영어의 '행복' (Happiness)이란 말은 'Hap' (우연, 운, 행운)이라는 뜻의 어근을 가지고 있다. 그래서 영어에서 행복의 뉘앙스는 우연성을 내포하고 있다. 그렇다면 이것은 언제든지 불행으로 바뀔 수도 있다는 것이다. 그러나 오늘 본문의 의미는 헬라어 '마카리오스' 라는 것이다. 이것은 하나님의 행복을 가리키는 말이다. 그러니 이 행복은 변질되거나 흔들리는 우연적 행복과는 비교할 수 없는 차이를 내포하고 있다.

이 행복은 밝고도 절대적이며 끊임없이 솟아나는 샘물과 같은 기쁨이다. 이것은 인생의 변화무쌍한 상황으로부터 전혀 어떠한 영향도 받지 않는 평강과 기쁨을 나타내는 말이다. 삶의 여정 가운데 많은 사람은 아픔, 슬픔, 고통, 좌절, 고독과 같은 힘든 현실을 경험하게 된다. 이런 과정에서 사람들은 행복을 빼앗기고 만다. 이 세상의 행복은 쉽게 얻을 수 있는 만큼이나 쉽게 잃을 수도 있다.

그러나 하나님께서 그리스도인들에게 주시는 행복은 하나님의 행복에서 출발하는 것이다. 그래서 어떤 상황에서도 흔들림이 없는 기쁨이고 어떠한 악의 세력도 결코 빼앗아갈 수 없는 즐거움이며, 죽음까지도 이 행복을 빼앗을 수 없는 절대적인 행복이다. 이것은 미래에도 영원히 누릴 복이지만, 오늘 이 순간에도 누릴 복인데, 중요한 사실은 오직 그리스도와 함께하는 자들만이 가지게 되는 행복이라는 것이다.

윌리엄 로우(William Law)는 "만족과 행복을 가장 빨리 찾는 비결은 범사에 감사하는 데 있다."라고 했다. 감사가 행복을 낳는다. 그러니 감사가 있어야 행복할 수 있다. 행복은 소유의 넉넉함에서 출발하는 것이 아니라 감사하다는 감격이 그 속에 있을 때에 시작되는 것이다. 반면 감사가 없으면 불평이 이어지고 불행으로 빠져들게 된다. 행복을 원하는가? 그렇다면 감사를 체질화해야 한다. 감사의 성품과 인격을 소유해야 행복을 발견하고 그 행복을 누릴 수 있게 되는 것이다.

하나님께서는 사람을 만드실 때 코에 생기를 불어넣으심으로 생령이 되게 하셨다. 그러므로 인간은 영적인 존재이다. 따라서 인간의 행복은 영적 충족에 비례할 수밖에 없다. 반면 짐승은 육적인 존재이다. 그러므로 짐승은 육적인 욕구만 충족되면 만족해한다.

주님께서는 마태복음 5장에서 '팔 복'을 말씀하시면서, 가장 먼저 '심령이 가난한 자'에 관해서 언급하셨다. 여기에서 왜 심령이 가난해야 한다고 말씀하셨을까? 가난과 결핍을 느낄 수 있어야만 만족 또한 느낄 수 있다는 것이다. 말 못하는 어린아이가 배가 고프다거나 아프다는 것을 느낄 수 없다면 이 아이는 생명이 위험한 지경에 이르다가 마침내 죽게 되고 말 것이다. 부족함이나 결핍을 느끼고 울음으로 표현해줘야 이에 대한 공급을 받을 수 있게 되므로 생명을 유지하게 되는 것이다. 이만큼 '심령'과 '가난함의 느낌'은 그리스도인들의 생명 유지에 절대적이다.

그러니 심령이 가난하지 않으면 주님을 찾지 않을 것이며, 주님이 계시지 않으면 천국은 불가능한 것이다. 따라서 이런 사람은 그리스도인의 생명력이 끊어진 사람이다. 주님으로부터의 공급을 받지 못하는 삶은 영생하도록 솟아나는 생수를 공급받을 수 없다. 사람은 누구나 주님께서 주시는 영생의 샘물을 마실 때, 비로소 인생의 참된 행복을 누리게 만드는 '팔 복'의 삶으로 들어 갈 수 있게 되는 것이다.

심령이 가난한 자는 자신의 힘이나 노력으로는 어떤 소망이나 목적을 달성할 수 없다는 것을 아는 자들이다. 여기에서 복이라는 말은 헬라어로 마카리오스(Makarios)인데 이 말은 '얼마나 행복한가, ~에게 축하한다, ~의 인정을 받다' 라는 의미가 있다. 이 가운데 '인정받는다' 라는 뜻에 집중해 볼 때 우리의 삶이 하나님으로부터 '인정을 받는 것' 보다 더 고귀한 복이 어디 있겠는가?

여기서 말하는 애통이란 단순한 슬픔이나 애석함의 감정이 아니다. 고린도후서 7:10에서 바울 사도는 하나님의 뜻대로 하는 근심이라는 언급을 하였는데 여기에서 말하는 애통이야말로 하나님의 뜻대로 하는 근심이 아니겠는가? 그리스도인이라면, 나 자신의 문제나 상실 때문이 아니라 하나님의 뜻과 빗나가는 모든 현실 앞에서 애통해야 한다.

온유함은 모든 인간관계의 기초이고 행복한 삶의 기반이 된다. 특히 온유는 예수그리스도를 구주로 고백하고 성령의 은혜로 길든 내적 상태를 의미하는 것이기도 하다. 그러니 온유한 사람은 하나님의 통치를 이유 없이 그대로 잘 받아들이는 사람이다.

하나님께서는 온유한 자에게 땅을 기업으로 주시겠다고 말씀하셨다. 왜 그렇게 하실까? 사람이 온유해진다는 것은 지금까지 내가 내 삶의 주인이 되어서 살았지만, 이후로부터는 자신의 주권을 주님께 드리는 자의 삶의 모습이다. "온유한 사람이 복이 있다."라는 말씀이 "심령이 가난한 자"와 "애통하는 자" 뒤에 온다는 순서에 유의해보자.

온유함은 자신에 대한 참된 인식이기도 하다. "온유한 사람"이 되기 위하여 먼저는 자신의 무능과 연약함을 인식해야 한다는 것이다. 그러니 사람의 심령이 가난해지지 않고서는 결코 온유한 사람이 될 수 없음을 직시해야 한다. 자기 자신이 악한 죄인임을 직시하여 깨닫고 애통해 하는 사람이 되지 않고서는 결코 온유해질 수가 없다. 온유는 인간의 힘이나 능(能)만으로 되는 것이 아니다. 주님의 사랑이며, 구원의 은혜요, 성령의 능력으로 새롭게 만들어지는 것이다.

그래서 사도 바울도 "오호라 나는 곤고한 자로다 이 사망의 몸에서 누가 나를 건져내랴!"(로마서 7:24)라고 탄식하게 된 것이 아닌가? 바로 여기에서부터 우리는 자신에 대해 본질적으로 발견해 나가기 시작한다. 이런 자신에 대한 발견과 평가는 다른 사람에게 대한 태도로도 나타나게 되는 것이다. 그러니 온유는 나 자신에 대한 인식인 동시에 다른 사람과의 관계에 있어서의 자세이며 행동의 표현인 셈이다.

헬라어에서 온유라는 단어는 프라우스(Praus)인데 하나님의 섭리와 인도하심에 겸손하게 반응하고 복종하는 인간의 태도와 마음을 말하는 것이다. 또한, 이웃에 대한 인간의 태도와 마음도 포함하는 것이다. 이처럼 온유한 자는 하나님이 주시는 위로와 믿음으로 즐거워하는 사람이다. 그러니 필연적으로 이런 사람은 예수님의 삶을 따라 사는 사람이다.

예수님께서는 온유한 자가 땅을 기업으로 받는다고 하셨다. 그것은 무엇보다도 구원의 은혜에서 출발하는 것이다. 진정 온유한 자라면 영영 버림받아 마땅한 자를 구원해주신 은혜에 대한 감사와 만족이 넘칠 것이다. 그러니 온유한 사람에게는 이 세상 전부를 얻은 사람이 누릴만한 만족이 있어야 한다. 그래서 참된 그리스도인들이라면 어떠한 형편에서도 감사와 만족을 누릴 수 있어야 한다는 것이다. "오직 온유한 자는 땅을 차지하며 풍성한 화평으로 즐기리로다"(시편 37:11)라고 시편 기자는 노래한다.

또한, 온유한 자는 이에서 더하여 영원한 나라를 상속받을 것이다. 이렇게 온유함으로 얻는 기업은 영원한 것이라는 의미임은 물론 현재적 주님의 임재와 동행도 포함하는 것이다. 이삭은 온유한 자였다. 블레셋 사람들이 시기하고 질투하여 이삭의 우물을 빼앗고 추방시켰지만 그는 온유한 마음으로 용서하고 양보했다. 그런 그에게 하나님께서는 더욱 땅이 넓어지는 복을 주셨다.

우리는 땅에 살고 있지만, 땅에 것에 매여 살지는 않아야 한다. 온유한 자는 이삭처럼 이 땅에서의 복도 있다. 사도 바울은 "그런즉 누구든지 사람을 자랑치 말라 만물이 다 너희의 것임이라"(고린도전서 3:21)라고 했다. 하지만 더 중요한 것은 약속의 땅이다. 온유한 자가 받는 땅은 하나님의 자녀가 되는 권세와 영생이기도 한 것이다.

성경에서 말하는 의(Righteousness)는 하나님의 말씀과 뜻대로 살고자 하는 삶의 올곧음과 열망으로 이해해야 한다. 즉 하나님과의 바른 관계를 늘 열망하고 실천하며 사는 사람은 복이 있다는 의미가 아니겠는가? 하나님께서는 이런 주린 영혼의 배고픔을 만족하게 채워주시는 분이시다.

긍휼히 여긴다는 것은 우리를 향한 하나님의 마음을 가지고 늘 행동한다는 것이다. 그러므로 긍휼히 여기는 자는 하나님으로부터 긍휼히 여김을 받게 되는 것이다.

사람은 겉모양에 많은 신경을 쓴다. 그러나 주님은 외모가 아닌 마음이 청결한자가 복이 있다고 하셨다. 즉 외모적 허세보다는 진실 된 믿음을 가진 사람이 하나님의 관심 안에 있게 된다는 것이다. 하나님의 관심 안에 있으니 이런 사람들은 하나님을 볼 수 있다는 것이며, 볼 수 있음은 또한, 하나님과 친밀한 교제를 나누게 된다는 것이다.

히브리어로 샬롬(Shalom)을 일컫는 화평은 단순히 평화라는 의미를 넘어 '부족함이 없는 상태, 성숙함' 을 의미한다. 또한 하나님과 사람들 사이의 바른 인격적 관계를 뜻하며 나아가 모든 피조물의 안녕과 평안이라는 의미가 담겨 있다. 화평케 하는 자는 하나님의 아들이라고 불리는 복을 받는다는 것이다. 그러므로 우리는 하나님의 자녀로서 마땅히 화평케 하는 자의 삶을 살아야 한다.

주님은 '말씀' 이시며 '의' 이신 분이다. "말씀이 육신이 되어 우리 가운데 거하시매 우리가 그의 영광을 보니 아버지의 독생자의 영광이요 은혜와 진리가 충만하더라"(요한복음 1:14). 그리스도인들은 마땅히 이런 자들의 삶에서 비롯되는 경건과 능력의 행복으로 살아야 한다.

　그러니 때로는 이에 대항함으로 다가오는 핍박을 마땅한 것으로 여기며 이겨내야 한다. 그런데 걱정할 것이 없다. 그리스도인들은 이미 이겨낼 수 있는 능력을 부여받았기 때문에, 다만 그것을 믿음으로 결단하기만 하면 된다는 것이다.

　주님께서는 친히 말씀해주신 '팔 복'을 통해 행복으로 인도하는 확실한 길을 제시하셨다. 인류 역사에서 이 길을 따라 살며 행복을 얻지 못한 사람은 아무도 없다. 이 길은 모든 사람에게 열려 있다. 다만 이 길은 하나님의 은총 속에서 믿고 따르는 자들에게만 열리는 최상의 길이라는 사실이다.

　신명기 33장 29절에서 우리는 "이스라엘이여 너는 행복한 사람이로다 여호와의 구원을 너 같이 얻은 백성이 누구냐 그는 너를 돕는 방패시요 네 영광의 칼이시로다 네 대적이 네게 복종하리니."라는 말씀을 발견할 수 있다. 우리는 이미 행복한 길을 찾은 사람들이다.

　하지만, 이 길로 들어서서 달려나가야만 이 길이 진정한 나의 길이 되는 것이다. 우리가 진정 행복해지는 유일한 길은 그리스도를 통해 오늘 우리에게 주시는 팔 복의 삶을 충실히 사는 그리스도인이 되는 것이다.

## 7. 불신자가 호감 속에 달려오게 하는 전도방법의 개념 전환

"네 이웃을 네 자신 같이 사랑하라"(마태복음 22:39)

급변하는 시대의 목회자들에게 점점 더 절실하게 요구되는 사항은 변화라는 것이다. 지속적으로 변화하는 세상 속에서 변화하지 말아야 할 것은 바로 하나님의 뜻을 따라 날마다 변화해야 한다는 사실이다. 이 변화를 주도하는 역할이 지도자의 주된 몫이라는 것이다.

전도에 있어서도 과정혁신(MPI, Mission Process Innovation)이 필요하다. 꽃이 나비를 찾아가는 것이 아니라 나비가 꽃을 찾아오게 해야 한다. '행복디자인전도'는 예수 그리스도로 인해 모두를 행복하게 만드는 전도전략이다.

이러한 전략을 시행하기 위해서는 먼저 이 시대를 향하신 하나님의 뜻하심을 더욱더 깊이 이해하려는 노력이 필요하다. 다름 아닌 하나님의 창조섭리 안에 시대의 흐름이 있다. 따라서 이 시대의 흐름 속에서 숨겨진 전도의 비결도 찾아야 한다.

전도적 접근에 있어서 처음부터 이론적인 교리를 전달하려는 전도 방법은 거부감을 줄 수 있다. 어려서부터 기독교 문화 속에서 자라 온 서구인들에게는 몰라도 한국인에게 있어 서구식 전도 방법의 접근은 거부감을 줄 수 있다. 또한 더 성급한 경우 아직 신앙에 대하여 마음의 문을 열지도 않은 비신자에게 결신(結信)부터 받으려는 성급한 자세를 보인다면 복음과 교회에 대하여 왜곡된 선입관을 갖게 할 수도 있다.

따라서 아웃리치적 차원에서 지역사회에 그리스도의 향기를 퍼뜨리는 것이 선행된다면 지역의 문화와 정서, 감정에 아름답게 스며들게 되어 전도의 문은 자연스럽게 열릴 것이다.

"그리스도의 율법 아래 있는 자나 율법 없는 자와 같이 된 것은 율법 없는 자들을 얻고자 함이라 약한 자들에게 내가 약한 자와 같이 된 것은 약한 자들을 얻고자 함이요"(고린도전서 9:21). 이 말씀에서도 바울 사도가 그들의 문화와 정서를 파악하고 함께 어울리며 그들의 삶 속에서 전도하고자 힘쓰고 애썼던 것을 엿볼 수 있다.

우리는 누구나 동일한 능력과 함께 각기 남다른 잠재능력을 갖추고 태어났다. 그것은 교회도 마찬가지다. 이 남다른 잠재능력은 소위 매력과 호감이 될 수 있다. 이 매력을 놓치지 않아야 자신의 능력을 더욱더 잘 발휘할 수 있게 될 것이다.

그렇다면 우리 자신과 교회가 가진 특성을 통해 보다 매력적이고, 호감 넘치는 일을 하기 위하여 과연 무엇을 어떻게 해야 할 것인가?

**첫째, 교회에 대한 내 · 외적 이미지의 구축이다.**

보통 사람들은 대상을 인식함에 있어서 항상 논리적이지만은 않다. 자신 안에 구축된 이미지에 의해 평가하는 것이 대부분이다. 그렇다면 자신이 속한 교회의 이미지는 과연 그 지역사회에 어떻게 형성되어 있다고 보는가?

먼저는 교회 내부의 문제가 우선이다. 기업에서도 내부고객의 만족 없이 외부 고객의 만족은 있을 수 없다고 한다. 기업에 대한 고객만족도가 기업 경쟁력의 척도가 되고 있다는 의미이다. 즉 고객만족경영(Customer Satisfaction Management)이 실행력을 갖고 강력하게 추진되기 위해서 먼저는 내부고객(직원)의 만족이 우선 되어야 한다는 것이다. 이는 직원들이 고객에 대해 진정성을 가지고 정성껏 섬기기 위해서는 먼저 직원들이 만족할 수 있어야 가능하다는 의미이다.

나와 내가 속한 교회의 이미지를 더 좋게 만들려는 방법에 대해 생각해 보자. 이미지 형성에서 가장 중요한 것은 나 자신이다. 내가 먼저 그리스도를 더욱 닮아 가고 그리스도의 향기를 발하여야 교회 공동체가 그렇게 되는 것이다. 모든 변화는 나 자신으로부터 시작되어야 한다. 스스로 좋아할 수 없는 나와 우리를 누구를 보고 좋아해 달라고 할 수 있겠는가?

전도의 과정혁신에 있어 출발은 나 자신이다. 자신에 대한 전인적 변화를 이루어야 한다. 가장 바람직한 변화는 그리스도 안에서의 나에 대한 조명이다. 그리고 나아가 자신이 속한 공동체에 대한 조명이다. 이런 준비는 지역 사회로 흘러넘칠 가능성을 예측하게 해준다. 부담이나 의무감에서 하는 일시적 강조나 관심은 쉽게 시든다. 그래서 전도의 과정혁신을 통한 올바른 시스템이 필요한 것이다.

### 둘째, 지역사회에 대한 애정이다.

그리스도의 심정으로 그들을 향한 열망을 가지고 있어야 할 것이다. 그렇다면 그들을 향한 배려의 마음이 생기고 베풀게 될 것이다. 그런데 여기에서 지혜가 필요한 것이다. 비신자들에 대한 올바른 태도가 무엇보다도 중요하다. 그것은 복음이 왜 그들에게 필요한 것인가를 전달하는 방법의 문제이기도 하다. 이러한 과정의 혁신을 위해 필요한 것이 전도의 가치 차별화인 셈이다.

### 셋째, 전도의 가치 차별화이다.

전도를 위한 가치 차별화는 이런 것이다. 전도지, 전도편지, 카드발송, 차 대접, 선물, 행사초청과 같은 방법의 접근은 이제는 식상해하고 있다는 것이다. 이들이 원하는 것을 제공하는 신선한 접근이 필요한 것이다. 이것이야말로 그들의 눈과 마음을 사로잡을 수 있게 될 것이다. 여행이나 운동을 함에 있어서 그 자체보다도 누구와 함께 어떤 여행이나 운동을 하느냐에 따라 호감도는 달라지는 것이다.

비교하자면 이렇다. 남들이 냉장고 시장을 놓고 경쟁할 때에 김치냉장고를 선보이자는 것이다. 오디오 시장의 경쟁에서 MP3를 내놓자는 것이다. 문화센터, 복지관, 주민센터, 교회, 여기저기에서 비슷한 형태의 영어회화, 문법 등의 강좌들이 많이 있다.

그렇다면 영어교육은 마찬가지이지만 영어교육의 김치냉장고, MP3는 무엇인가? 행복디자인전도에서는 쉽고 재미있게 영어 말하기를 습득하도록 돕는 웹 기반 멀티미디어 어학실습실 시스템을 가정마다 구축하겠다는 것이다. 그리고 이를 바탕으로 특별한 비신자 만족 프로그램을 교회출석 시스템으로 연계시키겠다는 것이다. 이것이 바로 비신자와의 관계 맺기이다. 여기에서 한 발 더 나가 교회에서의 연계 동아리 운영과 관리시스템의 가동을 통해 이들과의 관계를 강화하겠다는 것이다.

이 과정에서 비신자들이 자신의 가치를 발견하고 많은 부분에서 회복되는 체험을 갖도록 만들어 주어야 한다. 예를 들자면 쉽고 재미있는 영어 학습을 통한 자신감의 회복, 학창시절에 대한 즐거운 추억의 회상, 자신을 배려해주는 상대방의 발견으로 인한 위로, 공동체 활동을 통한 의욕과 동질감의 형성 등을 경험해 가도록 만든다는 것이다. 교회는 이런 과정 속에서 이들과의 관계를 관리하며 관계적 강화를 이루어 나가게 된다.

영어교육만이 아니다. 행복디자인전도에는 지역사회 주민들의 행복을 디자인하며 전도할 수 있는 여러 방법이 연구되어 있다.[11]

---

11) 지역영어마을 만들기 전도, 티타임 바이블스토리와 영어 전도, 품앗이과외공부방 전도, 교회직분명함 전도, Cyber 전도, 포켓 영어월간지 전도, 비치용(備置用) 서적 전도, 어린이 학습물 무상제공 전도, 테마동아리 활동 전도, 인터넷 지역신문 활동 전도, 독서주말전도, 국내선교사관학교 전도, 전도 대상자 초청 연합 테마 여행이벤트 전도 등.

이 모든 노력은 이러한 과정 속에서 비신자들이 어느 순간 복음에 빠져들수 있는 가장 중요한 극적 계기를 맞이하게 되기를 기대하고 열심히 씨앗을뿌리는 것이다. 비신자들에게 이 순간은 그동안 잠재된 우호적 감정을 증폭시켜줄 수 있다. 짧지만 매우 감격스럽고 결정적인 진실의 순간이 뇌리를스치며 가슴에 파고들게 된다. 이 순간을 더욱더 많이 창출하며 관리하고강화해 나가는 교회에 왕성한 전도가 일어나고 부흥하며 성장하게 되는 것이다.

하지만 또 하나의 지혜는 아닌 것에 미련 두지 말아야 한다는 것이다. 우리는 최선을 다하여 전도할 뿐 구원은 하나님의 손에 달렸는즉 과도한 집착이나 엉뚱한 미련은 버려야 할 것이다. 다른 하나는 수평 이동에 의해 움직여지는 경우, 더욱 지혜로운 분별력이 필요한 것이다. 원거리 이사나 누구나 이해되는 불가피한 경우를 제외하고는 우리의 관심은 역시 비신자라는잠재된 영역의 바다로 나가는 어부의 자세가 되어야 할 것이다.

**넷째, 비신자에 의한 전도이다.**

교회와 이렇게 좋은 관계를 맺고 있는 비신자들이 교회의 이러한 활동을소개하고 협력하게 된다는 것이다. 이들을 통해 비신자들의 요구에 더욱 근접하게 됨으로써 교회는 점점 비신자들이 교회를 향해 갈급하게 생각해온가치를 창출하며 복음의 그물 속으로 몰려드는 물고기들을 확인하게 되는것이다.

그러니 물고기 떼가 물고기를 부르는 전도적 역할의 시너지를 창출하는셈이다. 여기에서 그치는 것이 아니다. 모일수록 행복해지고 더 많은 의미

---

12) 여호와 이레(Jehovah Jireh)
하나님께서 나의 괴로움을 지켜보신다(The LORD has seen my affliction), 하나님께서 예비해주신다(The LORD will provide).

와 가치가 추가되고, 창출되어 확산됨으로써 갈수록 커다란 영향력을 가진 공동체로 성장하게 되는 것이다. 이것은 처음에 배려와 나눔이라는 그리스도의 향기로 출발한 것이 나눌수록 커지는 신비의 공식으로 확인되는 기쁨을 제공받게 되는 일이다.

작금에 일본은 한국의 독도에 대해서 터무니없는 영유권을 심심치 않게 주장한다. 그것은 단순하게 독도에 대해 탐심을 갖는 것이 아니라 독도를 기점으로 한 바다에 대한 욕심이다. 바다는 바다 자체가 중요한 것이 아니라 그것이 가지고 있는 많은 자원과 잠재력 때문이다.

우리도 비신자들이 가득한 지역사회라는 바다에 지대한 관심을 가져야 한다. 그리고 보다 더 많은 전도의 어획량을 거두기 위해 끊임없이 연구하고 개발해야 한다. 이를 바탕으로 지역사회라는 황금어장으로 나가야 한다.

때로는 거친 세파와도 싸워야 할 것이다. 적조 발생이라는 낙담의 현실도 극복해야 할 것이다. 이러한 도전과 노력의 과정을 주님께서 지켜보고 계신다. 그러므로 우리는 여호와 이레(Jehovah Jireh)[12]의 은혜를 경험하게 되는 것이다. 항상 우리를 지켜보시며 가장 좋은 것으로 준비해놓으신 하나님의 넓고 큰 은혜와 사랑은 때가 이르면 만선의 기쁨을 누리도록 만들어주실 것이다.

교회개척은 거의 힘든 지경에 이르렀다고들 한다. 몇몇 성공사례도 규모와 재원, 조력자들이 준비되고, 이동이 발생하는 입지적 여건에 기인하는 경우가 대부분이라고 한다. 혹자는 교회가 너무 많기 때문이라고도 한다. 그렇다면 과포화 상태라는 것인가? 그렇지 않다. 우리는 차원을 달리해야 한다.

지역사회와 함께 호흡하는 상생을 이루어야 한다. 우리나라의 IT(Information Technology) 인프라(Infra., 基盤施設)는 세계 IT의 시험의 장이 되고 있다. 이에 힘입어 과거와는 비교할 수 없는 구전형태인 넷전

(Network+구전)이라는 현상을 탄생시켰다. 이런 현상을 바라보면서 우리는 비신자들과 함께 복음을 전하는 새로운 방법론적 가치를 창출해야 할 것이다.

전북 익산에 가면 웅포교회가 있다. 이 교회는 지역 주민 대부분이 교회 건축에 동참했다. 비록 비신자이지만 잠재적 교인임을 자인하는 것을 보았다. 이것은 저절로 된 일이 아니다. 모든 교우의 상호작용과 헌신 정도에 따라 그 교회가 만들어 온 가치 창출인 것이다. 이러한 현상은 담임 목사이신 박재용 목사님을 지역의 오피니언 리더로 인정한 것이고 교회에 대한 정서적 애착감이 확고함을 증명하는 것이다.

이러한 차원에서 전도와 교회 부흥의 바탕은 교회에 대한 정서적 애착감과 오피니언 리더십(Opinion Leadership) 그리고 지역적 상황이라는 복합적 메커니즘(Mechanism)의 종합이라고 할 수 있다. MPI SYSTEM으로 교회의 분위기가 달라져야 한다. 행복한 나, 화목한 가정, 따뜻한 사람 관계, 아름답게 성장하는 교회를 만들어야 한다.

# MPI 시스템 5단계

어떤 시스템이든지 쉽고 효율적이며 자연스러워야 한다. 그리고 아름답고 유익한 가치를 창출할 수 있어야 한다. 무엇보다도 복음의 생명력으로 약동할 수 있어야 한다. 이는 지속적인 생명력의 앙양(昻揚)으로 이어지게 될 것이다.

① 생각하는 습관 만들기 단계 교육
(믿음 안에서의 참된 긍정적 사고와 습관은 암세포도 정상세포로 바꾼다)

② 말하는 습관 만들기 단계 교육
(믿음 안에서 가슴을 열고 이해하며 듣고 마음으로 안아주고 포근하게 소망을 심어주자)

③ 생활하는 습관 만들기 단계 교육
(믿음 안에서 만물을 사랑하는 마음으로 대하면 일평생 걱정 없이 행복하다)

④ 인간관계의 습관 만들기 단계 교육
(먼저 웃고, 한 번 더 양보함에 행복을 느끼며 남의 성공을 도와 그것이 내 성공이 되게 하자)

⑤ 좋은 동역자 만들기(Making Good Friends) 단계 교육
(①~④단계를 기반으로 한 ⑤단계 구성을 통해 양육함으로써 근접성, 은유성, 동질성, 초현실성, 공동체성, 일체성 등을 만들어간다. 이로 인해 주님에 대한 시선집중과 이에 대한 지속적 증가의 흐름을 이루어냄으로써 좋은 동역자로 육성되게 해야 한다)

## 8. 모든 성도의 행복한 전도 아우성

"하나님은 모든 사람이 구원을 받으며 진리를 아는 데에 이르기를 원하시느니라 하나님은 한 분이시요 또 하나님과 사람 사이에 중보자도 한 분이시니 곧 사람이신 그리스도 예수라 "(디모데전서 2:4-5)

행복디자인전도는 날마다 부흥하는 교회로 만들어주는 전도수업이라고 할 수 있다. 이에 대한 내포적 의미는 지역사회가 꼭 필요로 하는 유익을 제공하면서 그들과의 자연스러운 호흡을 통하여 복음이 쏙쏙 그리고 속속 전해지게 하는 전도전략을 일컫는다. 무엇보다도 먼저 내적으로 건강하고 아름다운 성품을 소유한 교회가 되어야 그것이 외부로 흘러넘쳐 지역사회를 감동시키는 교회가 될 수 있을 것이다.

전도와 교회성장을 프로그램과 규모적 차원에서만 접근할 것이 아니라 하나님과의 친밀한 관계로부터 흘러나오는 건강성으로 볼 수도 있어야 할 것이다. 이러한 맥락에서 전도는 프로그램의 개발과 이벤트로의 집중이 아니라 성도들 모두가 그리스도를 닮아 그 사랑을 품고 이웃을 향해 복음을 들고 나가 아름다운 소식을 나누고 기뻐하며 섬기는 일이 되어야 한다.

아무리 여러 프로그램이나 이벤트를 진행시킨다고 할지라도 이런 바탕의 준비가 없다면 그것은 모래 위에 집을 짓는 일처럼 쉽게 흔들리거나 무너질 수도 있다는 말이다.

교회의 성품은 수직, 수평적 차원에서 하나님에 대한 사랑을 중심으로 인간에 대한 사랑으로 드러나야 한다. 그래서 교회의 정책 방향은 항상 지역사회와 시대의 흐름을 주도하는 컨셉에서 구성되어져야 한다는 것이다. 이것은 무엇보다도 지역주민의 갈급한 필요를 이해하고 섬기는 것이기 때문에 그들의 열린 마음과 높은 호감 속에서 그들과 접촉할 수 있다는 것이다.

교회는 이렇게 함으로써 지역사회를 향하여 꿈의 향기를 발하게 된다. 이런 맥락에서 지역주민들의 모든 활동이 교회를 중심으로 되살아나고 회복되는 새로운 가치요소를 창출할 수 있다는 것이다.

이는 인간의 삶과 모든 행위의 맥락에 본질적 가치를 제공하여 자연스럽게 그리스도의 영성을 소지하게 하는 근본적 전도 전략을 구현하는 것이다. 지역사회에 전달된 꿈과 희망의 향기는 모두가 아름답고 벅찬 가슴을 품고 살아가게 만들어준다.

꿀벌들은 열심히 향기를 쫓아 꽃들을 찾아다니며 꽃가루를 묻혀서 열매가 맺히도록 수정하는데 쓰임 받는다. 성도들도 이 꿀벌들처럼 그리스도의 향기를 흩날리며 복음을 수정시키고 정보의 꿀을 모으며 열매가 맺히도록 힘써야 한다. 벌들은 괴로워하거나 고통스럽게 이 일들을 하지는 않는다. 향기를 쫓아 즐겁게 윙윙거리며 날아다니는 것이다. 이런 즐거움이야말로 성도들의 행복한 전도 아우성이며 아름다운 결실을 위한 꿈과 희망의 전달이다.

'행복디자인전도'에서는 이런 일들의 감당자들을 Vision Provider(希望傳令使)와 Facilitator(希望促進者), Leader(희망섬김이)라고 부른다. 웨인 슈미트(Wayne Schmidt)목사는 자신이 하나님의 영이 행하시는 일을 인위적으로 만들어 내거나 조절할 수는 없지만 영적인 운동이 더 잘 일어날 수 있도록 하는 환경을 조성하는 일은 가능하다고 생각했다. 그는 이미 하나님께서 행하시고자하시는 일들에 대한 통로로서의 사명 감당을 통해 해당 사역의 촉진자가 되는 것은 가능하다는 것이다.

'행복디자인전도'에서 그리스도의 향기를 발하는 전략을 구사하는 것은 이론이 아니라 현재를 기점으로 한 향후 신개념의 전도와 교회 성장의 시대 견인적 토대를 닦는 일이다. 특정 시점에 강조하는 일시적 분위기나 관심은 쉽게 시들게 된다. 즐겁고 보람찬 상시 전도 시스템의 구축이 필요하다.

이러한 차원에서는 부담이나 의무감에서 하는 전도는 존재하지 않게 된다. 기쁨으로 지역사회를 기경하여 복음의 씨를 뿌리고 소망으로 가꾸어가게 되는 것이다.


## (1) 전도에 대한 시야의 전환

노방전도, 축호전도도 해야 한다. 그러나 그것도 방법과 차원을 달리해야 한다. 길거리 청소나 학교 앞 교통정리 등의 봉사를 통한 아웃리치적 접근을 해야 할 것이다. 전도지의 배포에 대한 전도기회를 통계적으로 살펴볼 때 1,500(길거리 배포): 150(신문 배포): 10(아는 사람): 1(전도 기회)라는 자료가 있다. 쉽지 않다는 느낌보다는 뭔가 바뀌어야 한다는 것이다.

보통의 경우 이런저런 프로그램을 전도적 차원에서 시행한다고는 하지만 거리에 나붙은 플래카드나, 전도전단지의 캐치프레이즈나 용어들을 살펴보면 크리스천들이나 알 수 있는 것들이 대부분이다. 누구를 향한 메시지인가? 이러한 좁은 시야를 벗어나야 한다.

이 시대는 이 시대에 적합한 전도법이 필요하다. 지역주민들이 지금 당장 필요한 관심분야를 통해 교회로 오게 하는 상설시스템이 절실하다. 그들이 교제와 나눔의 기쁨을 맛보며 그 묘미를 체험하게 해야 한다. 그들에게 영적 커뮤니케이션 환경을 조성하고 주체화되게 만들어가야 한다.

과학기술이 선도하는 물질문명의 한계에 봉착한 인류에게는 진정한 희망의 빛이 필요하다. 인류에게 진정한 희망의 빛은 오직 예수 그리스도의 복음뿐이다. 이들에게 이 좋은 복음을 빠르고 강력하게 전달하려면 시대가치 구현적 전략과 시스템을 만들어 가야 한다.

전도 방식의 선사 시대적 적용에서의 퀀텀점프(Quantum Jump)[13]가 일어나야 한다. 아직도 전도 방식에 있어서의 타제, 마제석기적인 사용이라면 시대적 가치 구현과는 너무나 동떨어진 수렵과 채집 경제적 전도 방식에 머물러 있는 것이다.

이제부터 최소한 농경 또는 목축이라는 생산 경제적 전도방식으로 전환해야 한다. 아니 이참에 지식정보화 시대를 선도하는 전도 방식으로의 퀀텀 점프를 이루어야 한다.

### (2) 교회마다 어려움에 처한 전도의 현실

첫째, 개인의 특성적(Trait) 사례에 의존하는 한계에 봉착해 있다.

대부분 특성이론에 머문 물동이 전도 방식에 의존하고 있다. 특성이론이라 함은 보편적으로 누구나 지닌 자질이나 가능한 방식이 아닌 효과적인 리더의 신체적 특성(외모, 체력, 이미지 등), 능력에 관한 특성(업무처리, 지능, 지식, 판단력, 기술적 능력, 어휘 구사 능력 등), 성격에 관한 특성(적응력, 민첩성, 자기제어, 외향성, 독립성, 직관력, 성실성, 창의성, 일관성, 인내력, 책임감, 자신감, 유머감각, 스트레스 저항력 등), 사회적 특성(협동심, 대인관계 기술, 민감성, 사회성, 사회경제적 지위, 다변성, 재치 등)과 같은 개인적 특성을 중심으로 하는 것을 의미한다.

개인의 특성적(Trait) 사례에 의존하는 것은 한계에 봉착할 수밖에 없다. 유능한 개인적 전도능력은 칭찬받아 마땅하고 타인에게 많은 도전을 주기도 한다. 또한 이런 교육이 전도적 실행에 일부 가능한 측면도 있지만 대부분 감동과 도전의 차원에 머물 수밖에 없다.

도대체 물동이전도 방식이란 무엇인가? 옛날 시골에서 물동이에다 물을 길어다 먹었듯이, 상시적인 시스템을 구축하지 못하고 상황과 형편에 따라

---

13) 양자(量子, Quantum)화된 도약을 뜻한다. 원자에 에너지가 가해지면 핵 주위를 도는 전자들이 낮은 궤도에서 높은 궤도로 점프하면서 에너지 준위(準位, Energy Level)가 계단을 오르는 것처럼 불연속적으로 증가하며 도약하게 되는데 이를 '퀀텀 점프'라고 한다. 이러한 개념을 경제학에서 차용하여 어떤 실적이 단기간에 비약적으로 호전되는 것을 의미하는 용어로도 쓰이고 있다.

부정기적으로 실시하는 방식의 전도를 이르는 말이다.

이것은 늘 힘들고 지치게 만든다. 그렇다면 보다 효율적인 생활을 위해 과연 무엇을 해야 하겠는가? 언제든지 꼭지만 틀면 급수를 받을 수 있는 시설이 필요하다. 전도에 있어서도 마찬가지로 늘 전도할 수 있는 선교 시스템을 갖추어 놓아야 한다.

**둘째, 시대적 상황(Contingency)을 고려하지 않은 모델의 답습으로 인한 한계에 봉착해 있다.**

전도나 교회성장에 대한 리더십의 특성이나 행위들이 서로 다른 상황의 리더들에게 있어서는 다르게 적용되어야 한다는 것이다. 즉 현 시대적 상황에 따라 가장 보편적이고 효율적일 수 있는 특성, 기능, 행위가 무엇인지에 대해서 관심을 기울여야 한다. 그리고 이에 따른 보편적 적용과 결과 도출을 위한 시스템을 구축하고 상황적합적 전략(Contingency Strategy)을 구사하며 유연한 프로그램을 창출해야 한다.

문제는 아직도 시대적 변화 앞에 무력한 시스템의 여전한 사용 가운데 돌파구를 찾겠다고 하는 안타까운 현실이다. 미국의 풀러신학교(Fuller Theological Seminary)의 도널드 맥가브란(Donald A. McGavran)과 에디 깁스(Eddie Gibbs) 교수는 이제까지의 교회성장 프로그램은 서구사회에 뿌리를 둔 선교단체들이 1950-60년대 사용해온 방식들이어서 더 이상 이런 방식이 통용되어서는 안 되며 통용되지도 않는다고 선언한 바 있다.

◉ 전통적인 전도의 긍정적 측면과 한계점
① 긍정적 역할의 측면
　　전도나 성장에 대한 독려와 사명감 고취, 이론적 무장
② 한계점

구체적 결과의 미흡, 결과 예측의 장애, 노력과 열심에 비례한 효율성의 저하와 이에 따른 의욕상실

**셋째, 중도 하차적 한계에 봉착해 있다.**

유행하는 프로그램을 쫓아 이리저리 찾아다니며 온갖 노력을 기울이는 것은 마치 우물을 파다가 잘못된 위치 선정이나 계획 때문에 중단하는 것과 같다. 이러한 형태의 반복으로는 힘의 낭비를 가져올 뿐 물을 얻을 수 없다. 이와 같은 시행착오의 반복은 신자들을 지치게 만든다.

먼저는 각각의 교회 현실에 적합한 모델이나 프로그램을 찾되 자신의 것들로 충분히 소화하여 자신만의 색깔로 이끌어 갈 수 있어야 한다. 그래야만 중도하차라는 문제를 극복할 수 있게 될 것이다.

**넷째, 임기응변식(臨機應變式) 처방의 한계에 봉착해 있다.**

제시된 치유책이 오히려 더욱 심각한 문제를 불러일으킨다는 말이다. 비유컨대 예뻐지려는 삐뚤어진 욕망에서 비롯된 성형 수술이 마음에 들지 않기 시작하면 계속해서 시도하다가 크나큰 성형 부작용에 시달리는 경우를 종종 보게 된다.

본질적인 변화와 치유를 제공하지 못한 채, 현실적인 필요와 갈증을 채워보려는 프로그램의 시행만으로는 진정한 성장의 기쁨을 맛보기 어렵다. 그것은 마치 일회용 반창고를 붙이는 조치와 같은 것일 수도 있다. 목마름을 달래기 위해 소금물을 먹는 것과 같이 더욱 심한 갈증을 불러오고 말게 될 것이다.

그렇다면 어떻게 해야 하겠는가? 각각의 교회에 적합한 시스템을 개발해야 할 것이다. 이 개발을 위한 툴(Tool)로 '행복디자인전도'를 사용하라는 것이다. 이 안에는 여러 전략이 있지만 최우선은 전도의 파이프라인시스템

(Pipe Line System)을 구축해야 한다. 구체적으로 말하자면 전도 대상자들이 원하는 때, 원하는 만큼 지속적으로 교회에 모이도록 도와주는 시스템을 말하는 것이다.

문제는 아무리 좋아도 비용과 규모의 한계가 발생한다면 곤란한 것이다. '행복디자인전도' 시스템은 최소 비용으로 최대 만족을 얻을 수 있게 하고 있다. 물론 땀과 노력의 경제와 효율의 지혜를 발휘해야 한다. 이 시스템은 복잡하거나 어렵게 구성되어 있지 않다. 부르심의 소명을 깨달은 자라면 누구나, 언제, 어디서나 시행할 수 있게 되어 있다.

## 9. 행복디자인전도를 열어가는 영성

"형제들아 내가 너희에게 전한 복음을 너희에게 알게 하노니 이는 너희가 받은 것이요 또 그 가운데 선 것이라 너희가 만일 내가 전한 그 말을 굳게 지키고 헛되이 믿지 아니하였으면 그로 말미암아 구원을 받으리라"(고린도전서 15:1-2)

교회성장의 둔화와 함께 교회들은 위기의식을 실감하고 있는 듯하다. 우리는 이제 보편적 진리를 거부하고 감성과 불확실성에 기울어져 빠르게 변해 가는 포스트 모더니즘적 세상과 대면해 있다. 이러한 상황에서 어떻게 하면 보다 더 효율적으로 복음을 전하고, 하나님의 말씀을 선포하여 교회성장을 이루어낼 수 있을지를 심각하게 고민해야 한다. 우리 모두는 바로 이러한 위기상황을 극복하고 전화위복(轉禍爲福)을 만들어 내야하는 시대적 소명 앞에 서 있다.

그러기 위해서는 교회의 본질에 대한 확실한 이해를 통해 교회로서의 사역을 충실히 수행하는 것이 요구되어진다. 이러한 차원에서 우선시 되는 화두는 단연 전도와 영성이다. 전도와 영성(靈性)이라는 말은 모든 목회자의 눈과 귀를 사로잡아 둘만 한 것이다. 그만큼이나 전도와 영성에 대한 방법과 접근 또한 다양하다.

하지만 이 두 가지의 분명한 공통점은 하나님의 뜻을 따라 순종하는 삶을 추구하는 일이라는 것이다. 그러므로 예수 그리스도의 제자들의 삶은 곧 영성의 삶이었다고 할 수 있다.

아울러 "오직 성령이 너희에게 임하시면 너희가 권능을 받고 예루살렘과 온 유대와 사마리아와 땅 끝까지 이르러 내 증인이 되리라 하시니라"(사도행전 1:8)라는 말씀에서도 알 수 있는 것은 전도에 대한 지상 명령이다. 따라서 전도와 기독교 영성은 떼어 놓고 생각할 수 없는 불가분의 관계임에 틀림없다.

이러한 맥락에서 전도와 영성(靈性)도 해석학적 차원에서의 현실화(Actualization)가 필요하다. 해석학적 차원에서 바라 볼 때, 해석이라는 것은 시대성을 반영할 수밖에 없다. 그러므로 본문(Text)의 해석은 언제나 상황적(Contextual) 인식이 병행되어야 한다는 말은 타당성을 지니게 된다. 이와 같이 전도와 영성은 이 시대 속에 역사하시는 하나님의 섭리 가운데 왕성한 전도와 성장하는 교회라는 현실로 드러나야 한다는 것이다.

## (1) 전도와 영성의 이해

영성(靈性)에 대한 설명과 이해는 영성 신학의 몫이라고 미루어 놓기로 하자. 하지만 기독교 영성(靈性)에 대한 본질적인 접근은 성경으로 돌아가야 한다는 것을 부인할 수는 없을 것이다. 그동안 영성이라는 차원을 상당히 협소화 시킨 면이 없지 않다. 많은 경우 영성을 여러모로 오해하고 있는 것을 쉽게 볼 수 있다.

예를 들면 어떤 사람들은 열심히 교회에 다니거나 기도 많이 하는 사람들을 보면 영성 있는 사람이라고 한다. 뿐만 아니라 어떤 사람들은 방언을 하거나 기도원에 자주 다니는 사람을 영성 있는 사람이라고 하기도 한다. 모두 다 일면(一面) 관련이 없는 것은 아니다. 하지만 기독교 영성이란 그 정도로 제한된 것이 아니다.

기독교 영성은 개인적인 신앙의 정도를 넘어서 보다 포괄적인 차원에서 개인은 물론 공동체, 이와 관련된 모든 영역과 상황을 아우르는 의미를 지녀야 할 것이다. 개인적 차원에서 영성 있는 삶을 사는 사람이란 매 순간 하나님과 교제하며 하나님 앞에 순종하며 사는 사람이다. 즉 성경 말씀 안에서 하나님과의 친밀하고도 직접적인 영적 교감을 통한 체험이 만들어 주는 준거의 틀로 인해 드러나는 삶의 태도나 성향을 개인적 영성이라고 할 수 있다.

공동체적 차원에서의 영성은 당연히 교회와 관련되어진다. 여기에서 교회(敎會)라 함은 건물에 국한되는 것이 아니라, 하나님의 택함 받은 백성들의 총체요, 머리되시는 주 예수그리스도에게 연결된 지체로서 구성된 그리스도의 몸을 일컫는 것이다. 또한 교회는 성령의 사역체이다. 그러므로 교회는 생명적이요, 유기적인 관계인 것이다.

즉 교회는 부활하신 그리스도의 생명에 연결된 성도들의 모임이다. 더욱이 교회가 단순히 사람들이 모여서 자신들의 취지와 의견을 모아 이루어놓은 단체라고 한다면 그것에는 결코 동의 할 수 없을 것이다. 교회는 하나님께서 택하시고 은총을 베푸심으로 부르신 언약의 공동체라는 사실이다.

이러한 측면에서 이해할 때, 교회는 자연적 생명에 머무르는 모임이 아니라 하나님으로부터 부름 받고 그리스도로 말미암아 거듭난 하나님의 가족이다. 이것이 바로 교회와 관련되어진 공동체적 차원에서의 영성이다.

따라서 그리스도인들은 그리스도의 몸에 연합되어 하나 되게 하신 것을 기억하고 성령 안에서 교제하며 사역하는 유기체적 순리가 아름답게 드러나야 할 것이다. 함의적(含意的)으로 보면 전도적 측면에서의 영성적 사역의 토대는 성령의 충만함이라고 할 수 있다.

그렇다면 교회의 존재 목적은 무엇이 되어야 하는가 무엇보다도 하나님께 영광을 돌리는 예배(에베소서 3:10) 공동체가 되어야 한다. 교회는 예배를 통하여 성령 안에서 하나님은 물론 성도들 사이의 교제도 나누게 된다.

그러므로 나날이 왕성한 전도가 일어나고 성장하는 교회가 되려면 무엇보다도 예배를 통해 성령의 충만함과 지혜를 얻어 그 역동성으로 넘쳐흘러야 할 것이다. 그리스도인들의 충만한 삶은 그리스도인이라는 그 이름처럼 성령으로 하나 되어 땅 끝까지 이르러 그리스도의 증인되는(사도행전 1:8) 전도의 삶으로 나타나야 지극히 복되고 아름다운 것이다.

## (2) 전도와 성장하는 교회

전도와 교회성장 원리의 그 본래적인 의미를 찾아보려면 일체의 학문적 논의와 판단에 앞서 성경으로 돌아가야 한다. 그 이유라면 교회의 모든 근거는 성경에 의한 것이며 역사적으로는 초대교회에서 출발되기 때문이다.

그렇다면 오늘 우리들이 모색해야 할 전도와 교회성장 원리의 해답 역시 먼저 성경에서부터 비롯되어야 할 것이다. 무엇보다도 우리는 "모든 민족으로 제자 삼으라"(마태복음 28:16~20)는 하나님의 뜻을 올바르고 기쁘게 수행해야 한다. 우리는 성경에서 전도와 교회성장에 관련된 두 가지 명령을 발견할 수 있다.

"하나님이 그들에게 복을 주시며 그들에게 이르시되 생육하고 번성하여 땅에 충만하라 땅을 정복하라 바다의 고기와 공중의 새와 땅에 움직이는 모든 생물을 다스리라 하시니라"(창세기 1:28)는 말씀과 "예수께서 나아와 일러 가라사대 하늘과 땅의 모든 권세를 내게 주셨으니 그러므로 너희는 가서 모든 족속으로 제자를 삼아 아버지와 아들과 성령의 이름으로 세례를 주고 내가 너희에게 분부한 모든 것을 가르쳐 지키게 하라 볼지어다 내가 세상 끝날까지 너희와 항상 함께 있으리라 하시니라"(마태복음 28:18-20)는 말씀이다.

'충만하라, 정복하라, 다스리라'는 명령은 우리 주변 사람들과의 수평적 관계에서 이루어지게 되는 번성과 증진에 관한 복을 언급하신 것이다. 그 다음은 죄로 물든 인간을 구원해내는 일에 쓰임 받으라는 말씀이다. 교회 성장적 원리의 근거는 이 두 가지에서만 보더라도 충분히 나타나있다고 본다.

먼저는 우리가 하나님께서 주시는 복으로 생육하고 번성하여 땅에 충만함으로 땅을 정복하고 다스릴 수 있어야 할 것이다. 또한 사람들에게 예수 그리스도를 영접하도록 전하고 가르침으로 제자를 삼아야 한다. 그리고 이들이 그리스도의 지체가 되게 하는 과정을 통해 교회성장을 아름답게 이루어가야 할 것이다.

그리스도인들에게 부여된 가장 중요한 사명은 "너희는 가서 모든 족속으로 제자를 삼아 아버지와 아들과 성령의 이름으로 세례를 주고 내가 너희에게 분부한 모든 것을 가르쳐 지키게 하라"(마태복음 28:19-20)는 말씀이다. 또한 "너희는 온 천하에 다니며 만민들에게 복음을 전하라"(마가복음 16:15)하신 말씀대로 예수 그리스도께서 우리에게 주신 지상 최고의 명령은 복음전도이다.

그러므로 이것을 따르는 것은 그리스도인들에게 너무나도 당연한 것이다. 이것이 영혼 깊은 저변에서부터 흘러넘치는 개인과 공동체가 될 때 교회는 빛나고 역동성이 넘쳐흐르게 될 것이다. 이와 같은 질적 바탕을 힘입어야 양적으로도 날마다 성장하는 교회가 될 수 있을 것이다.

## (3) 사람들이 오게 하는 전도 전략

전도에도 전략(戰略, Strategy)과 전술(戰術, Tactics)이 필요하다. 전쟁이나 경영을 말하고자 함이 아니다. 전도는 사탄(Satan)과의 영적인 전쟁이기도하기 때문에 많은 난관에 봉착할 수도 있고 그만두고 싶은 유혹을 받기도 할 것이다. 그러므로 전략과 전술이 필요한 것이다.

많은 그리스도인들과 교회들은 전도의 필요성을 절감함은 물론 전도의 풍성한 열매도 맺고 싶어 한다. 그러나 생각은 그렇게 하고 싶은데 현실적으로 어떻게 해야 할지에 대해서는 쉽지 않은 문제이다.

앞에서 전도와 교회 성장적 측면에서 충실한 열매를 거둘 수 있는 영성적 사역의 원리를 생각해 보았다. 무엇보다도 성령 충만함과 말씀의 토대에서 출발되어야 함이 중요한데 이러한 것을 다 아는 양 경시하는 것이 문제이다. 아는 것과 실천하는 것 사이에는 상당한 거리가 발생하기 때문이다.

일단 이러한 바탕이 되어 있는 교회라면 효율적인 방법이 필요하다. 이러한 연구를 계속하며 방안을 강구하고 발견하게 되는 것 자체가 "두드리라 그러면 너희에게 열릴 것이니 구하는 이마다 얻을 것이요 찾는 이가 찾을 것이요 두드리는 이에게 열릴 것이니라"(마태복음 7:7-8)라는 말씀에 부응하는 자세일 것이다.

충분한 장비를 갖추지 않고 어떻게 험준한 산을 오르겠으며, 적합하고 제대로 된 도구도 없이 어떻게 고기를 낚을 수 있단 말인가? 그러므로 그리스도인들이 나가서 복음을 전하고 교회로 오게 할 수 있는 효율적인 전도 방법이야말로 가장 시급한 과제인 것이다.

그 구체적인 전략 가운데 하나가 꽃이 향기를 발하면 벌과 나비들이 꽃을 찾아오듯이 지역사회나 비그리스도인들에게 그리스도의 향기를 발함으로 그들이 자연스럽게 이끌리어 교회로 나오게 하는 전략이다.

이에 대한 전술은 교회가 복음을 전하고 싶어 하는 대상자들이 언제든지 쉽게 교회로 나올 수 있게 하는 시스템을 갖추는 것이다.[14]

교회는 선악의 기로에서 좌우로 심하게 흔들리며 불순종의 길로 이탈하는 세대를 적극적으로 끌어안아야 한다. 교회는 시대를 복음으로 견인할 수 있는 신속한 유연성과 역량을 배양해야만 한다.

따라서 교회들은 변치 않는 하나님의 진리를 따르고 전하기 위해 끊임없이 하나님의 섭리하심을 따라 변화해야 한다. 그러기에 교회는 온고이지신

---

14) 아로마미션(Aroma Missiom)은 교회와 성도들이 지역사회에 꿈과 희망의 향기를 전달하여 모두가 아름답고 벅찬 가슴을 품고 살아가게 하는 전도의 포괄적 전략이다. 이에 따라 교회의 전도적 계획이 수립되면 마치 상수도처럼 꼭지만 틀면 물이 나오는 것과 같은 원리로, 그 대상자들을 언제든지 확보할 수 있도록 만든 구체적 전술이 파이프라인전도시스템이다.

(溫故而知新)적 발판을 통한 미래적 안목이 필요하다. 근시안적인 자기 성취적 만족에 몰입한 나머지 이러한 유효성에서 눈을 떼지 못하면 안 된다.

그저 나만 잘되면 그만이라는 도그마적(Dogmatic) 유효성과 총체적인 의미의 전도전략을 구분하지 못하여서 하나님께서 기뻐하지 않으실 경쟁적 상황을 만들어가는 일에 제동을 걸어야 한다. 그리스도인들이라면 섬기는 교회 공동체는 달라도 복음 안에서는 하나이요, 지체 된 자들이다. 그러니 서로 돕고 연합하며 다양성 속에서 일치를 추구해야 함이 마땅하다.

상기(上記)한 도그마적(Dogmatic) 유효성을 주님이 기뻐하시는 선교적 전략이라고 강변하기는 어려울 것이다. 이것은 이미 경쟁적으로 수행하는 많은 활동들로 인해 레드오션(Red Ocean)[15]과 같이 되어버렸다. 이제는 상생적 그린패스춰(Green Pastures)[16]를 만들어야 함께 상승할 수 있고, 다시 한 번 짙푸르게 솟아오르는 부흥을 경험할 수 있게 될 것이다.

이를 위해 우리는 기존 사고의 틀을 과감하게 벗어나야 한다. 교회의 패러다임 전환(Paradigm Shifting)이 필요한 것이다. 이제 좀 더 구체적으로 왕성하게 전도하는 교회, 성장하는 교회 상(象)을 생각해보자.

① 복음전파의 교회

시대적 상황과 지역이나 문화에 따라 적용하는 방법의 차이는 다양하게 나타나겠지만 복음 전파적 사명은 계속되어야 한다. 이러한 소명에 충실한 교회가 바르게 성장할 것이다.

---

15) 차별화와 저비용을 통해 경쟁이 없는 새로운 시장을 창출하게 하려는 경영전략으로 블루오션(Blue Ocean:푸른 바다)은 수많은 경쟁자들로 적조가 발생한 레드오션(Red Ocean:붉은 바다)과는 반대로 경쟁자들이 없는 무경쟁시장을 의미하는 개념이다. 프랑스의 인시아드경영대학원에 재직하는 김위찬 교수와 르네 마보안(Renee Mauborgne) 교수가 1990년대 중반에 가치혁신(Value Innovation) 이론과 함께 제창한 경영전략이론이다.
16) 상생의 생명 공동체적 이념이다. 숲속 목장과 비교하여 가지(Branch)들이 왕성하게 솟아나고 자라므로 나무들이 튼튼하게 뿌리를 내리고 성장하여 푸른 숲을 만들고 많은 열매도 거둘 수 있게 만들어야 목장에 사는 모두가 함께 잘 살수 있다는 것이다. 즉 공동체를 구성하는 서로가 기쁨으로 상호적인 유익을 줌으로써 남의 성공을 도와 내가 성공하는 유기체적 상생이론이다.

### ② 말씀중심의 교회

무엇보다도 말씀을 통한 교회성장을 추구해야 할 것이다. 성경 말씀은 기독교 신앙의 중심이며 교회의 방향을 제시하는 하나님의 방편이시다. 그러므로 성경 말씀을 바르게 가르치고 배우는 교회가 될 때 지속적이고 튼튼한 성장의 바탕을 배양하는 것이다.

### ③ 치유와 회복의 교회

현대 사회에 가장 큰 문제 중에 하나가 소외와 상처이다. 교회는 시급히 이러한 문제점들을 하나님의 창조 모습대로 회복시켜 나가는데 역량력을 집중해야 한다.

### ④ 모두가 사역자인 교회

전임 교역자와 평신도는 여러 면에서 다르고 전문성에 있어서도 차이가 난다. 그러나 성장을 원하는 교회, 성령 충만을 추구하는 교회라면 주저 없이 평신도를 깨우고 발전시켜서 모두가 사역에 동참하는데 보람과 기쁨을 갖도록 만들어야 한다.

### ⑤ 지역사회를 위한 교회

일반적인 경우 교회는 지역을 기반으로 하고 있다. 이 말은 지역 주민에게 인정을 받지 못하는 교회는 성장하기 어렵다는 말도 된다. 그러므로 모든 면에서 지역에 그리스도의 향기를 발하는 아름다운 모습으로 다가가야 성장하는 교회가 될 수 있음은 자명하다.

이러한 것들 외에도 많은 부분들이 있을 수 있겠지만 이것들을 어떻게 효율적으로 움직이느냐가 보다 중요한 문제이다. 무엇보다도 "저희가 사도의 가르침을 받아 서로 교제하며 떡을 떼며 기도하기를 전혀 힘쓰니라 사람마다 두려워하는데 사도들로 인하여 기사와 표적이 많이 나타나니 믿는 사람이 다 함께 있어 모든 물건을 서로 통용하고 또 재산과 소유를 팔아 각 사람의 필요를 따라 나눠주고 날마다 마음을 같이 하여 성전에 모이기를 힘쓰고 집에서 떡을 떼며 기쁨과 순전한 마음으로 음식을 먹고 하나님을 찬미하며 또 온 백성에게 칭송을 받으니 주께서 구원받는 사람을 날마다 더하게 하시니라"(사도행전 2:42-47)라는 말씀에 순종하는 실천적 의지가 중요하다 하겠다.

### (4) 부흥을 향한 자기부정과 진정한 변화

부흥을 향한 진정한 변화는 자기부정에서부터 시작된다. 지속적인 부흥을 원한다면 지속적인 자기부정을 이루어나가야 한다. 여기에서 간과하지 말아야 할 사항은 구호와 교육만으로는 내·외적 변혁을 이루어내는데 한계점이 있다는 것이다.

교회의 원천적인 문제점들을 분석하여 사고의 근본적 변혁을 위한 총체적 시스템의 개혁을 단행해야 한다. 교회라는 개념의 본질적 회복을 위해서라면 사역의 원점에서부터 출발하는 것도 필요하다.

교회는 하나님 백성들의 공동체이기도하지만 그리스도의 몸이요, 성도들은 지체들이다. 이와 같이 변화된 회복의 출발은 새로운 부흥이라는 결과를 행복한 과정 속에서 만들어내게 할 것이다. 이러한 토대 위에서라면 이제 구체적이고 효율적인 전략이 요구될 것이다.

마치 물리학 이론이 공학적으로 구현되어 자동차나 비행기라는 편리를 사람들에게 제공하듯이 전도나 교회성장의 이론도 현실화가 중요하다. 이

---

17) 목회공학(Technology of Ministry)
신학적인 바탕 위에서 현대사회의 과학물질 문명을 앞서서 이해하고 활용하며 목회활동에 필요한 모든 인적, 물적 요소를 교회성장과 효율적인 전도를 위해 합리적으로 계획하고 집행하기 위한 학문분야이다. 즉 전도와 교회성장의 유익을 위해 테크놀로지의 모든 가능성을 목회현장에 효율적으로 접목한 간학문(Interdisciplinary)이다.

러한 차원의 현실화가 실천신학적 범주 내에서 시도되는 '목회공학'[17]이나 '아로마미션'이라 명명한 결과물들이다. 왕성하게 전도하고 성장하는 교회를 지향하는 교회들이라면 이에 상응하는 영성적 사역이 필요하다.

아울러 이 영성적 사역의 토대는 성경말씀과 성령의 충만함이 되어야 함을 다시 한 번 기억해야 한다. 우리는 우리의 삶 속에서 역사하시는 성령의 역사를 가감 없이 받아들이고 삶의 총체적 의미로서의 교회적 삶을 실현해 나가야 한다. 이렇게 할 때 교회들은 완전히 새로운 성장의 모습으로 바뀌어 나갈 것이다.

모든 교회가 꿈꾸는 교회적 성장은 늘 새로운 세계가 펼쳐져야 하는 일이다. 그렇기 때문에 늘 아직 경험해보지 못한 길을 걸어야 하는 것이다. 이러한 새로운 환경을 하나님이 기뻐하시는 부흥으로 승화시키기 위하여 교회와 성도들은 항상 그리스도와 동행하는 삶을 즐거이 해야 한다.

죄를 고백하고 통회 자복하며 새롭게 변화하여 성령 충만한 삶을 살아간다면 그것이 바로 각 교회마다 부흥 역사의 시발점이 될 것이다. 우리 모두는 이러한 아름다운 일에 쓰임 받기 위해, 하나님의 부르심에 언제나 민감하게 순종하도록 늘 기도해야 할 것이다.

## 10. 가서 제자 삼는 삶의 행복

"너희는 가서 모든 민족을 제자로 삼아 아버지와 아들과 성령의 이름으로 세례를 베풀고"(마태복음 28:19)

마태복음 28:18-20은 예수님께서 승천하시기 전에 하신 마지막 말씀이다. 흔히 최후명령이라고도 한다. 예수님께서는 "가서 제자를 삼아라"라는 말씀을 하시기 전에 "하늘과 땅의 모든 권세"를 가지고 있음을 확정적으로 선언하고 있다. 이러한 말씀은 제자들이 언제든지 주님만을 의지하면 무엇이든지 될 수 있다는 믿음을 주시기 위한 사랑의 선언이었을 것이다.

어린 시절 어두운 밤길이나 으슥한 골목길을 갔던 기억을 생각해보면 누구나 무서웠다고 고백할 것이다. 그러나 만약 아버지와 함께 갔다면 무섭지 않았을 것이다. 그것은 어린아이에게 있어 아버지는 모든 것을 의지할 수 있는 존재였기 때문이다. 마태복음 28:18-20의 말씀은 바로 이러한 차원에서 이해해볼 수도 있는 참으로 힘이 되는 말씀이다.

또 다른 측면에서는 가서 제자 삼는 일에 있어 어떤 어려움이 발생할 수도 있음을 엿볼 수 있는 것이다. 한편으로 생각해보면 아니 하늘과 땅의 모든 권세를 가지신 분께서 좀 편안하게 해주시지, 왜 우리에게 시련이 닥쳐오게 놔두시는 것인가? 결론부터 말하자면 그렇게 하시는 것이 우리에게 유익하다는 사실이다. 하나님께서는 우주만물의 창조주이시며 전혀 실수가 없으신 선하신 분이시다.

때로 우리에게 닥쳐오게 하는 시련이 단순한 고통적 차원에서 주시는 것이 아니라, 우리를 위하시고 선하게 이끌어주시는 방법이라는 사실이다. 이러한 사실이야말로 믿음의 투시경으로 봐야 보이게 될 것이다. 요즘 군에서 야간 훈련을 나갈 때 사용하는 야간 투시경은 정상적인 시력에서라면 야간에 볼 수 없는 것들을 보이게 만들어주는 것이다.

이처럼 하나님께서 베푸시는 모든 것들이 유익하다는 고백을 하기위해서는 믿음의 투시경이 필요한 것이다. 그런데 군인들은 어둡고 추운 밤에 왜 잠을 자지 않고 훈련에 나서는 것일까? 승리를 위한 전투력 향상을 위해서가 아닌가?

때로 하나님께서 우리에게 닥쳐오는 시련들을 주시는 것도 우리들의 더 나은 삶을 위한 훈련이라는 사실이다. 군인들에게 있어 칠흑 같은 야간 훈련이라도 야간 투시경만 공급 받을 수 있다면 얼마든지 수상한 물체들을 포착할 수 있을 것이다.

우리에게 있어서도 어떤 시련이 닥쳐올지라도 믿음으로 바라볼 수 있는 신령한 영적 투시경만 있으면 큰 문제가 되지 않을 것이다. 이처럼 믿음으로 바라볼 수 있는 신령한 영적 투시경만 있으면 모든 문제들은 포착될 것이고 날마다 승리의 삶을 걸어가는 은혜를 입게 될 것이라는 사실이다.

그러나 아무리 야간 투시경이 좋다고 해도 군인의 체력이 없다면 수만 명의 군사가 있을 지라도 무용지물일 것이다. 마찬가지로 우리가 성령의 충만함을 받지 못한다면 아무런 능력도 발휘할 수 없는 것이다.

아무리 훌륭한 조직과 시스템이 갖추어져 있다고 할지라도 성령님의 역사가 없다면 유명무실할 뿐이라는 사실이다. 그렇다면 성령의 충만함을 받게 되면 무엇을 해야 하겠는가?

**첫째, 가서 모든 족속으로 제자를 삼으라는 것이다.**

주님께서 하늘과 땅의 모든 권세를 지니신 전능하신 하나님이심을 깨달아 알고 믿게 되었다면 그 다음은 어떻게 해야 한다는 것인가? 가서 모든 족속으로 자신들과 같이 제자를 삼아야 한다고 말씀하시는 것이다. 제자 삼는다는 것은 어떤 의미인가? 일단 제자는 스승에게 배워야 한다. 스승의 본을 받아야 한다.

스승을 귀중히 여기고 섬겨야 한다. 스승으로부터 배운 것을 자신에게 적용해야 한다. 나아가 다른 사람들에게도 스승을 자랑하고 그분에게서 배운 것들을 전하고 가르쳐야 할 것이다.

이것이 소위 제자도(弟子道)라는 것이다. 제자는 범사에 스승을 기쁘시게 하며 그의 길을 따라야 함이 마땅하다. 그렇다면 우리의 삶도 매사에 주님을 기쁘시게 해드려야 하며 주님의 선한 발자취를 따라야 할 것이다.


**둘째, 먼저 예수님의 제자가 되어야 한다.**

예수님은 우리에게 제자가 되었으니 제자를 삼으라고 말씀하셨다. 그런데 제자를 삼기는커녕 스스로가 제자 되지 못하고 있다면 여간 곤란한 일이 아닐 수 없다. 이것을 가리켜 달라스 윌라드(Dallas Willard) 교수는 뱀파이어(Vampire) 그리스도인이라고 강하게 질책하고 있다.

즉 주님의 십자가는 요리조리 부인하고 자기의 구원에 필요한 예수님의 피 공로만을 이용하는 흡혈귀(吸血鬼) 같은 존재라는 뜻이니 가히 섬뜩한 질책이라 아니 할 수 없다.

오늘날 그리스도인에게 절실한 것은 자본주의에 천착된 물질적 풍요가 아니라, 예수님의 제자가 되어 삶의 모든 영역에서 주님께서 말씀하신 하나님 나라의 삶을 사는 방법을 배워야 한다는 것이다. 그러나 오늘날 많은 그리스도인들이 이러한 제자도(弟子道, Discipleship)에서는 너무나 먼 상태에 있다는 것을 부인하기 어려울 것이다.

다시 말해 그것은 하나님께서 기뻐하시는 거룩한 삶을 살지 못하고 있다는 말이다. 제자도란 내가 느끼는 대로 사는 것이 아니라 예수님과의 실제적 동행을 깨닫고, 모든 것에 있어서 주님의 가르치심과 성령의 인도대로 살겠다는 결정이다. 그러니 진정 이러한 길을 작정한 사람의 삶은 성경 말씀에 따라 살기위해 성령의 감동에 민감 하려고 힘쓰고 애쓰는 노력을 결코 소홀히 하지 않을 것이다.

거룩한 삶은 그저 그리스도인이라고 폼(Form)만 잡으면 살아지는 것이 아니다. 이것은 일평생 제자로서의 삶을 지향하는 끊임없는 영적 훈련을 통해서 이루어져가야 하는 일이다. 제자로서 감당해야할 길은 외면 한 채 그저 내가 받는 혜택을 누리는 것에만 급급해 있다면 결코 바람직한 제자로서의 삶이라고 할 수 없다. 제자로서의 마땅한 길을 가지 못하고 있으니 당연히 제자 삼을 길도 요원해지지 않겠는가?

### 셋째, 가르쳐 지키게 해야 한다.

이제 우리들은 더 이상 그리스도인의 삶을 문화적인 방식이나 복음적인 수사(修辭, Rhetoric) 정도로 받아들여서는 안 될 것이다. 그리스도인이라는 것은 예수님에 대해서 말만 하는 것이 아니라, 실제로 그분을 따르는 삶을 사는 것을 말하는 것이다.

오늘날 그리스도인들의 삶과 영향력에 대해 염려하고 실망하는 목소리들이 많다. 왜 우리는 이런 현실 앞에서 무기력해지는 것인가? 이런 것들을 통해 우리는 예수님의 가르침에서 뭔가 중대한 것을 누락하고 있거나 잘못된 길을 가고 있지나 않은지 돌이켜 보아야 할 것이다.

제자의 삶을 사는 또 하나의 분명한 이유는 제자 삼는 삶이다. 이것은 아버지와 아들과 성령의 이름으로 세례를 주고 가르쳐 지키게 하라는 말씀으로 더욱 분명하게 구체화되고 있다. 여기에서 '아버지와 아들과 성령' 은 삼위일체 하나님을 증명하는 것이며 전능하신 하나님의 무소부재(Omnipresence)적 권위를 의미하는 것이다. 이를 통해 제자를 삼아서 세례를 주고, 예수님께서 분부하신 모든 것을 가르쳐 지키게 하라는 것이다.

**넷째, 함께 하리라는 약속을 기뻐하며 살아야한다.**

주님께서는 이와 같은 지상 최고의 명령에 대해 "내가 세상 끝날까지 너희와 항상 함께 있으리라"는 최상의 보장을 약속하고 계신다. "세상 끝날까지 너희와 항상 함께 있으리라"는 보장은 임마누엘(Immanuel)이라는 말씀으로 시작되어 여기에서 다시 한 번 강조적으로 언급되고 있음을 볼 수 있다.

이와 같은 말씀을 하신 주님께서는 지금도 여전히 우리들의 구원자이시며 상담자요, 안내자로서 모든 시공을 초월해 함께 계시는 것이다. 하늘과 땅의 모든 권세를 지니신 전능하신 주님께서 세상 끝날까지 우리와 함께 하신다고 약속하고 계시니 이 얼마나 기쁘고 행복한 일인가? 여기에서 나타나는 성도들에 대한 주님의 사랑이야 말로 그 무엇과도 비교 할 수 없는 넘치는 위로와 강력한 힘이 아닐 수 없다.

그리스도인들은 이처럼 주님의 명령을 기쁘게 수행하는 꿈의 공동체, 날마다 제자 삼는 수가 더해지는 희열을 경험하는 공동체가 되기를 소망해야한다. 이로 인해 모든 것이 고쳐지고 회복되어지기를 소망해야 한다. 미움, 다툼, 시기, 질투가 사라지고 주님의 사랑과 열망이 샘솟기를 소망해야 한다.

그래서 무엇보다도 전도하고 제자 삼는 일에 힘쓰며 하나님을 기쁘시게 해야 한다는 것이다. 전도를 회복해야 한다. 전도가 그저 단순한 의무가 되어서는 안 된다. 주님의 임재와 성령의 충만함으로 인하여 사랑과 열망으로 넘쳐흐르는 본질적 회복에서 전도하고 제자 삼아야 한다는 것이다.

이것이 변화하는 세상에서 불변의 진리에 따르는 삶이요, 극대화된 행복의 삶이다. 이러한 사람의 인생은 "내가 세상 끝날까지 너희와 항상 함께 있으리라"는 주님의 영원한 사랑과 보장에 부응하는 복된 삶인 것이다.

## 11. 행복디자인전도를 향한 변화와 성숙

"너희는 이 세대를 본받지 말고 오직 마음을 새롭게 함으로 변화를 받아 하나님의 선하시고 기뻐하시고 온전하신 뜻이 무엇인지 분별하도록 하라"(로마서 12:2)

"오직 우리 주 곧 구주 예수 그리스도의 은혜와 저를 아는 지식에서 자라가라 영광이 이제와 영원한 날까지 저에게 있을찌어다"(베드로후서 3:18) 이 말씀은 베드로후서의 수신자들을 향한 베드로의 마지막 부탁이다. 그렇다면 이와 같은 단계에 이르기까지의 베드로의 삶은 과연 어떠했는가? 베드로의 성숙과정과 그에 따른 세계관의 변화를 통해 우리의 삶을 조명한다면, 지금 이 시간도 동일 본질하게 우리에게 베푸시는 주님의 사랑을 체험할 수 있을 것이다.

베드로의 신앙은 주님을 만남, 방황, 그리고 순교에 이르기까지 방황과 뜨거운 열정의 양극단을 오간 것이었다. 이러한 변화의 과정은 그의 세계관의 변화와 그 맥을 같이 한다고 볼 수 있다. 보통 한 사람의 세계관의 변화는 그의 삶으로 나타나게 된다. 이제 우리는 전도에 대해 보다 시대 견인적인 세계관의 눈을 열어야 한다.

먼저 세계관에 관해서 살펴보자. 간략하게 말하자면 세계관은 세계를 보는 시각, 즉 관점을 일컫는 말이다. 그렇다면 이러한 세계관은 어떻게 형성되어지는가? 그것은 경험이나 지식에 근거한 논리에 의해 주어지게 된다. 그리스도인들 역시 이러한 차원에서 세계관이 형성되어진다. 하지만 말씀과 영적경험에 근거하느냐의 문제가 그리스도인이 아닌 사람들과의 근본적인 차이점이다.

우리는 그리스도인들의 어떤 경우를 보고 '믿음이 좋다 또는 좋지 않다' 라는 말을 한다. 이렇게 말할 때 과연 그 기준은 무엇인가? 그리스도인들의 세계관은 마땅히 영적인 논리에 근거해야 한다. 말씀을 통해 하나님께서 원하시는 시각과 영적 논리를 체득할 수 있어야 한다. 그리스도인들이 하나님께서 기뻐하시는 성경적 세계관을 갖추기 위해서는 말씀에 집중하고 순종하며 성령의 충만함을 힘입어야 한다.

베드로후서 3장 18절은 베드로후서의 제일 마지막 구절로 베드로의 마지막 부탁이다. 베드로는 예수님의 말씀과 사랑 그리고 성령의 역사하심에 의하여, 하나님의 뜻에 따름으로 이에 상응하는 세계관의 변화를 가져오게 되었고 이와 같은 당부를 하게 된 것이다.

여기에서 베드로가 예수님을 만남으로 겪게 되는 삶의 변화와 이를 통해 이 시대 우리에게 말씀하시는 하나님의 음성을 들어보자. 그리고 베드로의 성숙과정과 세계관의 변화를 우리의 삶에서도 적용하고 경험하며 하나님을 기쁘시게 해야 한다.


## (1) 만남과 부르심의 은혜

미국 덴버신학교(Denver Seminary) 명예학장이며 목회자인 버논 그라운즈(Vernon Grounds)박사는 신학교 졸업생들을 격려하면서 조그마한 선물을 하였는데 그 선물은 '흰 손수건'이었다. 그것은 예수님께서 제자들에게 발을 씻겨 주셨던 밤을 상기시키는 것으로 섬김의 목회를 하라는 무언의 메시지였을 것이다.

예수님께서 제자들의 발을 씻겨주고자 할 때, 철없던 제자 베드로는 처음에 성급하게 거절하였던 것을 볼 수 있다. 하지만 이 일로 꾸중을 들은 베드로는 좌충우돌의 믿음이 변하여 굳건한 반석으로 변하는 은혜의 과정을 경험하게 된다. 베드로에게 예수님을 전해준 사람은 동생인 안드레였다. 안드레는 처음에는 세례요한의 제자였었다.

그러나 자기 스승인 세례요한이 세례 받으러 오신 예수님을 보고 '하나님의 어린양'이라고 하자, 예수님을 따르는 사람이 되어 가르침을 받고 이에 감동되어 그 후 그의 형제 베드로에게 권하여 예수님을 만나게 한다.

어떤 이는 자신이 의지적으로 예수님을 믿었다고 하는 경우도 있으나, 먼저는 우리를 불러주시는 하나님의 은혜와 사랑하심이 있었다는 사실이다. 베드로의 원래 이름은 시몬이었다. 시몬이란 뜻은 '갈대'라는 뜻이다. 갈대는 바람이 불면 부는 대로 이리 저리 흔들리는 연약한 것을 일컫는다. 그러나 주님께서는 비바람이 불어와도 폭풍이 몰아쳐도 흔들리지 않는 반석을 뜻하는 '베드로'라는 이름을 부여해 주신 것이다.

그리스도인들은 이와 같이 주님 앞에 나와 새로운 이름으로 소명을 부여받은 사람들이다. 이것을 먼저 자각하는 것이 은혜이다. 그러나 주님께서는 베드로의 실체를 너무나 잘 알고 계셨다. 그래서 '장차'라는 말씀을 하신 것이다. 이것이 또한 우리의 모습이기도 하다.

예수님을 믿었으면서도 아직도 남아 있는 옛 성품으로 인하여 흔들리며 살았던 인물이 바로 베드로였고 또 오늘 날 우리 자신의 모습이기도 하다. 요란한 결단이 있긴 했지만 금방 식어버리는 인물이 베드로였다. 자신의 의로 가득 찼을 때에는 용감한 것 같았지만 그의 내면은 소심하고 겁도 많았던 인물이었다.

그런데 예수님께서는 왜 이런 사람을 부르시고 이 사람의 고백위에 교회를 세우시겠다(마태복음 16:18)고 하셨는가? 이것이 다름 아닌 우리들의 모습이기에 이러한 모습까지도 사랑하시며 그 중심을 보시고 우리를 끝까지 인도하시는 분이 바로 주님이시다.

이 모든 출발이 주님의 부르심과 만남을 통하여 이루어졌다는 사실이다.

그러므로 우리도 늘 주님의 부르심과 우리를 향한 메시지 그리고 베푸시는 은혜에 민감해야 한다. 그래야 우리의 세계관이 늘 주님을 중심으로 맞춰지고 흔들리지 않게 되는 것이다.

### (2) 찾아오심과 제자삼음의 은혜

요한복음 1:40-42에서 베드로가 예수님을 처음으로 만나는 것을 볼 수 있다. 그러나 베드로는 갈릴리로 돌아와서 고기 잡는 자신의 일로 살아가고 있다. 왜 베드로가 실패할 수밖에 없었을까? 그저 한번 있을 수 있는 승패 병가상사(勝敗兵家常事)적 사건인가? 그러나 하나님께서는 성경에서 우리에게 분명하게 말씀하신다.

"참새 두 마리가 한 앗사리온에 팔리는 것이 아니냐 그러나 너희 아버지께서 허락지 아니하시면 그 하나라도 땅에 떨어지지 아니하리라"(마태복음 10:29). 이처럼 우연은 있을 수 없고 모든 것이 하나님의 허락하심으로 일어나는 것이다.

이때 베드로는 예수님을 만난 사람이었음에도 불구하고 변화되어 따르지 못하고, 그만 자신의 옛 모습대로 머물고 있었던 것이다. 하지만 하나님께서 그를 사랑하심이 그의 실패, 즉 한계상황 가운데 서서히 드러나고 있음을 알 수 있다. 베드로가 과거의 모습대로 사는 데에도 불구하고 아무런 문제가 없었다면 그것은 주님의 무관심일 것이다. 그러나 베드로에게는 실패라는 상황에 부딪힐 수밖에 없는 유한한 존재임을 깨우쳐 주셨던 것이다.

유한한 존재의 죄성과 연약함을 깨닫는 자만이 영원하신 하나님을 찾게 된다. 이 때 하나님께서는 하나님을 찾는 자를 맞아주시고 제자 삼아주시는 것이다. 여기에서도 간과 하지 말아야 할 사실은 먼저 우리를 사랑하시는 하나님께서는 영원한 멸망의 진로를 막으시고 우리를 찾아와 주신다는 사실이다. 바람으로 가는 범선(帆船)이 앞으로 나가지 못할 때는 바람이 불지 않기 때문이다. 그리스도인들의 행로에 진척이 없을 때에는 하나님의 사랑의 역사가 있다는 것을 알아야 한다.

이러한 베드로에게 하나님께서는 반전을 일으키신다. 한 마리의 고기도 잡지 못했던 그가 그물이 찢어질 정도로 고기를 많이 잡게 하신다. 이렇게 된 비결은 예수님의 말씀에 순종했기 때문이다(누가복음 5:5). 예수님을 떠나 있었던 베드로에게는 인간 한계 상황의 장벽이 가로 막고 있었지만 그를 찾아와주신 예수님을 만났을 때에는 모든 것이 달라질 수 있었던 것이다.

물고기를 한 마리도 잡지 못했던 그가 말씀대로 순종했을 때에 그물이 찢어질 정도로 물고기를 잡은 것이다. 여기에서 간과하지 말아야 할 것은 단순히 한 번 고기를 많이 잡았다고 베드로의 인생이 완전히 성공한 것이라고 말할 수는 없다는 것이다. 고기를 한 마리도 잡지 못할 일은 향후 언제든지 또 다시 발생할 수 있기 때문이다.

핵심은 이 일을 통해서 예수님의 전능하심을 체험하게 되었다는 것이다. 베드로는 동무들을 불러 물고기를 두 배에 가득 채우게 되었다. 우리는 여기에서도 깨달아야 한다. 무엇인가가 아무리 많아도 혼자서 누릴 수는 없다는 사실이다. 수 많은 재물을 준다고 해도 대신 산꼭대기에서 혼자 살아야 한다면 이것을 받아들일 사람은 없다. 인간은 나누고 누려야 사는 의미가 있도록 창조된 존재라는 것을 알아야 한다. 그래서 지구촌 최대의 공용어는 나눔이라고 강조하고 싶다.

하나님께서는 소유를 나눌 줄 아는 사람에게 진정한 나눔이 무엇인지 깨우쳐주시는 것이다. 이 첫 번째 단계는 자신이 하나님 앞에서 죄인이라는 사실을 인정하는 것이다. 지나온 모든 세월을 돌아보면 모든 것이 자기중심의 이기적인 발자취의 얼룩일 뿐이기 때문이다. 이것이 다름 아닌 악이다. 물고기를 두 배에 나누어 싣는 과정에서 베드로에게 이 큰 깨달음이 스치고 지나갔을 것이다.

베드로는 예수님 앞에 꿇어 엎드린다. "주여 나를 떠나소서 나는 죄인이로소이다" 자신의 죄악과 어리석음을 깨달은 것이다. 그러자 사랑의 주님께서는 "무서워 말라 이제 후로는 네가 사람을 취하리라"라고 말씀해주신다. 그제야 비로소 베드로는 모든 것을 버려두고 예수님을 따라 나서게 된다.

주님께서는 우리를 부르실 때에도 이렇게 우리의 형편과 사정을 다 아시고, 찾아오셔서 먼저 가장 선한 상황을 만들어주신다. 이러한 근거는 무엇인가? 하나님은 사랑이시며 선하시기 때문이다.

그러므로 하나님의 모든 역사는 사랑과 선으로 귀결된다(로마서 8:28). 이제 베드로는 영안이 열린 세계관을 갖기 시작한 것이다. 교회마다, 성도들마다 이제까지의 전도와 다른 세계관을 열어보자. 사람들의 행복을 디자인하는 행복한 전도가 시작될 것이다.

### (3) 인생 여정의 굴곡과 성숙을 위한 은혜

갈릴리 사람 요한의 아들이며 안드레의 형제(요한복음 1:40-42)인 시몬은 학문이 높지 못한(사도행전 4:13) 가버나움 근처 벳새다 동리 출신 어부였다. 이런 그를 주님께서는 부르셔서 베드로라는 이름과 더불어 사도로 세우신 것이다(마가복음 3:16). 벳새다 광야에서의 오병이어 사건 후, 주님은 제자들을 재촉하사 배를 타고 앞서 건너편으로 가라고 하신다. 그러나 제자들은 바람이 거스르므로 물결로 말미암아 고난을 당하게 된다.

이 칠흑같이 캄캄한 밤에 산 같은 파도 위를 당당히 걸어오시는 주님을 보고 놀란 제자들은 유령이라고 생각한다. 예수님께서 즉시 안심하라 내니 두려워하지 말라고 말씀하신다. 베드로는 만일 주님이시라면 물 위로 올 것을 명하라고 요청하여 주님께서 허락하시니 물로 뛰어들었던 인물이다.

이때에도 주님께서는 바람을 보고 무서워 빠져 가는 베드로를 건져주시면서 더 큰 믿음에 의한 세계관을 주문하신다. 믿음이 적기 때문에 의심이라는 결과가 도출된다고 말씀하시며 다시 한 번 예수님이 하나님의 아들임을 고백하게 한다(마태복음 14:22-33).

왜 여러 제자들 가운데 베드로가 이런 행동을 하였을까? 이 사건은 분명 베드로의 믿음 성장, 즉 세계관의 변화에 큰 전환기가 되었음에 틀림없다. 누가복음에 기록된 오병이어사건 후에 예수님께서 제자들에게 "무리가 나를 누구라고 하느냐" 라는 질문을 하신다. 이에 대해 세례 요한이니, 엘리야니, 더러는 옛 선지자 중의 한 사람이 살아났다고도 한다고 대답한다.

이때 주님께서 제자들의 의견을 묻는다. 베드로는 서슴없이 "하나님의 그리스도시니이다"(누가복음 9:20)라고 대답한다. 비록 좌충우돌 굴곡도 많았지만 베드로의 중심에는 이런 믿음이 자리 잡고 있었다. 놀라운 변화가 아닐 수 없었다.

마태복음 16장에서도 "주는 그리스도시요 살아 계신 하나님의 아들이시니이다(16절)"라는 베드로의 대답을 볼 수 있다. 주님께서는 이 고백의 출처가 "하늘에 계신 내 아버지(17절)"라고 확인해주시며 "너는 베드로라 내가 이 반석 위에 내 교회를 세우리니 음부의 권세가 이기지 못하리라"라고 인정해 주신다.

하지만 베드로의 삶을 통한 하나님의 역사하심은 이후 더욱더 놀라운 절대 주권적 사랑과 은혜로 나타난다. 그러나 이후 그는 주님에 대한 초점이 빗나간 사랑으로 주님께서 십자가에 못 박히는 것을 만류하다가 사탄이라고 질책을 받기도 한다.

우리가 때로 하나님의 본질과는 너무도 먼, 자신이 규정한 하나님을 향해 자신의 의지를 관철시킬 나름의 요량으로 정립한 이데올로기를 다져가고 있지는 않은지 과감히 돌아봐야 한다. 이러한 결과는 머지않아 드러나 여지없이 무너지고 만다. 베드로에게도 이러한 상황이 닥친다.

예수님께서는 제자들에게 "너희가 다 나를 버리리라"라고 말씀하신다.

그러나 베드로는 "모두 주를 버릴지라도 나는 결코 버리지 않겠다"라고 장담한다. 하지만 그 장담은 오래가지 못했다. "오늘 밤 닭 울기 전에 네가 세 번 나를 부인하리라"라는 주님의 말씀대로 막상 주님을 위해서 목숨을 던져야 하는 순간에 가서는 철저히 무너지고 만 것이다. 그것도 저주하면서 부인했던 것이다(마태복음 26:31-35).

인간적인 용기로 말고(Malchus)의 귀를 자르긴 했어도 주님께서 떠나고 없는 자리에서는 비겁함으로 멀리 도망쳐 군중들의 틈에 끼어 곁불을 쬐고 있었던 것이다. 그가 장담에 앞서 엄청난 기도로 하나님의 도우심을 구하여야 했음을 깨닫지 못함에서 비롯된 결과들이었다. 그래서 주님께서는 "한시도 깨어 있을 수 없더냐?"(마가복음 14:37)라고 질책하신 것이었다.

그 후 주님은 십자가에서 돌아가셨고 베드로는 수치스러운 제자라는 과오를 남긴 채 실패한 제자로 끝나고 말았다. 예수님께서 부활하셨음에도 불구하고 그는 처음 부르셨던 소명을 회복하지 못한 채 다시금 그 옛날 물고기를 잡던 갈릴리로 돌아가 있었던 것이다. 예수님께서 디베랴 호수에서 제자들에게 자기를 나타내셨을 때는 그들이 한 마리의 물고기도 잡지 못하고 날이 새어갈 무렵이었다.

그 상황에서 많은 물고기를 잡게 해주시고 떡과 생선을 놓고 함께 조반을 청하고 있는 것이다. 주님께서는 이렇게 낙심한 우리들에게 물고기도 잡게 해주시고 밥도 먹이신 다음 즉, 영·육간에 채워주신 후에 말씀하여 주신다. 도저히 고개를 들 수 없는 베드로 앞에 자기가 부인했던 주님께서 부활하셔서 앉아 계시는 것이다. 그리고 아직도 못 자국이 선명한 그 손으로 고기를 구워서 주시며 먹으라고 말씀하시고 계시는 것이다.

이것이 바로 주님의 사랑이다. 이러한 사랑 앞에서 베드로는 더욱 가슴이 미어지고 죄송했을 것이다. 조반을 먹게 한 다음에 예수님께서 시몬 베드로에게 물으신다. "요한의 아들 시몬아, 네가 이 사람들보다 나를 더 사랑하느냐?" 예수님의 이 질문의 의도는 베드로의 잘못된 과거를 향한 추궁이 아니다.

이것은 "난 너를 아직도 변함없이 사랑하고 있다"라는 사랑의 표현이었다. 이 세 번의 질문은 지쳐 있는 베드로의 저열감(低劣感)을 벗어 버리게 했던 것이며 주님을 향한 사랑의 새살을 돋게 하기에 충분했다. 드디어 베드로는 자기중심적 교만을 버리고 주님의 사랑에 의한 새로운 세계관으로 이렇게 대답한다. "내가 주님을 사랑하는 줄 주님이 아시나이다."

이렇게 진정한 사랑의 힘은 강한 것이다. 이 십자가의 사랑은 잘못된 관계를 회복시켜주고, 상처를 치유하고 천국 소망을 불러일으킨다. 이와 같은 하나님의 사랑을 깨닫는 사람들은 그 분량만큼의 세계관이 달라진다.

그 분량만큼 하나님을 바라보며 그분께 순종하고, 그분의 뜻대로 살게 되는 것이다. 이렇게 회복된 베드로는 그 후로부터 자신의 의지가 아닌 오직 하나님의 힘으로 일했기 때문에 오순절 설교에서 삼천 명이나 회개하는 역사도 일어났던 것이다.

그리고 성전 미문(美門, Beautiful Gate)에 앉은 앉은뱅이를 일으키는 역사의 통로로 쓰이기도 한다. 이러한 과정에서 또 다시 찾아온 위기에 그는 이전과는 달리 전혀 동요하지 않는다(사도행전 4:1-31).

"네가 현재는 요한의 아들 시몬이나, 장차는 게바라 하리라"(요한복음 1:42)라는 주님의 말씀대로 그의 삶은 견고하게 세워져 갔다. 이제 우리는 행복을 디자인하는 행복한 복음을 외치며 전도의 새로운 세계를 열어야 한다. 베드로는 자신의 생애를 마칠 날이 다가옴을 느끼면서 마지막으로 편지를 쓰게 되었다. 그 마지막이 베드로후서 3장 18절이다.

그 귀결은 오직 모든 것이 "구주 예수 그리스도의 은혜"라는 것이다. 그리고 좌충우돌 흔들리며 방황하던 자신을 변화시켜 주님만을 바라보며 흔들림 없이 하나님 나라와 의를 향해 갈 수 있도록 세계관을 열어주신 하나님의 사랑과 기다리심을 아는 지식에 자라가라는 것이다.

교리적 지식 정도를 일컫는 것이 아니다. 영광이 이제와 영원까지 있을 예수님과의 깊은 사랑의 관계 속에서 주님을 깨달아 알고 더욱 닮아 가라는 것이다. 이것이야말로 인생의 본질적 행복에 대한 깨달음이요, 이에 대한 흘러넘침이 행복으로 이웃과 사회를 적시게 되는 행복디자인이 되는 셈이다.

# 2부 6일 프로젝트 (2.6)

침체된 상태에서의 변화와 약동을 통한 이륙(離陸, Taking Off)


[교회의 패러다임 쉬프팅]

# 2부

## 교회의 패러다임 쉬프팅

1. 교회 부흥은 진정한 변화에서부터 시작된다.

2. 우선순위의 패러다임 쉬프팅이 전제 되어야 한다.

3. 교회 부흥을 위한 구조로의 변화가 필요하다.

4. 적응하는 목회가 아니라 변화의 주체로서의 목회가 필요하다.

5. 성장 이데올로기에서 본질적 부흥으로의 목회적 전환이 필요하다.

6. 본질적 토대의 구축 위에 생명 나눔의 목회를 실천해야 한다.

# 행복한 삶을 여는 12일 

## 1. 교회 부흥은 진정한 변화에서부터 시작된다.

"너희는 유혹의 욕심을 따라 썩어져 가는 구습을 따르는 옛 사람을 벗어 버리고 오직 너희의 심령이 새롭게 되어 하나님을 따라 의와 진리의 거룩함으로 지으심을 받은 새 사람을 입으라"(에베소서 4:22-24)

교회의 전통은 과연 무엇인가? 교회사학자이며 예일대학교 역사학부의 교수를 지낸 야로슬라프 펠리칸(Jaroslav Pelikan) 박사는 "전통은 죽은 자들이 남긴 산 믿음이고, 전통주의는 살아 있다는 사람들이 주장하는 죽은 믿음이다.(Tradition is the living faith of those now dead. Traditionalism is the dead faith of those still living.)"라는 말을 남겼다. 온갖 주의(主義, -ism)가 난무하고 있다. 주의(主義, -ism)라는 것은 어떤 것에 대한 정신과 사상을 의미하여 공통된 정신이나 주체성(Identity)을 표현하는 의미이다.

그런데 주의(主義, -ism)가 도그마(Dogma)가 되어 폐쇄성을 드러내면 위험해진다. 이것으로 편을 가르거나 대립하는가 하면 전쟁도 불사할 경우가 발생하게 하기도 한다. 그래서 주의(主義, -ism)를 주의(注意)해야 한다는 것이다. 전통(Tradition)이 아닌 전통주의(Traditionalism)는 빛나는 유산을 훼손시킬 수도 있는 위험이 도사리고 있음을 간과하지 말아야 한다.

전통의 능력은 상실한 채, 전통주의로 통해 종교적 형식을 유지하는데 급급한 면모가 있다면 과감하게 일신해야 한다. 이런 태도로 인해 겉으로 드러나는 모습은 입만 열면 개혁과 본질을 외친다. 하지만, 이는 실상 자신들의 유익을 위해 앞세우는 연막용 표방일 뿐이다. 그야말로 이런 사람들이 개혁의 우선 대상자들인 셈이다. 그럼에도, 자기처럼 의롭고 충성스러운 사람이 없다고 착각하는 경우가 대부분이다.

이런 현상들을 바리새인들과 서기관들의 자세와 비교해 보면 금방 알 수 있다. 주님께서는 마태복음 23장을 통해 "어리석고 앞을 못 보는 바리새인 또는 외식하는 서기관들과 바리새인들이여 너희에게 화가 있을 것이다. 천국 문을 사람들 앞에서 닫고 너희도 들어가지 않고 들어가려 하는 자도 들어가지 못하게 한다. 잔과 대접의 겉은 깨끗이 잘 닦으면서도 그 안은 욕심과 방탕으로 가득 차 있다.

회칠한 무덤같이 겉으로는 아름답게 보이나 그 안에는 죽은 사람의 뼈와 온갖 더러운 것들로 가득 차있어 표면적으로는 의롭게 보이지만 그 속에는 위선과 불법이 가득 차 있다."라고 서기관들(書記官, Scribes)과 바리새인들(Pharisees)의 위선에 대해 강하게 질책하신 것이다.

예수님께서는 당시의 사회악은 무엇보다도 율법주의적 영향에 기인하고 있음을 지적하시며 회개를 촉구하신 것이다. 구약의 율법에 대해서도 외부적으로 나타나는 모양이나 형식보다는 진실한 마음의 동기를 중요하게 가르치셨다. "너희는 마음에 할례를 행하고 다시는 목을 곧게 하지 말라"(신명기 10:16). "너희는 스스로 할례를 행하여 너희 마음 가죽을 베고 나 여호와께 속하라"(예레미야 4:4). 바리새인들(Pharisees)과 서기관들(書記官, Scribes)의 자세는 자신들의 기득권 유지와 옹호에만 몰두하는 것이다. 이처럼 명분과 논리만을 앞세워 아전인수(我田引水) 행태의 자기중심적 사고를 키워나가서는 안 된다.

진정한 부흥을 갈망한다면 부흥을 가로막고 있는 원인부터 진단해야 한다. 그리고 이에 대한 처방으로 자신을 조명하고 회복을 향한 실천적 의지를 불태우며 성령의 역사를 힘입어야 한다. 성령의 도우심과 역사 하심이 아니고서는 부흥은 일어날 수 없다. 부흥의 장애물은 무엇보다도 복음을 왜곡하려는 세상적 안목과 가치관이다.

이러한 장막을 걷어내고 말씀으로 돌아가 성령의 인도 하심에 민감하게 순종할 때 부흥은 찾아올 것이다. 여기에 가장 복된 삶의 비결이 숨어 있는 것이다. 말씀의 본질로 돌아가서 하나님의 능력을 구하고 순종하려는 회복의 자세에 마음을 쏟아야 부흥이 찾아올진대 인간적인 수단과 방법을 동원하려고 한다면 하나님을 영화롭게 하기는 어려울 것이다.

"하나님의 말씀이 점점 왕성하여 예루살렘에 있는 제자의 수가 더 심히 많아지고 허다한 제사장의 무리도 이 도에 복종하니라"(사도행전 6:7). 이와 같은 부흥이 일어나야 하나님을 영화롭게 하는 것이다.

그런데 부흥을 생각하면서 특별한 목회 프로그램이나 뛰어난 지도력으로 인한 어떤 수적 증대를 최우선으로 기대한다면 부흥의 본질과는 이미 상당한 거리가 발생한 것이 아니겠는가? 하나님의 백성과 교회 공동체라면 부흥에 대한 목마름이 있을 것이다. 지금도 이런 갈증은 여름 가뭄에 논바닥이 갈라지는 것을 지켜보는 농부의 타는 가슴처럼 부흥의 빗줄기를 갈망하게 하는 것이다.

부흥에 대한 갈망이 진실하게 현실화되기를 원한다면 그리스도의 사랑과 부르심을 통해 가치전환이 일어나야 한다. 권정생의 "강아지 똥"이라는 글은 가장 쓸모도 없고 더럽게 취급받던 강아지 똥이 하늘의 별만큼 고운 민들레꽃을 피우는 데 쓰임 받기 위해 빗물을 타고 땅속으로 고스란히 녹아내린다는 이야기를 하고 있다. 마침내 어느 화창한 봄날 강아지 똥은 줄기를 타고 올라가 노랗고 아름다운 꽃을 피워냈고 향긋한 꽃 냄새는 바람을 타고 사방으로 퍼져 나갔다는 것이다.

아름다운 민들레 꽃송이와 향기가 이루어질 수 있었던 것은 하찮은 것 같지만, 누군가의 고귀한 희생이 있었던 것이다. 이웃과 지역을 기쁘게 하는 향긋한 냄새와 방긋방긋 웃는 꽃송이 뒤에는 언제나 강아지 똥의 희생과 같은 눈물겨운 사랑이 가득 어려 있어야 가능하다는 것이다. 이러한 가치전환의 힘이 변화를 거부하며 서성거리는 패러다임(Paradigm)을 뒤흔들게 되는 것이다.

패러다임(Paradigm)이라는 말은 이론적인 틀이나 굳어진 체계를 말하는 것이다. 좀 더 넓은 차원에서 본다면 어떤 한 시대의 사람들이 공유하고 있는 견해나 사고를 기본적으로 규정하고 있는 테두리로서의 인식 체계를 일컫는 것이다.

인류사(人類史)를 살펴보면 어느 특정 시기에 당시의 패러다임에서는 해결할 수 없는 문제들이 증가하는 경우가 발생되는 것들을 볼 수 있다. 이와 같은 때에 혁신적인 패러다임이 제시됨으로써 기존 패러다임과의 경쟁 상태를 지나 새로운 것이 낡은 것을 대체하게 되는 것을 보게 된다. 이것이 바로 패러다임의 전환이라고 할 수 있다.

교회라는 본질은 변할 수 없는 것이다. 그러나 교회의 시대적 사명과 그 성취적 방법이며 형태는 시대적 호흡 속에서 패러다임의 전환을 이루어가야 함이 마땅한 것이다. 여기에서 의도하는 바는 어떤 특별한 교회의 숫자적 증가 측면에만 관심을 두고, 그것을 모델로 그런 방법들을 답습하자는 것이 아니다.

하나님의 창조는 너무나도 광대하며 오묘하고 신비한 것이다. 인간의 창조는 더욱 그러하여 비록 일란성 쌍둥이라고 해도 지문(指紋, Finger Print)도 다를 뿐만 아니라 여러 가지 다른 면들이 나타난다. 이와 같은 차원에서 목회를 바라보면, 똑같은 방법과 프로그램을 적용한다고 할지라도 각각 다른 교회에서 동일한 결과가 나오기는 어렵다는 것이다.

그러므로 먼저는 시대적 공감을 바탕으로 지역적 특색과 교회의 특성, 그리고 목회자의 목회방향을 고려한 적용이 전제되어야 할 것이다. 다만, 분명한 것은 그 누구라도 하나님의 섭리 하심에 따라 지속적으로 변화해야 한다는 것이다. 변화의 시대가 바라는 정도의 시대적 속성에 아부하는 기회주의적 타협과 변화를 말하는 것이 아니다. 중요한 것은 하나님께서 원하시고 기뻐하시는 차원에서의 순종과 변화를 이루어가야 한다. 이러한 인식에서의 변화라면 나만의 이익에 급급한 협의적 발상을 단호히 거부할 수 있을 것이다.

하나님께서 원하시고 기뻐하시는 진정한 변화 뒤에는 부흥이 물결이 일어날 것이다. 따라서 지속적인 부흥을 원한다면 지속적인 변화를 이루어나가야 할 것이다. 여기에서 간과하지 말아야 할 사항은 실천적 의지가 결여된 구호와 교육만으로는 내·외적 변혁을 이루어내는 데 한계점이 있다는 것이다. 먼저는 내적 변화가 절실하다. 내적 변화가 없이 부흥과 성장을 외치고 나선다면 복음으로 그럴 듯하게 포장은 하고 있지만, 알맹이가 하나도 없는 속 빈 강정이요, 잎만 무성한 무화과나무나 다를 바 없다는 것이다.

이를 위한 모두의 지혜를 모아 끊임없는 연구와 노력을 게을리하지 말아야 할 것이다. 이를 목회자들만의 몫이라고 생각한다면 문제가 아닐 수 없다. 왜 이렇게 생각하겠는가? 이분법적 사고가 은연중에 자리하고 있기 때문이다. 목회자는 전임사역자로서 목회, 즉 교회 일에 전념해야 하고 성도들은 남는 시간에 봉사하는 것 정도로 생각하는 경향이 많다는 것이다. 성경은 모든 성도와 함께(에베소서 3:18) 할 것을 강조한다.

그리스도인들은 사나 죽으나 주님의 것이고, 만사를 하나님으로 기준 삼고 출발하고 멈추어야 하는 것이다. 요한복음 3:3-7에는 거듭남에 대해 세 번이나 언급되어 있다. 예수님께서 그를 찾아온 니고데모에게 "진실로 진실로 네게 이르노니 사람이 거듭나지 아니하면 하나님 나라를 볼 수 없느니라"(요한복음 3:3)라고 말씀하셨다. 그런데 거듭난 그리스도인들이 하나님 중심으로 새롭게 인생을 설계할 수 없다면 껍데기만 거듭났다는 의미인가?

거듭난 그리스도인들이라면 이 땅의 사고방식과 틀을 깨트리고 성경의 말씀과 성령으로 말미암아 새로운 사고와 새로운 마음으로 살아야 마땅한 것이다. 이것은 거듭나기 이전의 자기중심적인 삶과는 전혀 다른 것이다. 진정한 행복자의 능력 있는 삶의 길이다. 이는 봉화로 통신하던 시대의 삶이 휴대폰, 이메일을 사용하는 것이나 마차를 타던 시대의 삶이 비행기를 타는 것, 등잔불을 켜던 시대의 삶이 전깃불을 켜는 것처럼 비교조차 할 수 없는 놀라운 변화와 능력의 삶을 의미하는 것이다.

그런데 아직도 이전 그대로의 자기중심적인 삶을 기준으로 하여 신앙생활이 자기 삶을 도와 만사를 유익하게 하는 수단 정도로 생각한다면 참으로 심각한 문제가 아니겠는가? 그러니 내 생활 다하고 남는 힘과 남는 시간을 겨우 교회와 연관한다는 것이다. 이런 삶이라면 진정한 그리스도인의 역량력이 어떻게 나타날 수 있겠는가?

교회 일을 하면서도 인본주의적인 냄새가 여기저기에서 풍겨나는 것이다. 입만 열면 하나님을 찾으면서도 내 뜻, 내 주장이 중요하고 하나님께서 진정 무엇을 기뻐하실지에 대해서는 관심조차 없다는 것이다. 하나님을 중심으로 완전히 삶을 새롭게 해야 한다. 일하는 것도, 공부하는 것도, 자녀를 양육하는 것도, 먹고 마시고 입는 것도, 다 주님을 최우선으로 하여 이루어져야 정상적이고 바람직한 것이다.

칼 빌헬름 폰 훔볼트(Karl Wilhelm von Humboldt)는 "인간은 언어가 대상의 표상을 제시하는 대로 살게 된다."라고 주장했다. 즉 인간은 스스로 언어를 조직해내는 바로 그 행위를 통해 자기 자신을 언어 속에 맞추어 넣는다는 것이다. 이러한 연구에 비춰볼 때 진정한 그리스도인들이라면 마땅히 성령의 인도 하심에 따라 생각하고 행동하는 삶을 살아야 한다.

언어학적 차원에서 볼 때, 모든 언어는 그 언어를 사용하는 민족에게 하나의 사고적 영역과 준거적 틀을 지정하는 역할을 하게 된다. 이러한 시각에서 보면 언어는 그것을 사용하는 민족에게 사고와 세계관의 바탕을 제공하는 것이 된다.

농사가 중심인 지역에서는 농사에 관한 말들이 발달되어 있고, 목축이 생계수단인 지역은 목축에 관한 말들이 발달하는 것이다. 이러한 현상은 실제 그들의 삶에서 그것이 중요하기 때문에 그것을 표현하고 소통하려는 목적에 상응하는 언어의 분화가 이루어졌음을 말해주는 것이다.

루드비히 비트겐슈타인(Ludwig Josef Johann Wittgenstein)은 하나의 언어는 그 언어세계에 살고 있는 사람들이 지니고 있는 삶의 형식(Form of Life)을 표현하고 있다고 했다. 이러한 측면에서 보더라도 내적인 변화는 외적 형식을 유발하게 되는 것이다. 따라서 교회라는 개념의 본질적 회복을 위해서라면 이에 걸림돌이 되는 모든 요소를 개혁해야 한다. 사고의 근본적 변혁을 위한 총체적 시스템의 개혁을 단행해야 한다.

성경의 말씀과 성령의 인도 하심에 따라 교회에 관한 본질적 회복을 이루는 것이 부흥의 초석임을 어찌 부인하겠는가? 따라서 교회성장에 있어서도 이에 따르는 사고의 전환과 집합표상(Collective Representations)[18]의 정립이 필요하다는 것이다. 형식적이고 부분적인 변형을 넘어 지금까지 누적적으로 뒤틀려진 개념들이 하나님께서 부여하신 본질적 회복을 이루어야 할 것이다. 이러한 선행(先行)을 발판으로 힘 있게 일어날 때 비로소 진정한 의미의 부흥과 성장을 경험할 수 있게 될 것이다.

이러한 본질적 개념의 교회 부흥을 위해서라면 원점에서부터의 출발이

---

18) 프랑스의 사회학자 에밀 뒤르켐(Emile Durkheim)이 처음으로 사용한 개념이다. 집합표상은 인간이 한 시대의 세계에 대하여 가지는 이미지, 개념, 사상의 흐름 등 인간이 인식하고 생각하는 의식의 모든 내용을 말하는 것이다. 인간의 세계관, 가치관, 사고방식은 문화뿐만이 아니라 시대와 사회체제에 따라 다를 수밖에 없을 것이다. 이러한 맥락에서 집합표상은 사회제도들 간의 상호 연관성과 인간의 인식에 있어 서로 공유하고 있는 믿음과 가치에 대한 시대적 관점이며 인간이 세계를 해석하는 매개양식이라고 할 수 있다. 따라서 인간이 무엇인가를 인식한다는 것은 그것에 관하여 나름의 어떤 내용의 이미지를 만들고 규정하며 체계를 형성하여 집합표상을 만들고 있다는 의미인 것이다. 사회의 갈등이나 변화에도 불구하고 사회질서가 유지되는 것은 그 사회를 구성하는 사람들의 믿음과 그 믿음을 뒷받침하는 체계에 따른 행위에 의해서 가능한데 뒤르켐은 이것을 집합표상이라고 하였다.

필요하다. 교회는 하나님 백성의 공동체이기도 하지만 그리스도의 몸이요, 성도들은 그 지체들이다. 이와 같은 인식의 회복과 각오에 의한 실천은 새로운 부흥이라는 결과를 행복한 과정 속에서 만들어내게 할 것이다.

말이라는 것은 그것이 사용되는 맥락 안에서 그것이 쓰이는 방식에 따라 그 언어적 의미가 결정되는 것이다. 언어적 기호 각각은 의미에 있어 그 자체로는 죽어 있는 것처럼 보이나 무엇이 그것에 생명을 주느냐에 따라 그것은 살아나기도 하고 죽어 있기도 하는 것이다. 심지어 언어도 이와 같을진데 교회의 진정한 부흥을 바란다면 모든 지체가 하나님의 은혜 가운데 연합하여 그리스도 안에서 각각의 기관적(器官的) 의미로 살아나야 한다.

그렇지 않은 시도라면 진정한 부흥과는 상당한 거리를 절감하며 한계를 노출하게 될 것이다. 하나님께서는 언제나 우리에게 부흥을 주시기 원하신다. 하나님께서는 우리가 진정한 믿음으로 다가가기만 한다면 "네 믿음대로 될지어다"라고 하시는 말씀이 언제든지 유효함을 깨닫게 해주실 것이다.

우리는 이 믿음을 가로막고 있는 죄악을 돌이켜 회개하고 하나님과 동행하는 삶을 살아야 한다. 진정한 부흥은 하나님과의 동행 없이는 불가능한 것이다. 그러니 우리 모두가 갈망하는 부흥은 회개에서부터 출발한다는 사실을 기억하고 통회 자복해야 한다.

"너희 몸은 너희가 하나님께로부터 받은 바 너희 가운데 계신 성령의 전인 줄을 알지 못하느냐 너희는 너희 자신의 것이 아니라"(고린도전서 6:19). "하나님의 성전과 우상이 어찌 일치가 되리요 우리는 살아 계신 하나님의 성전이라"(고린도후서 6: 16). 진정한 그리스도인들이라면 이와 같은 말씀에 합당한 삶을 위해 힘쓰고 애쓰며 하나님께 영광을 돌려야 마땅할 것이다.

교회부흥을 위한 참된 바람은 하늘에 속한 것을 갈망해야 하고 하나님께서 인정하시는 것이어야 한다. 야곱과 같이 갖은 인간적 모략으로 성취를 이루어보려고 한다면 온갖 고난과 난관 속에 봉착하고 말 것이다. 하나님께서 원하시는 대로 돌아서야 진정한 부흥이 시작될 수 있다.

야곱(Jacob)은 어머니 뱃속에서 나올 때부터 형의 발꿈치를 잡고 나왔다. 그는 장자가 되지 못한 아쉬움 때문에 미련을 버리지 못하고 형님인 에서(Esau)를 꾀어 장자의 명분을 빼앗고 눈먼 아버지를 속여 축복을 가로챈다. 그 일로 형의 원한을 피하여 하란의 외삼촌 집에서 20년간 도피생활을 한다. 그 도피 생활 가운데에서도 사랑하는 여인과 재물을 얻기 위하여 온갖 노력과 잔꾀를 동원하여 나름의 성공을 거둔다. 하지만, 꿈에도 그리던 고향으로 돌아가던 야곱에게 걸림돌은 바로 자신이 속여먹은 형의 분노였다.

형이 4백 명의 군사를 이끌고 자기를 기다리고 있다는 정보는 야곱의 마음을 심히 두렵고 불안하게 하였다. 그래서 형의 마음을 풀어 볼 요량으로 먼저 수백 마리의 양과 염소, 약대와 암소 그리고 황소를 뇌물로 잔뜩 보내고는(창세기 32:13~15) 그래도 불안해서 자기의 재산을 네 떼로 나누어 자기는 맨 마지막 대열에 선다. 문제가 발생하면 즉각적으로 도망갈 생각인 것이었다. 이런 야곱의 행태를 보면 과거에 아버지와 형을 속이며 자기의 욕심을 채우려고 하던 모습과 별로 달라진 것이 없는 사람이다.

야곱은 인간적인 방법을 다 썼다. 그리고 불안하고 두려운 마음으로 홀로 얍복강(The Jabbok) 나루터에 앉아 있다. 이 약삭빠르고 잔꾀가 넘치던 야곱도 한계 상황 앞에서 무릎을 꿇게 된다. 그렇게 밤이 깊어가던 시점에 어떤 사람이 옆구리를 친다. 야곱은 그 사람을 붙잡고 날이 새도록 씨름을 하게 된다. 드디어 하나님께서 그를 찾아오신 것이다.

과연 하나님께서는 야곱에게 무엇을 요구하고 계시는가? 하나님께서는 도무지 변할 줄 모르는 야곱을 오랫동안 지켜보신 것이다. 하나님을 믿는다고는 하지만 하나님의 뜻에 순종하여 하나님의 영광을 위하여 사는 삶이 아니라, 하나님을 자신의 욕심이나 채워주는 분 정도로 이용하는 야곱의 삶이었다. 바로 이 야곱을 변화시켜 주시기 위해서 하나님께서 간섭하셨던 것이다.

"얍복"이란 뜻은 "자신을 비운다. 몽땅 털어버린다. 쏟아 버린다."라는 뜻이다. 하나님께서 야곱을 찾아오신 것은 야곱의 과거 모든 잘못된 삶을 쏟아버리고 인간적인 모든 욕심을 내려놓게 하기 위해서이다. 새벽녘에 하나님께서는 결국 아집과 욕심으로 똘똘 뭉쳐진 이 자아 본능의 버팀목이 되어 온 야곱의 환도 뼈를 치셔서 더 이상 야곱 자신의 힘을 쓰지 못하게 만드신 것이다. 야곱은 무슨 수를 써서라도 자신의 목적을 이루고야 만 사람이다. 그야말로 무엇이든지 자신의 힘과 재주로 할 수 있다는 야심차고 교만한 인간의 전형이었다. 이 얼마나 교만하고 방자한 인생인가? 이러한 야곱이 환도 뼈가 부러지는 순간에야 비로소 자신의 실체를 알게 되었고 하나님을 붙들게 되었던 것이다. 이것이 바로 야곱을 찾아오신 하나님의 은혜요, 사랑이었던 것이다.

하나님께서는 매달려 통회 자복하는 야곱의 이름을 바꾸어 주셨다. "약탈자, 속이는 자, 사기꾼"이라는 뜻인 "야곱"을 "하나님이 다스리신다. 하나님이 책임지신다."라는 뜻인 "이스라엘"로 바꾸어주신 것이다. 이제 이 회복의 자리에서 일어서는 야곱의 앞에 동이 터오기 시작했던 것이다. "그가 브니엘을 지날 때에 해가 돋았고 그 환도 뼈로 인하여 절었더라"(창세기 32:31). "하나님의 얼굴"이란 뜻의 "브니엘"이란 말처럼 하나님의 얼굴빛이 야곱의 앞길을 비추어 주기 시작했다. 하나님의 백성에게 있어서 복 중의 복은 하나님의 얼굴을 대하는 것이다.

지금이 바로 "내 이름으로 일컫는 내 백성이 그 악한 길에서 떠나 스스로 겸비하고 기도하여 내 얼굴을 구하면 내가 하늘에서 듣고 그 죄를 사하고 그 땅을 고칠지라."(역대하 7:14)라는 하나님의 말씀에 순종할 때다. 이것이 바로 교회의 패러다임 전환(Paradigm Shifting)의 출발이다. 아울러 모든 기능적 시스템도 이러한 개념에 걸맞는 전환을 이루어야 한다. 이것을 간과하거나 게을리하면서 부흥을 기대한다면 그것이야말로 어불성설(語不成

說)이요, 연목구어(緣木求魚)라 하겠다.

철(鐵)이 스스로 달려가거나 날아갈 수는 없다. 하지만, 그것이 자동차나 비행기의 부품이 되었을 때에는 자동차나 비행기로서의 역할과 경험을 하게 된다. 마찬가지로 사람이 진정 위대한 것은 하나님의 자녀요, 지체로서의 가치의 회복이 일어났을 때이다.

전능하시고 위대하신 하나님께서는 당신의 지체들이 하나님으로부터의 위대한 능력을 부여받기 원하신다. 그래서 하나님을 위하여 하는 일들이라면 무엇을 하든지 세상에서 가장 뛰어나고 탁월하게 만드실 뿐만 아니라 자연 만물들도 협력하게 하실 것이다. 하나님께서 이 땅에 인간의 몸으로 오신 사랑이 이를 증명함이 아니겠는가?

## 2. 우선순위의 패러다임 쉬프팅이 전제되어야 한다.

"너희는 먼저 그의 나라와 그의 의를 구하라 그리하면 이 모든 것을 너희에게 더하시리라"(마태복음 6:33)

부흥과 성장의 핵심은 무엇인가? 그리스도인들이라면 하나님을 중심으로 모든 생각이 채워져야 한다. 하나님 중심의 삶은 부분적이거나 일시적인 상태를 말하는 것이 아니다. 삶의 총체적 의미로서 인식돼야 하는 것이다. 교회와 사회생활의 분리라는 이중성에 빠져 갈등하고 있는 모습은 안타까운 일이다. 신체적 메커니즘은 물론 모든 생활과 인간관계에서 하나님 중심적 사고와 그에 따른 실천이 작동되어야 한다. 이것이 믿음이요, 바른 중심, 바른 우선순위의 복된 삶인 것이다.

그리스도인들이라면 모든 것을 하나님으로부터 시작해야 한다. 이 믿음에서 출발하여 이것이 다른 모든 결론에 이르는 근거와 전제가 돼야 하나님 중심과 하나님을 최우선으로 하여 사는 삶의 자세가 흔들리지 않게 될 것이다. 16세기 종교개혁자 존 칼빈(John Calvin, 1509~1564)은 항상 "하나님 앞에서(코람데오: Coram Deo, in front of God)"라는 인식으로 삶을 살았다고 한다. "Me Vidit Deus(메 비디트 데우스, 하나님이 나를 보고 계시다)."라는 사실을 직시하고 날마다 올바른 삶에 경각심을 일깨워야 한다.

"나는 그리스도와 함께 십자가에 못 박혔다. 그래서 이제 살고 있는 것은 내가 아니다. 그리스도께서 내 안에서 살고 계신다. 지금 내가 육신 안에서 살고 있는 삶은 나를 사랑하셔서 나를 위하여 자기 몸을 내어주신 하나님의 아들을 믿는 믿음 안에서 살아가는 것이다"(갈라디아서 2:20). 이 말씀 그대로가 그리스도인들의 삶이 되어야 하는 것이다. 아직도 내 마음대로 고집하며 내 뜻대로 살아가고 있는가? 아니면 하나님으로부터 시작은 했지만, 어느 사이엔가 나를 중심으로 선회하여 표류하고 있지는 않은가?

지금의 나는 과연 하나님께서 바라보실 때, 올바른 위치에 서 있는지 아니면 하나님과는 너무나 먼 거리에 있는지, 아예 전혀 관계가 없는 곳에 있는지, 가감 없이 자신의 현 위치를 점검해보아야 한다. 하나님과 멀어진 그만큼이 우리의 문제점이요, 오류이다. 그러나 주저 없이 돌아가야 한다. 기도하며 결단해야 한다. 하나님께서는 탕자처럼 돌이켜 하나님께로 돌아오는 자들을 안아주신다.

우리의 모든 공간을 하나님께 내어 드리고 순종할 때, 삶의 우선순위는 바로잡힌다. 이것은 "주께서 심지가 견고한 자를 평강에 평강으로 지키시리니 이는 그가 주를 의뢰함이니이다"(이사야 26:3)라는 말씀과 맥을 같이한다. 마음에 품은 의지를 뜻하는 심지(心志, Mind)와 등잔에 사용되는 심지(Wick)를 비교해보면 이렇다. 어떤 기름 가운데 심지를 박고 있느냐에 따라 불꽃의 색깔이 다르게 나타난다. 사람의 의지가 어디에 뿌리를 내리고 있느냐, 즉 어디에 근거를 두고 있느냐에 따라 그 열매는 다를 수밖에 없다.

또한, 말로만 그리스도인이라고 외친다면 등잔에 기름이 있다고 할지라도 심지가 기름에 닿지 못해 불꽃을 발할 수 없는 경우나 마찬가지이다. 이처럼 사람의 심지가 바르지 못하여 엉뚱한 곳에 담겨 있거나 기름에 닿지 못한다면, 이는 중심이 제대로 되지 못해 하나님의 풍성한 은혜를 누리지 못하는 메마른 인생이 되고 마는 것이다.

과연 자신의 삶에서 하나님은 몇 번째 순위인가? 자신의 삶에서 하나님의 우선순위는 저 밑에 두고서 언제나 하나님은 내 편이 되어야 한다고 주장하는 것은 무슨 심보인가? 하나님을 이용하려 해서는 안 된다. 우주만물은 다 하나님의 질서에 따라 움직인다. 이것을 순리라고들 말한다. 창조주는 하나님이시다. 그런데 그분에게 자신 뜻을 관철하려 하거나 조종하려고 든다면 착각도 보통 착각이 아니다.

"육신의 생각은 사망이요 영의 생각은 생명과 평안이니라"(로마서 8:6)라는 말씀을 기억하며 영의 생각을 해야 한다. 그리스도인들은 하나님의 백성이다. 그분의 기쁨이다. 보혈의 은혜로 구원받은 사람들이다. 그러므로 감사와 감격 속에 최선으로 주님을 섬기며 닮아 살아야 함은 물론 주님께서 부여하신 사명 또한 충실히 감당해야 한다. 더 이상의 핑계나 변명에 잠식되어서는 안 된다. 분명한 것을 변명하려고 한다면 존재에 대한 존재적 부정이나 마찬가지다.

"만물이 그에게서 창조되되 하늘과 땅에서 보이는 것들과 보이지 않는 것들과 혹은 왕권들이나 주권들이나 통치자들이나 권세들이나 만물이 다 그로 말미암고 그를 위하여 창조되었고 또한 그가 만물보다 먼저 계시고 만물이 그 안에 함께 섰느니라 그는 몸인 교회의 머리시라 그가 근본이시오"(골로새서 1:16-18). 이처럼 성경은 분명히 하나님께서 인생의 창조자이시며 근원이심을 선포하고 있다. 말로는 크리스천이라고 하면서도 하나님 중심으로의 본질적인 중심이동이 이루어져 있지 않다면 이는 하나님을 기쁘시게 해 드릴 수 없다. 하나님을 중심으로 하지 않으면 하나님의 심정과 눈으로 세상을 바라볼 수 없고 우선순위도 제대로 만들지 못한다.

이런 상태에서 목회의 전진이나 교회성장은 불가능하다. 계속 등록은 하는데 왜 교인들의 숫자는 제자리걸음이겠는가? 뭔가 문제가 있다는 이야기이다. 만사에는 원인과 이유가 있다. 정착하지 못하거나 이미 정착하고 있던 사람들이 빠져나가고 있다는 것이다. 왜 이런 현상이 나타나는 것일까? 자동차가 주행 중에 시동이 꺼지는 격이 아닌가! 교회 내적으로 지속적인 분열과 갈등이 소용돌이치고 있다는 것이다.

하나님으로의 중심이동이 이루어지지 않았기 때문이다. 중심이동이 이루어지지 않으면 기름이 떨어진 자동차와 같이 된다. 제아무리 값비싼 고급차라고 해도 기름이 바닥나면 달릴 수 없다. 심지어 차 안에 생명이 위독한 환자가 있다 할지라도 기름이 없으면 달릴 수가 없다. 그 차 안에 수천억 원의 돈이 실려 있어도 기름이 없으면 움직일 수 없다.

하나님을 최우선으로 하지 못하는 사람은 이처럼 자신은 잘난 것 같은데 복된 삶으로 달려나갈 수 없게 된다. 주일성수를 권면하고, 예배드리는 것이 인생 최대의 가치 실현임을 강조해도 자기중심으로 사는 사람은 여전히 바쁘다고 한다. 그렇다면 죽는데도 바빠서 못 죽는단 말인가? 아무리 바빠도, 미련이 남아도, 해야 할 일이 산적해 있어도 죽음을 면할 수는 없는 일이다. 죽음보다 우선순위가 있단 말인가? 중심이동을 못 하면 이렇게 속고 사는 인생이 되고 만다.

중심이동을 선택의 문제쯤으로 생각하니 날마다 오류와 혼란, 모순, 무질서로 뒤범벅된 자중지란의 소용돌이에서 헤어나지 못하는 것이다. 그리스도인들에게 하나님으로의 중심이동은 선택사항이 아니다. 하지만, 이 일에는 많은 유혹과 장애요소가 산재하여 갈 길을 막을 수도 있다. 무엇보다 먼저는 삶의 우선순위가 하나님 최우선으로 제자리를 찾아야 많은 계획, 인간관계 그리고 그 외의 모든 것들이 정상 궤도로 바뀌게 되는 것이다.

하나님으로의 중심이동이 이루어지면 인간의 내·외적 시스템은 최적의 상태로 안정되게 된다. 그것은 하나님의 지으시는 모든 것이 선하고 온전하기 때문이다. 중심이동이 없이 자기중심에 머물러 있는 사람은 결코 자기부정이 일어날 수가 없어서 이웃과의 관계도 험하고 교우들과도 다투는가 하면 스스로 시험에 들고 매사에 자기 맘에 들어야 직성이 풀리는 증후군이 나타난다.

이것이 심화되면 목회자에게까지 손을 뻗쳐서 자기 뜻을 관철하려고 드는가하면 목회정책에 대해 불만을 토로하고 심지어 설교에 대해서도 시비를 거는 병증이 나타난다. 하나님으로의 중심이동이 이루어지지 않은 사람은 여전히 자기중심의 삶을 살고 있기 때문에 삶의 설계가 자신의 생각중심으로 이루어진다. 하나님은 현실과는 거리가 멀다고 생각하여 '내 손이 내 딸'이라는 말처럼 일단 생계유지에 관한 계획에서 출발하여 가정, 자녀, 건강, 취미 등에서 중요도별로 일의 우선순위를 배치한다. 그리고 난 후라야 교회로 들어와 예배, 성경공부, 스몰그룹, 봉사 등에 있어서 취향별로 나름의 우선순위를 배치하게 된다.

이런 사고에서 삶을 살아가려고 하다 보니 신앙생활은 어디까지나 좀 더 나은 나의 생활을 위한 종교적 수단 정도인 셈이다. 말하자면 바쁘지만 시간을 쪼개서 예배드리고, 남는 시간 활용해서 봉사하고, 힘들지만 성경공부에도 참석하며, 어렵지만 전도에도 동참하니, 대단히 기특하고 가상한 일이라는 것이다. 하나님께 큰 선심을 쓰는 셈이란 말인가? 하나님을 믿어주고 봉사까지 해주는 대신 뭔가 대가(代價)를 받을 수 있게 되는 주고받음의 거래적 관계를 조성하자는 것인가?

한 걸음 더 나아가 자기가 일을 좀 했는데 알아주지 않는다고 시험에 들거나 교회를 등지기도 한다. 사람들의 평판이나 명예, 과시에 마음을 뺏겨서는 안 된다. "나는 무익한 종이며 마땅히 해야 할 일을 했을 뿐이다."라는 겸손과 진실된 충성의 마음을 가져야 한다. 이것이 믿음이다. "명한 대로 하였다고 종에게 감사하겠느냐 이와 같이 너희도 명령 받은 것을 다행한 후에 이르기를 우리는 무익한 종이라 우리의 하여야 할 일을 한 것뿐이라 할지니라"(누가복음 17:9-10). 종은 마땅히 해야 할 일을 할 뿐이다. 이것이 종의 자세이다. 나의 의지를 믿음으로 착각해서는 안 된다. 자기의 위치를 알아야 한다.

온전히 하나님중심으로 바뀌어야 한다. 아니 완전히 이동시켜야 한다.

그러면 예배와 기도는 물론 하나님을 더욱 알아가는 일과 순종하는 일들로 삶의 우선순위가 회복된다. 이렇게 될 때 직장도, 자녀도, 물질도, 명예도, 하나님께서 부여하신 사명 수행의 즐거움으로 하게 된다. 우선순위가 바로 잡히면 성도의 삶이 행복해지고 그와 함께 교회 공동체가 행복해지게 된다. 이런 상태에서 교회는 평안하고 든든히 서서 성장하게 되는 결과를 얻게 될 것이다.

## 3. 교회 부흥을 위한 구조로의 변화가 필요하다.

"새 포도주를 낡은 가죽 부대에 넣지 아니하나니 그렇게 하면 부대가 터져 포도주도 쏟아지고 부대도 버리게 됨이라 새 포도주는 새 부대에 넣어야 둘이 다 보전되느니라"(마태복음 9:17)

한국의 교회부흥이 많은 난관에 부딪히고 있다는 데에는 대다수가 그 심각성을 같이한다. 그렇다면 새로운 방안을 찾아야 한다. 이를 위해 무엇보다도 먼저 해야 할 일은 교회 부흥의 침체 원인이 무엇인가를 정확히 분석해보고 이에 대한 반성과 대응책을 마련하는 것이다.

치료에는 반드시 진단이 선행되어야 하는 것이 상식이다. 그런데 교회들은 침체적 원인의 문제보다는 몸집 부풀리기에 효력이 있다고 하는 프로그램을 좇아가는데, 온 마음을 다하고 있다. 몸집만 키우는 것은 건강하게 회복되어 성장하는 것과는 차원이 다르다. 질병의 원인을 분석하고 그에 대한 철저한 처방을 마련하며 치료와 회복을 생각하는 것이 당연한 순서이다.

성장에 효력이 있다고 하면 부작용은 따져보지도 않고 무작정 덤벼들어서는 안 된다. 몇몇 사람들에게 효과가 있었던 것 같다고 해서 검증되지도 않은 민간요법에 치료를 맡길 수는 없는 일이다.

프랜차이즈(Franchise)의 마케팅은 자사와의 관계에서 모든 것을 규격화하고 획일화하여 영업망을 넓혀간다. 마치 이처럼 기존의 것을 전혀 고려하지 않고 무조건적 교체를 요구해서는 안 될 것이다. 온고이지신(溫故而知新)적 사고가 필요하다. 다만, 철저한 갱신이나 교체가 불가피한 질병적 요소들은 있을 수 있을 것이다. 마치 어떤 프로그램을 도입하기만 하면 교회가 성장하고 성령 충만하게 되며, 성도들은 충만한 은혜를 받게 될 것이라고 생각하면 완전한 착각이다.

중요한 것은 하나님에 대한 올바른 인식이다. 참된 부흥은 하나님에 대한 올바른 관점으로의 변화를 요구한다. 이때 비로소 자신의 모습을 제대로 바라볼 수 있을 뿐만 아니라 부흥의 길로 들어설 수 있다는 것이다.

하나님에 대한 올바른 인식으로의 변화를 조성하는 구조적 변경이 절실하다. 이러한 결단과 노력의 실행이 이끌어 주지 않는 것이라면 그 어떤 열심이나 갱신이라도 그것은 단지 시대적 조류의 격랑 속에서 파생되어진 물거품과 같은 것이다. 교회는 그리스도의 지체라는 다양성 속에 그리스도의 몸이라는 일치를 추구하는 공동체이다. 소위 말해 다양성 속에서의 일치를 추구해야 한다. 목회자의 달란트에 비추어 교회가 위치한 환경(지역), 구성원, 시설, 재정 등을 반영하여 목회적 차원의 떼루아(Terroir)[19]를 실현하도록 해야 한다.

먼저는 교회가 개척되어서부터 성장하는 환경 전체에 대한 통전적 안목의 조감이 필요하다. 같은 지역, 같은 교단, 비슷한 인적 구성을 가지고 있는 교회라고 할지라도 누가 어떻게 목양하느냐에 따라 큰 차이를 드러낼 것이다. 즉 주어진 모든 조건이 목회자와 성도들에게 적합하고 아름답게 어우러질 때, 최상의 목회가 이루어질 것이다. 이런 최상의 목회가 이루어질 때 그 열매는 교회의 부흥이라는 현실화로 드러나게 될 것이다.

그리스도인들이라면 누구라도 부흥과 교회성장은 바라는 일이다. 그러

---

19) 떼루아(Terroir)는 포도의 재배에서부터 포도주가 만들어질 때까지의 환경 전체를 가리킨다. 좋은 포도의 재배에는 크게 두 가지 요소가 있다고 하는데 하나는 토양, 고도, 기후 등의 자연적인 요소이고 또 다른 요소는 토양의 개간, 품종의 선택, 수확량 조절, 수확시기 선택 등에 해당하는 생산자의 재배 경험과 기술력이다. 즉 떼루아(Terroir)는 포도밭의 토양과 자연환경, 재배 기술의 상호작용 전체를 의미하는 말이다. 그러므로 떼루아가 다르면 같은 품종의 포도주라고해도 그 맛과 향이 차이를 드러낼 수밖에 없다. 좋은 떼루아는 성실한 농부와 아름다운 자연의 행복한 만남이다. 떼루아는 그 자체로 독창성과 정체성인 것이다.

나 교회가 자칫 성장 만능주의에 사로잡혀서는 안 된다. 성장이라는 결과만 주어진다면 모든 것들이 용납되는 분위기는 결코 옳지 못하다. 사이비나 이단들이 아무리 세력과 규모를 확장한다고 하여도 그것을 부흥이라고 하지는 않는다.

시행하고자 하는 프로그램들이 진정 그리스도의 명령에 순종하는 일인지 아니면 수적 증식에 대한 현혹으로 무조건 달려가고 있는 일인지 반드시 점검해보아야 할 것이다. 교회는 예수 그리스도를 머리로 하는 그의 몸이며 그리스도인들은 그의 지체이다. 그러므로 교회는 철저히 예수 그리스도의 뜻과 명령에 순종해야 한다.

교회는 단순한 공동체가 아니다. 그리스도인들의 공동체이다. 그러므로 교회의 머리되시는 그리스도의 주권은 당연한 것이며 최우선의 문제이다. 바야흐로 21세기가 지나가고 있다. 이제 그리스도인들은 이런 문제에서 더 이상 흔들리지 말고 하나님 중심으로 바로 서야 한다.

이제 교회가 획일적 목양시스템만으로는 힘든 시대가 왔다. 바른 신학과 바른 신앙, 바른 교회를 보여줄 수 있는 목양시스템을 정착시켜야 한다. 중소형교회들일수록 더욱 자신들의 정체성을 확고히 하며 차별화해야 할 것이다. 물론 이 말에는 자신들만의 아집을 대변하는 정체성을 말하는 것이 아니다. 하나님께서 이 시대, 자신이 속한 교회에 부여하신 정체성을 일컫는 것이다. 그러므로 시대적 소명과 자신만의 특성을 가진 독창성 있는 교회로의 구조적 변환을 일으켜야 한다.

이 독창성은 동일한 사람, 동일한 목회 스타일이라고 하더라도 상황과 환경에 따라 얼마든지 달라질 수 있다. 이 독창성은 그리스도와의 만남이라는 처음 사랑의 회복에서 출발해야 한다. 이와 같은 회복에는 앞서 행하시는 하나님의 역사 하심(신명기 1:30)이 이끌어 주시고 계시기 때문이다.

그러므로 우리는 상황과 환경에 적응하는 목회가 아니라 변화의 주체로서의 목회를 해야 한다. 이를 위한 목회 재구성(Ministry Restructuring)이 필요하다. 리스트럭처링(Restructuring)은 1990년 마이클 해머가 제창한 체질 및 구조의 근본적인 변혁을 가리킨다. 이는 현재적 상황과 환경을 근본적으로 다시 생각하여 조직구조와 업무 방법을 혁신시키는 재설계 방법이다.

하지만, 그리스도인들의 사명은 새로운 시대적인 환경변화에 적극적으로 대응하는 것이 아니라 시대를 이끌어가야 한다. 목회적 구상은 항상 이러한 차원에서 이루어져 나가야 할 것이다. 이를 위한 재구성(Restructuring), 재설계(Redesigning), 재창출(Reinventing)이라는 3RE가 필요한 것이다.

## 4. 적응하는 목회가 아니라 변화의 주체로서의 목회가 필요하다.

"내가 진실로 진실로 너희에게 이르노니 한 알의 밀이 땅에 떨어져 죽지 아니하면 한 알 그대로 있고 죽으면 많은 열매를 맺느니라" (요한복음 12:24)

하나님의 은혜를 더 많이 깨닫고 누리기 원한다면 자신의 환경과 상황이 시류(時流)에 밀려가게 해서는 안 된다. 분연히 일어나 하나님 중심으로 바로 서서 성육신(成肉身, Incarnation)의 사랑과 은혜의 바다로 나가야 한다. 이를 위해 시류에 젖은 무익하고 잘못된 환경을 변화시키며 개개인은 회개로, 교회적으로는 과감한 개혁으로, 하나님께서 기쁘게 쓰실 수 있는 개인과 공동체로 날마다 새로워져야 할 것이다. 이것은 안주하거나 적응하려는 자세를 버려야 가능하다. 희망을 잃고 애굽에서 안주하는 것이 아니라 하나님께서 이끄시는 대로 출애굽을 따라야 하는 것이다.

만년필을 사용하려면 잉크를 채워야 하고, 쓰고 난 후에는 잉크가 마르기를 기다려야 한다. 이런 불편함을 관찰한 라슬로 비로(László Biró)라는 사람은 어느 날 웅덩이에 빠져 물이 묻은 공이 밖에서 구를 때 길 위에 자국을 남기는 것을 보고 볼펜이라는 아이디어를 착상했다. 그는 신문기자였기 때문에 신문을 인쇄하는 데 쓰는 잉크에 주목했다. 그것은 번지거나 흐르고 쏟아지기도 하는 만년필용 잉크의 단점까지 보완할 수 있다는 점이었다. 그는 이에 착안하여 펜을 만들어 보기로 작정하였다.

마침내 1938년 비로(Biró)는 펜 끝에 삽입한 미세한 볼이 회전하면서 빠져나온 잉크가 종이 위에 남게 하는 방식의 새로운 펜 개발에 성공했던 것이다. 이것은 이후 상업적으로도 큰 성공을 거두었고 인류의 생활과 발전에 크게 기여하였다. 만년필이라는 환경에 적응했다면 볼펜은 탄생되어질 수 없었을 것이다. 이제 우리들의 사고는 니즈(Needs)가 아닌 시즈(Seeds)가 되어야 한다. 교인들이나 전도 대상자들의 요구(Needs)적 상황에 의한 것이 아니라 복음에 따른 교회적 발상(Seeds)에 따라 이 땅을 선도해야 한다.

전도의 방법은 문화적 상황을 반영해야 할 뿐만 아니라 언제나 상황에 적절해야 할 것이다. 때로는 문화 속으로 들어가기도 해야 할 것이다. 그러나 동화되거나 종속되는 것이 아니라 반드시 그 문화의 가치에 맞서서 성육신의 사랑을 전달하고 깨우쳐서 그리스도의 복음에 젖어들게 해야 한다. 이제까지 불가능하다고 생각해온 부분에서 자신의 달란트를 통해 새로운 흐름을 만들어 내야 한다.

잠재된 소망(Seeds)전략은 현재적 요구(Needs)를 충족시켜주는 방식이 아니다. 복음에 갈급한 새로운 사람들을 끊임없이 찾아내며 그리스도께로 인도하는 시스템이다. 이를 위해서는 형식적이고 이론적인 종교적 공동체를 탈피해야 한다. 복음이 살아 숨 쉬는 그리스도인의 삶을 구현하는 공동체를 만들어야 한다. 변화하는 세상에서 변하지 않는 것 가운데 하나는 모든 것은 변한다는 사실이다. 그러므로 그리스도인들은 이 변화에 종속되지 말고 오히려 이 변화를 선도해야 한다.

기업경영에 있어서도 시장의 소비 트렌드만 따라가면 온갖 요구에 시달려야 한다. 이에 부응하지 못하면 살아남기 어렵기 때문이다. 그러다 보니 상품의 생명주기는 짧아지고 비용은 상승하게 된다. 이런 기업은 머지않아 한계를 드러내고 만다. 이런 어려움을 탈피하려면 새로운 가치창출을 선도하는 상품을 통해 시장이 따라오게 만들어야 한다.

기업경영뿐만 아니라 학문영역에서도 마찬가지다. 세계적인 주목을 받은 가치혁신 이론인 블루오션 전략의 창시자인 김위찬 교수는 한국인이다. 경상남도 진주에서 고등학교를 졸업하고 대학도 한국에서 마친 그는 미국 유학에서 박사학위를 받을 때까지만 해도 특별히 알려진 인물이 아니었다. 하지만, 그는 미국 미시간대학교(University of Michigan Business School) 교수를 거쳐 프랑스 인시아드경영대학원(INSEAD, Institut Superieur Europeen d' Administration Des affaires) 국제경영 담당 석좌교수와 유럽연합(EU) 자문위원 등을 지낸 자랑스러운 한국인 중에 한 분이다.

그는 서구의 경영학에 적응하려고만 한 것이 아니라 주체적으로 변화의 중심에 서는 이론을 만들어 냄으로써 대단한 주목을 받고 있다. 그가 주창하고 있는 블루오션 전략(Blue Ocean Strategy)이란 유혈 경쟁을 벌이고 있는 현실 시장인 레드오션(Red Ocean)을 넘어 경쟁이 필요 없는 새로운 시장 개척을 말한다. 그는 블루오션의 창출을 위해 상품생산과 공급의 비용을 낮추면서 동시에 현재의 상품이나 서비스가 제공하지 못하는 가치를 끌어올리는 가치혁신(Value Innovation)에 주목했던 것이다.

블루오션 전략(Blue Ocean Strategy)을 논하자는 것이 아니다. 아무도 주목하지 않았던 김위찬이라는 한국인이 만든 이론이 2005년 2월 하버드대학교 경영대학원 출판사에서 단행본으로 출간되자마자 어떻게 세계적인 베스트셀러에 오르며 26개 언어로 전 세계 100여 개국에서 번역 출간될 수 있었던 것인지 그의 창의성에 집중해보자는 것이다. 그의 도전과 차별화는 시류적(時流的) 적응이나 답습을 과감하게 탈피한 것이었다. 그것은 그가 연구한 것처럼 그의 연구 자체가 가치혁신이었던 셈이다. 따라서 목회적 영역에 있어서도 그저 생존을 위해 적응하는 레드오션적 차원의 목회가 아니라, 변화 주체로서의 가치 혁신적 차원의 목회가 필요하다는 것이다.

또 하나의 사례를 살펴보자. 세계적인 경기 침체로 인해 많은 기업이 불황의 늪에서 허덕일 때에도 게임기 하나로 호황을 구가한 기업이 바로 일본의 닌텐도다. 얼마나 차별화적 성취를 이루었기에 많은 기업의 CEO들은 물론 정치인들까지도 닌텐도에 관심을 집중하였는가? 닌텐도는 선택과 집중에 강한 회사라는 것이다. 한마디로 잘할 수 있는 것에 집중한다는 것이다. 그리고 위기가 찾아왔을 때 차별화로 획기적 변신을 시도했다는 것이다.

그들이 할 수 없었던 화려한 그래픽을 앞세운 회사들의 공격적 경영에 두려워하지 않고 자신들의 강점인 놀이문화에 집중하여 경쟁사들이 보지 못한 점들을 찾아 차별화를 시도했던 것이다. 그것은 폭력적인 내용을 배제하고 두뇌 계발, 스포츠 등 건전한 게임 소프트웨어를 개발해 온 가족이 함께 쉽고, 즐겁고, 유익하게 즐길 수 있도록 하자는 것이었다.

이것이 바로 손으로 가볍게 화면을 터치하거나 음성으로 게임을 할 수 있도록 만든 닌텐도 DS와 사람의 몸동작을 인식하는 위(Wii)라는 것이다. 위(Wii)의 경우 동작인식 기능을 적용한 새로운 방식의 게임 컨트롤러(리모컨)인 위모컨(Wii Remote)을 잡고 야구, 볼링, 테니스 등의 스포츠를 직접 하는 것처럼 게임의 프로그램을 동작하게 하는 것이다. 한 걸음 더 나아가 보드에 올라서면 체중을 알려주고, 키에 비례한 체지방을 계산하는 등으로 이용자의 운동 플랜을 만들어내는 위핏(Wii Fit)을 출시하기도 하였다.

위기가 닥쳤을 때 닌텐도는 당황하거나 포기하지 않고 오히려 그 위기 속에서 기회를 잡았던 것이다. 생각의 전환을 통해 게임의 비고객을 고객으로 만드는 소프트웨어를 개발하기 시작했던 것이다. 이런 노력의 결과로 그들은 고객들이 비용의 부담을 느끼지 않으면서도 쉽고, 재미있고, 유익하게 온 가족이 즐길 수 있는 게임을 만들어낸 것이다.

이처럼 그리스도인들은 비신자들의 눈으로 생각하고, 그들에게 다가서서 본질의 시대 가치적 영감을 발현하며 온 가족 모두가 만족을 찾을 수 있는 교회를 만들어가야 한다. 이 전략을 구현하는 것이 바로 '행복디자인전도' 라는 것이다.

'다르게 생각하라(Think Different)'라는 광고 슬로건(Slogan)이 있다. 지금 우리는 차별화로 가득한 세상에서 살고 있다. 트렌드(Trend) 분석가이며 컨설턴트인 페이스 팝콘(Faith Popcorn)은 자신의 저서 「클릭 미래 속으로」와 「미래생활 사전」에서 세계적인 메가트렌드(Megatrend)로 은둔경향(Cocooning)의 확산을 들었다. 코쿠닝(Cocooning)이란, 현실로부터 도피하여 누에고치 같은 편안한 집(안식처)에서 모든 걸 해결하고 밖으로 나가지 않으려는 현상을 말하는 것이다.

이렇게 개개인이 자기만의 영역을 만들어가는 시대가 되고 보니 개성을 극대화하는 차별화 개념이 각광받고 있다. 이것은 대량생산 시대를 마감하고 맞춤 시대를 열어준 것이다. 사실 차별화라는 시대적 분위기에 대해 교회는 기회를 포착하고 복음으로 이끌어가야 한다.

인간은 누구나 유일한 존재적 가치를 존중받고 사랑받아야 한다. 이러한 맥락에서 교회는 소규모 대량맞춤 시대를 열고 그들을 향한 하나님의 사랑을 실천하는 생명공동체를 이루어가야 한다. 웃고 있는 얼굴 뒤로 눈물과 체념, 상실의 고통을 감추고 사는 것이 많은 사람의 처지이다. 겉으로는 안 그런 것 같지만 사실 고독하기 이를 데 없는 존재가 사람이다.

말을 못해서도 안 해서도 아니다. 자신의 마음을 받아주고 안아줄 사람이 필요하다는 것이다. 제임스 답슨(James Dobbson)은 현대인들이 교회를 찾아오는 가장 큰 이유가 마음속 깊은 것을 나눌 대상을 얻고 싶은 갈망이라고 했다. 여기에서 시사하는 바는 그만큼 사람들은 서로 주고받으며 존재감을 확인하려는 강한 욕구를 가지고 있는 존재라는 것이다.

사람들이 과도한 스트레스를 받거나 어려운 일을 당했을 때 좁은 공간에 숨으려고 하는 현상을 코쿠닝(Cocooning)이라고 했다. 누에고치와 같이 나를 이해해주고 받아주는 안식처 속으로 들어가 스트레스를 해소하거나 문제 해결의 돌파구를 찾자는 것이다. 우리나라 사람들에게 나타나는 이러한 현상을 쉽게 볼 수 있는 문화가 노래방, 찜질방과 같은 것이다.

그러나 이런 곳에서도 해결함이나 돌파구를 찾을 수 있느냐 하면 그렇지 못하다. 이러한 현대인들의 진정한 코쿤(Cocoon)이 있으니 그것은 바로 교회(Church)라는 곳이다. 교회라는 안식처에는 노래방, 전화방, 찜질방 같은 것과는 비교할 수 없는 사귐의 방도 있고, 나눔의 방, 기도의 골방도 있다.

이러한 맥락에서 교회는 전도와 부흥 그리고 성장에 있어서 차별화를 이루어내야 한다. 잭 트라우트(Jack Trout)는 자신의 저서 'Differentiate or Die'에서 치열한 경쟁에서 생존하기 위한 최고의 전략으로 차별화를 제시하고 있다. 그렇다면 각자의 영역에서 이 차별화에 대한 좀 더 깊은 이해가 필요하다. 차별화가 단순히 다르게 하는 것 정도로 이해된다면 좀 곤란한 이야기다. 차별화가 제대로 이루어지려면 근본적인 차이를 만들어 내라는 것이다. 직접경쟁보다 간접경쟁 제품을 출시하는 방식으로 경쟁 구도를 바꾸라는 것이다.

화장품을 예로 들자면 바르는 화장품 간에 불꽃 튀는 경쟁에서의 차별화를 멈추고 먹고 마시는 화장품(Beauty Foods or Nutricosmetics), 즉 미용식품이라는 근본적인 차별화를 시도하라는 것이다. 이렇게 되면 가격에서의 탄력성이나 민감성에서 보다 자유롭게 되므로 손쉽게 유연한 가격 정책을 펼칠 수 있고 마진 확보도 용이하게 된다는 것이다.

또 다른 방법은 아예 차별화의 장을 바꾸는 혁신을 감행하라는 것이다. 예를 들자면 콜라시장에서 펩시가 코카콜라와의 경쟁에서 승리가 불투명하자, 콜라에서의 차별화 경쟁에서 물러나 물이나 스낵 등의 다른 영역의 시장에서 성공을 이루어냄으로써 기업의 가치를 상승시켜낸 것이다.

한국의 국내용 냉장고 시장에서의 일이다. 대기업들은 앞다투어 더 강력한 냉각기능과 대용량 냉장고 개발경쟁에 전력을 쏟아 붓고 있었다. 이때 한 기업에서는 신선하고 맛있는 김치보관에 관심을 돌렸다. 겨울 김장독에서 아이디어를 얻은 김치냉장고는 전혀 새로운 가치를 제안해 냄으로써 냉장고와는 별도의 새로운 거대 시장을 개척해냈던 것이다. 여기에서 발견해야 할 시사점은 고객은 원했지만, 그 가치를 실현할 상품에 대해서는 고객도 기업도 미처 생각하지 못했었다는 것이다.

전도에 있어서도 이러한 발상의 전환이 필요하다. 지금까지의 한국교회 성장에 크게 기여하였던 전략들이 더 이상의 효과를 발휘하는데 있어 진척을 보이지 못하고 있다. 다른 교회의 전략과 모델을 벤치마킹하여 베끼고 따라잡는 전략도 한계에 봉착하기는 마찬가지인 것이다.

그야말로 시대환경에 맞는 새로운 목회전략이 필요하다. 무엇보다도 최우선적으로는 하나님을 기쁘시게 해 드리며, 하나님에 대한 올바른 관점을 갖는 것이 목회적 가치혁신의 시작이자 목표가 되어야 한다. 이러한 내적 영향력이 자연스럽게 외부로 흘러넘치도록 각종 시스템과 툴(Tool)을 만드는 것이 그다음으로 이루어져야 한다. 틀에 박힌 전도방법에 얽매이는 사고를 과감하게 벗어던져야 한다. 어떤 교회에서 무엇을 한다고 하면 무조건 따라 하려고 하는 "나 역시주의(Me-tooism)" 또한 고쳐야 할 태도이다.

중요한 것은 우리의 전도 대상자들은 원했으나 교회가 미처 염두에 두지 못했던 비신자들의 요구적 가치를 발굴하여 감격스럽게 제공할 수 있어야 한다는 것이다. 그것이 바로 '행복디자인전도'라는 개념 속에서 시행하고자 하는 구체적인 프로그램들이다.

많은 예산을 조성하여 각종 프로그램들을 도입해보지만, 그만큼의 상실감만을 떠안게 되는 현실 앞에서 우리는 관점을 달리해야 한다. 재정적 낭비를 넘어 올바른 관점에 대한 혼란에서 기인한 여파는 교회에 너무나 큰 충격을 던져주게 된다. 그래서 더더욱 재정적인 측면에서의 손실보다 훨씬 더 중요한 것이 무엇인가를 간과하지 말아야 한다는 것이다.

우리는 하나님과 교통하는 통로를 가진 자들로서의 영광스러운 위치를 회복해야 한다. 따라서 이제 우리는 새로운 시대를 선도하는 지혜와 용기를 통해 하나님의 언약 백성으로서의 사명을 유감없이 발휘해야 할 것이다.

## 5. 성장 이데올로기에서 본질적 부흥으로의 목회적 전환이 필요하다.

"내 이름으로 일컫는 내 백성이 그들의 악한 길에서 떠나 스스로 낮추고 기도하여 내 얼굴을 찾으면 내가 하늘에서 듣고 그들의 죄를 사하고 그들의 땅을 고칠지라" (역대하 7:14)

이데올로기(Ideology)는 개인이나 집단적 주의 또는 주장을 가리키는 경우도 있고, 관념과 그 결과로서의 사회제도 전반과 사상, 종교 등의 신념과 개념의 패턴이라고 할 수도 있을 것이다. 이러다 보니 이데올로기는 강력한 영향력을 통해 구성원들의 신념체계에 자리를 잡는다.

특히 성장 이데올로기는 그 어떤 이데올로기보다도 강력하게 자리를 잡고 미동조차 없다. 이것은 비단 경제에서만 통하는 것이 아니다. 성적, 출세, 미모 지상주의를 넘어 교회성장에 있어서도 전혀 다르지 않다. 이 전도양양(前途洋洋)한 성장 이데올로기의 시대적 조류 앞에서는 성경적 원칙마저도 무색할 지경이니 그야말로 통회(痛悔)하고 자복(自服)해야 할 일이다.

현대에 나타나는 이데올로기적 현상은 눈에 보이게 드러나는 것이 아니라 생활 전반에 스며 있어 쉽게 감지하기도 어려운 형태로 변화해 있다.

교회성장에 있어서도 마찬가지이다. 내적 부흥과 복음에 대한 불타는 열정, 생명사랑의 진정성으로 행해야 함이 원칙이다. 성장이라는 결과론적 당위성이 과정의 모든 잘못에 대해 합리화적 명분을 제공해주는 경우가 되어서는 안 될 것이다. 말 그대로 우리는 그리스도인들이고 주님이 원하시고 기뻐하시는 뜻대로 행해야 마땅하고 옳은 것이기 때문이다.

전도와 교인 확보는 자연스런 연계이기도 하지만 이동의 차원에서 본다면 분명히 다른 면이 있는 것도 사실이다. 따라서 단순한 수적 증가를 전도라고 보는 공식은 결과론적 오류를 범하는 것이기도 하다. 수적증가가 어찌 중요하지 않겠는가? 그러나 거기에는 반드시 내용과 질이 전제되어야 한다는 것이다.

우상은 항상 무엇인가 형상화, 규모화하려는 바알(Baal)과 아세라(Asherah)적 발상의 자기중심적 해석에서 출발한다. 이를 혁파해야 한다. 요시야 왕을 보면 과감한 종교개혁을 단행하면서 가장 먼저 바알과 아세라는 물론 하늘의 일월성신을 섬기는 데 사용된 모든 기구를 성전에서 꺼내어 불사르게 했다(열왕기하 23:4).

기드온도 바알과 아세라를 훼파하라는 하나님의 명령에 순종하여 큰 용사로 거듭났던 것을 볼 수 있다(사사기 6: 11~40). 엘리야 역시 갈멜산에서 바알과 아세라의 선지자 850명과 맞서 승리한 것을 볼 수 있다(열왕기상 18:1-46).

이와 같은 교훈 속에서 우리도 올바른 시야와 통찰력을 확보해야 한다. 눈에 보이는 수적 증가나 규모에 따라 전도적 의미를 부여하려는 전시적(展示的) 결과주의(結果主義)에 빠져서는 안 될 것이다. 이는 외식주의적(外飾主義的) 행태에서 비롯된 발상이다. 하나님께서는 진정성을 기뻐하신다. 바리새인들의 이러한 외식주의적(外飾主義的) 행태에 대해 주님께서는 호된 질책을 하셨다. 참된 믿음의 행위는 선한 동기(動機)에서 출발한다. 하나님께서는 모든 것에서 그 중심을 보신다.

이 세상은 결과(結果)나 실적(實績), 업적(業績)에 치중하여 결과만 좋으면 과정이야 어찌 됐던 정당화하려고 한다. 실적만 좋으면 모든 것이 합리화되고 마는 것이다. 성경은 절대로 그렇지 않다. 언제나 하나님을 바라보는 동기(動機)와 그분의 뜻을 따르고자 하는 순종이 중요한 것이다.

이러한 자세와 믿음 가운데 때를 얻든지 못 얻든지 착하고 충성된 종으로 가서 "모든 민족을 제자로 삼아 내가 너희에게 분부한 모든 것을 가르쳐 지키게 하라"(마태복음 28:19-20)라고 하시는 주님의 명령에 순종하는 것으로 전도의 기쁨을 누리며 하나님께 영광을 돌려야 할 것이다.

방향이 잘못되면 진행한 만큼이 손해가 된다. 가령 대전에서 출발하여 서울로 가려던 사람이 방향을 착각하여 부산 쪽으로 100㎞쯤 갔다고 하면 그만큼 손해가 되는 것이다. 교회적으로 목회자들을 괴롭히는 것들이 타협과 변질의 침투이다. 주일 성수, 분열, 과시, 자기중심 등의 기본적인 요소들을 바로잡고 지켜나가는 데에도 너무나 많은 힘을 쏟게 만든다.

성경에 비추어 바르지 못하다면 과감한 회개와 순종의 모습을 보여야 진정한 그리스도인이다. 인간이 하나님의 뜻에 순복하고 따라야지 어떻게 하나님을 향해 인간에게 맞추라고 한단 말인가?

감히 하나님을 조종하려는 기상천외한 발상이 조금이라도 있었다면 핑계치 말고 지금 이 시간 내려놓고 회개해야 한다. 그렇지 않고서는 행하는 일들이 하나님의 뜻과는 점점 더 거리를 드러내는 암세포적 이데올로기로 변질될 우려도 금할 수 없다는 것이다.

현재 한국교회는 성장기에서 침체기로 내려가는 상태에 있다고들 한다. 모두가 성장에만 몰두하는 사이에 어느덧 교회에는 공동체성이 파괴되고 내면의 심각한 위기가 닥쳐왔다. 기독교에 대한 비판의 정도가 위험 수위를 넘고 있다. 이러한 비판이 지나친 점도 없지 않지만 이런 계기로 우리는 자기성찰과 본질적 회복을 위해 분골쇄신(粉骨碎身)의 노력으로 하나님의 뜻을 따라야 할 것이다.

하나님과의 친밀하고 밀접한 관계는 이웃과의 관계에서도 드러나야 마땅한 것이다. 율법 중에서 어느 계명이 크냐는 한 율법사의 질문에 대해 예수님께서는 첫째는 모든 것을 다해 하나님을 전심으로 사랑하는 것이고 둘째는 이를 바탕으로 이웃을 전심으로 사랑하는 것이 온 율법과 선지자의 강령이라고 말씀하셨다(마태복음 22:37-40). 우리는 이러한 주님의 명령에 순종하는 사회적 책임과 역할을 다하지 못하고 있지나 않은지 돌이켜보아야 할 것이다.

선교 초창기부터 근·현대사에 있어서 한국교회의 목회자들은 존경의 대상이었고 우리 사회에 많은 희망을 안겨 주었다. 일본 제국주의에 저항하는 정신적, 물질적 기반이 되어 주었고 6·25동란으로 인해 어려움을 당하는 민족에게는 가장 가까운 벗이 되어주었다.

헐벗은 사람에게는 먹을 것과 잠자리를 찾아주기 위해 동분서주 했고, 못 배운 사람들에게는 배움의 길도 열어주었다. 한마디로 나눔과 섬김을 통한 그리스도의 사랑을 실천했다. 말하자면 당시의 교회는 사람들에게 피난처요, 희망의 등불이었다. 이것이 한국교회가 성장할 수 있는 맹아(萌芽)가 되었던 것이다.

그런데 지금 한국교회는 대단히 어려운 상황에 처해 있다. 사회적 영향력은 땅에 떨어지고 오히려 많은 위기적 요소들을 내재하고 있음을 짐작할 수 있다. 전문가들은 이를 구조적 위기라고 말한다. 갑자기 획기적인 성장이 이루어진 교회라고 해도 신도시나 아파트단지의 입주에 따른 숫자적 증가인 경우가 많다.

비신자들에 대한 전도로 이루어지는 결과라기보다는 수평 이동적 현상에 기인함이 매우 크다. 이러한 현상들의 장기화로 인한 성장 잠재력의 실종과 같은 문제는 이미 심각한 지경에 이르고 있다고들 말한다.

이제부터라도 개교회주의적 발상을 넘어서 총체적 의미에서의 복음전도에 대한 갈망으로 연합된 힘을 발휘해야 한다.

우리 모두는 내 교회, 나만이라는 복음과는 동떨어진 이데올로기적 신앙관에서 물러나 주님이 원하시고 기뻐하시는 방향으로 변화해야 한다. 진정한 전도는 나 자신의 변화부터 시작되는 것이다. 내가 주님의 모습을 닮아 간다면 예수님의 사랑을 전하게 될 것이고 우리 모임이, 나아가 우리 교회가 예수님의 사랑을 전하게 될 것이다.

가을 철새인 기러기들은 혼자 다니지 않는다. 그들은 언제나 무리를 지어 다닌다. 이런 이유는 기러기 각각의 날갯짓으로 발생한 바람이 모여 큰 바람을 형성하며 상승효과를 만들어주기 때문이다. 그 효과는 혼자 날아다니는 것보다 약 70%가량의 에너지 절감 유익이 있다고 한다.

기러기들은 이렇게 서로 협력하여 상생의 힘을 창출하기 때문에 장거리 이동에 성공할 수 있다는 것이다. 그래서 우리는 자신을 깨트리고, 자신부터 변화시켜야 전체가 큰 힘을 발휘할 수 있다는 사실을 인식하고 실천해야 한다는 것이다.

한국교회는 지금까지 세계교회가 부러워하는 부흥과 성장을 경험했다. 그러나 여기에 고무되어 있기에는 할 일이 너무나 많고 시대는 빠르게 변화하고 있다. 그러기에 그리스도인들은 언제나 영원불변하신 하나님을 중심으로 하여 마땅히 순종, 즉 실천의 자리로 주저 없이 나가야 한다.

이를 바탕으로 정체된 부흥과 성장의 엔진에 다시 에너지를 공급하고 힘찬 가동의 벅찬 감격을 마음껏 누려야 할 것이다.

또 다른 문제는 교회와 사회의 관계가 이원론적으로 분리되고 단절되어 소통이 되지 않고 있다는 것이다. 소통 없이는 어떤 전파도 이루어질 수 없는 것이다. 교회 내에서도 소통의 구조가 점점 더 훼손되어지고 있다.

소통 부재적 구조화는 지체들 모두가 참여하도록 열어 놓아야 할 통로를 오히려 봉쇄시키는 역할을 한 셈이다. 이것은 그만큼의 부실과 공동화(空洞化)를 의미하는 것이다.

모두 다 위기의식은 가지고 있는 것 같다. 문제는 위기의식을 가지고 있긴 하지만 대처방법의 부재이다. 본질적인 회복을 이야기하면 언제나 방법론을 묻는다. 예를 들자면 간경화에 대한 본질적인 해법은 비만의 해소와 꾸준한 운동이라고 한다.

그런데 이는 실천하지 않고 좋은 약만을 처방해달라고 한다면 치료는 어렵게 된다. 아니 어쩌면 약이 치료해줄 것이라는 믿음 때문에 살빼기나 운동을 게을리해서 오히려 병을 더 키우게 될 수도 있다.

교회 부흥에 있어서도 이런 점에 주목해야 할 것이다. 구조적인 패러다임은 꿈쩍도 하지 않은 채 좋다는 프로그램만 이것저것 도입한다고 해서 교회가 저절로 부흥하지는 않을 것이다.

교회는 그리스도의 지체들이다. 건강한 교회의 바로미터(Barometer)는 얼마나 바람직한 공동체가 형성되어 있느냐와 직결된다. 건강한 교회공동체는 관계적 활성화가 왕성하게 그 힘을 발휘하도록 스몰그룹(Small Group)들이 마음껏 살아 움직여야 한다.

즉 그리스도의 몸인 교회가 유기체적 회복을 이루는 목회가 될 때, 교회는 그 건강성을 조화롭고 아름답게 드러내며 부흥하게 될 것이다. 이것이 흘러 넘쳐 이웃과 사회를 적시며 그리스도의 향기를 발할 때, 본질적 부흥으로 인한 수적 성장도 이루어지는 것이다.

원론적인 언급을 다시 하자는 것은 아니다. 이러한 토대가 분명해야만 시대 가치적 구현을 더욱 강력하게 이루어가며 복음전도의 불타는 사명을 보다 잘 감당할 수 있으리라는 것이다.

## 6. 본질적 토대의 구축 위에 생명 나눔의 목회를 실천해야 한다.

"예수께서 이르시되 나는 생명의 떡이니 내게 오는 자는 결코 주리지 아니할 터이요 나를 믿는 자는 영원히 목마르지 아니하리라"(요한복음 6:35)

생명공동체란 하나님의 공의와 정의가 지배하는 세계이다. 자유와 평화가 숨 쉬고 가난하고 병든 소외 계층의 눈물을 닦아주는 곳이며 압제와 폭력이 발붙이지 못하는 신비의 공동체이다. 교회는 머리 되신 예수 그리스도의 몸이요, 그의 지체인 성도들의 유기적 공동체이다.

또한, 성령의 전(殿)으로 의와 화평과 희락을 미리 맛보는 생명공동체이다. 성령의 은혜로 예수 그리스도의 뜻에 따라 정의와 평화 그리고 무엇보다도 사랑을 구현하며 하나님의 나라를 소망하는 유기체이다.

교회는 어떤 경우에라도 하나님의 뜻을 따라 생명 살리는 일에 쓰임받아야 한다. 그리스도인들은 공동체와 사회 안에서 서로 사랑하고 돕고 나누며 천국 지향적 삶을 살도록 힘써야 한다. 실로 교회는 하늘나라의 시민권을 가진 성도들의 생명공동체이다. 교회가 생명공동체이기에 사람의 몸처럼 자연스럽게 성장해야 한다.

몸이 부쩍 자라는 경우는 있어도 한꺼번에 수십 년 분량만큼 자랄 수는 없을 것이다. 또한, 겉으로 몸집이나 키가 컸다고 해서 그 사람을 결코 성숙하게 성장한 사람이라고 하지는 않는다. 즉 정상적인 성장은 분량이나 크기를 논하기 이전에 전인적이어야 한다.

교회성장도 다르지 않다. 적어도 교회를 유기체로 이해한다면 내·외적으로 균형 잡힌 성숙한 성장이 바람직한 것이다. 그럼에도 단기간에 수백 명, 수천 명이 늘어난 것을 부러워하며 이것을 성장 모델로 삼고 벤치마킹 하기도 한다.

이것을 유기체적인 성장의 열매라고 하기는 어려울 것이다. 가끔 인공적 시스템의 산물이 쉽고 좋아 보이는 것 같기는 하다. 하지만, 그 속에는 무엇이든 원하는 것은 원하는 대로 한순간에 크게 만들어 낼 수는 있다는 인본주의적 교만이 숨어 있다는 사실을 직시해야 한다.

유전자 조작 식물(Genetically Modified Organism)은 크기와 수확량을 빠르게 늘릴 수는 있지만, 안전성은 보장하기 어렵다. 유전자 조작이라고 하는 것은 각종 식물의 종류마다 지니고 있는 고유의 장점을 다른 종에게 이식하여 새롭고 강력한 특성을 발현하게 하는 것이다. 따라서 이 식물에는 여러 가지 유전자가 들어 있고 그만큼의 위험성을 내포하고 있다는 것이다. 이런 열매를 선호하는 사람은 없을 것이다.

교회성장을 인위적 산물 정도로 보아서는 곤란한 문제이다. 비록 작은 식물의 양육에서만 보더라도 하나님의 손길이 없이는 불가능할진대 교회성장을 인위적 발상에서 조작해보려는 사고는 착각이거나 교만이다. 그렇다고 손 놓고 있어야 한다는 이야기는 아니다.

하나님의 섭리 하심에 따라 농사에 최선을 다해야 한다. 악하고 무익한 종이 되지 않으려면 부지런히 가꾸고 새로운 농법도 열심히 배우고 개발해야 한다. "나는 심었고 아볼로는 물을 주었으되 오직 하나님은 자라나게 하셨나니 그런즉 심는 이나 물주는 이는 아무것도 아니로되 오직 자라나게 하시는 이는 하나님뿐이니라"(고린도전서 3:6-7).

만약 교회가 생명공동체가 아니라면 인위적인 방법이 통할 것이다. 그러므로 세상 모임이나 기업은 몇 가지 요건만 갖추면 금방 성장할 수도 있다. 하지만, 그것은 생명공동체가 아니다. 생명에 대한 하나님의 섭리는 자연스럽고 경이롭다. 이런 것이 하나님이 이끄시는 생명의 질서이다. 교회도 이러한 하나님의 원리에 따라 성장해야 한다.

하나님의 역사 하심에는 때가 있고 계획과 질서가 있다. 교회는 이러한 하나님의 뜻에 온전히 따라 성실하게 일해야 올곧게 성장하고 발전하는 것이다. 이것이야말로 교회성장의 기본원리인 셈이다.

이러한 배경 가운데 교회의 본질적 토대를 튼튼히 구축하고 생명 나눔의 목회를 이루어가야 한다. 교회는 택함 받은 하나님의 백성이요, 예배하는 공동체요, 하나님을 섬기는 공동체이다. 따라서 우리는 그리스도 안에서 하나이다.

교회는 협력과 섬김으로 예수 그리스도의 사랑을 전달하며 열과 성을 다해 잃은 양을 찾는 데 힘을 쏟아야 한다. 교회가 존재하는 목적과 사명, 더 나아가 성장의 전형도 육신화(Incarnation)하신 예수 그리스도에게서 찾아야 한다.

본질적 토대의 측면에서 교회는 무엇보다도 복음으로 나타나야 한다. 이것이 케리그마(Kerygma)인데 단지 언어적 형태의 해석과 전달로만 나타내려고 해서는 안 된다. 그리스도인의 삶과 교회의 사회적 태도와 실천에 의해 보이고 체험되게 해야 한다.

이에 대한 내적 기운이 흘러넘침으로 인해 나타남이 그리스도 안에서의 사랑의 교제를 일컫는 코이노니아(Koinonia)이다. 또한, 이에 대한 외적 나타남은 이웃을 향한 책임 있는 봉사적 역할인 디아코니아(Diakonia)이다.

이 세 가지는 교회의 본질적 토대에 필수적인 요소이다. 이 세 가지가 아름답게 현실화되어 생명 나눔으로 나타나야 교회는 부흥하고 성장하는 것이다. 한마디로 교회는 이웃과 사회를 향해 현실을 걸어가고 있는 예수 그리스도의 모습으로 다가갈 수 있어야 할 것이다. 이러한 목회적 실현을 위해서 교회 공동체는 조직을 편성하고 시스템을 만들어 하나님의 선하신 뜻을 이루어 가야 한다.

그렇다면 과연 내가 속한 교회의 구조는 교회 본질의 발현과 예수님의 지상 명령을 충실하게 실천할 수 있도록 얼마나 준비되어 있는가? 모든 교회의 구조는 예수 그리스도를 통해 생명력이 흘러넘치도록 구성되어져야 한다.

예를 들자면 강(江)은 강의 구조를 가지게 마련인데, 자연스럽게 만들어진 강이라면 누군가 인공적으로 이 물길을 만들고 난 다음 강물이 흘러간 것이 아니다. 강물이 흘러가는 대로 강은 만들어진 것이다. 그러므로 생명 공동체는 예수 그리스도 안에서 하나님의 섭리하심에 따라 하나님이 가장 기뻐하시고 칭찬하시는 구조로 만들어져야 한다.

헤라클레이투스(Heraclitus, B.C 540-470, 그리스의 철학자)가 "사람은 같은 강물에 두 번 들어갈 수는 없다(It is not possible to step twice into the same river)."라고 말한 것처럼 우리는 날마다 새로운 순간들을 맞이하고 보낸다. 따라서 늘 새로움을 추구하는 현재 진행형의 상황에서 하나님의 섭리를 인식하고 교회의 본질을 회복함으로써 진정한 교회 갱신을 이루어 나가야 한다. 그리고 그 갱신을 통하여 우리의 이웃과 사회로의 생명의 물 길을 내며 새로운 부흥과 성장의 길로 나아가야 할 것이다.

미국의 제16대 대통령이었던 링컨은 남북전쟁(1861-65)이 진행되고 있던 1863년 11월 19일 전쟁의 전환점이 된 펜실베이니아 주 게티즈버그를 방문하여 전몰자 국립묘지 봉헌식에 참석한다. 그때 그는 "새로운 자유의 탄생(A New Birth of Freedom)"이라는 2분간의 짧은 연설을 하게 된다.

그 마지막 부분에는 "하나님의 가호(加護) 아래 이 나라는 새로운 자유의 탄생을 얻게 될 것이며, 국민의, 국민에 의한, 국민을 위한 정부는 이 지상에서 사라지지 않을 것이다(that this nation, under God, shall have a new birth of freedom, and that government of the people, by the people, for the people, shall not perish from the earth).” 라는 구절이 있다.

여기에서 그가 앞세운 것은 “하나님의 가호(加護) 아래”이다. 그는 “새로운 자유의 탄생”을 위한 본질적 토대의 구축이 “하나님의 가호(加護) 아래”에 있음을 분명히 한 것이다. 교회론적인 관점에서도 보면 하나님께서 베푸시는 은혜와 구원의 토대 위에 모두가 함께하는 그리스도의 몸으로서의 교회를 구축해야 한다.

“나는 포도나무요, 너희는 가지(요한복음 15:5)”라는 예수 그리스도의 말씀에서도 그리스도인들은 당신의 지체라는 사실을 분명히 하고 있다. 따라서 그리스도인들은 그분과 생명을 나누는 것이다. 이러한 차원에서 생명 나눔의 목회적 실천은 구호나 이론이 아니라 본질적 발현임을 알 수 있을 것이다.

예수 그리스도께서는 생명의 나눔을 어떤 프로그램으로 만들지 않으셨다. 서로 사랑하고 삶을 나누는 실상의 체험을 통해 하나님의 통치가 구체화된 삶의 방식을 본받게 하신 것이다. 그리스도의 몸 된 교회에는 언제나 생명 나눔의 맹아가 움트고 있다.

그런데 이런 생명력의 전파와 확산은 인공적인 조직 형성이나 구조적 시스템을 통해 일어나는 것이 아니다. 사랑의 접촉에 의한 삶의 호흡을 타고 번져나가는 것이다.

교회공동체의 본질은 예수 그리스도를 닮아감에 있다. 믿음은 행동으로 나타나는 것이다. 하나님만을 의지하는 믿음을 가진다면 언제든지 하나님의 능력을 체험하게 될 것이다. 예수 그리스도께서는 친히 모퉁잇돌과 머릿돌이 되셔서 하나님 백성의 공동체를 건축하셨다.

“너희는 사도들과 선지자들의 터 위에 세우심을 입은 자라 그리스도 예수께서 친히 모퉁잇돌이 되셨느니라. 그의 안에서 건물마다 서로 연결하

여 주 안에서 성전이 되어 가고 너희도 성령 안에서 하나님이 거하실 처소
가 되기 위하여 그리스도 예수 안에서 함께 지어져 가느니라(에베소서
2:20-22).

그리스도인들은 마땅히 생명의 모체이신 주님과 하나가 되어 왕성한 생
명력을 발산해야 한다. 이렇게 세워진 신비의 공동체는 신령한 집이기에 절
대 무너지지 않도록 그리스도께서 주장(主掌)하신다. 이렇게 세워진 집이야
말로 거룩함을 추구하게 되고 교회 안에 내주하시는 성령의 능력이 나타나
는 교회의 참모습이다.

그리스도의 지체라는 의미는 어떤 한 부분만을 뜻하는 것이 아니다. 모든
지체가 제 기능을 발휘하며 연합할 때 생명력으로 넘치는 교회가 되는 것이
다. 그러므로 교회라는 생명공동체의 모든 분야에서 각각의 달란트를 부여
받은 성도들이 지체적 생명 역동성으로 살아 움직이게 해야 한다.

이런 힘들이 이웃과 지역사회로 퍼져 나가 지역사회의 행복을 일구는 교
회가 되어야 한다. 지역사회와 시대의 흐름을 주도하며 그리스도로 인한 꿈
의 향기를 발하는 교회가 되어야 한다.

지역주민들의 모든 활동이 교회를 중심으로 되살아나고 회복되는 새로
운 가치요소의 창출을 통해 부활생명운동을 일으켜나가야 한다. 인간의 삶
과 모든 행위의 맥락에 본질적 가치를 제공하여 자연스럽게 그리스도의 영
성을 소지하게 하는 근본적 전도 전략을 구현해야 한다.

산상수훈에는 "복되도다"라는 말이 8회나 반복, 고조되었음을 볼 수 있
다. 성경이 말하는 행복은 외부에서 오는 것의 영향을 받는 것이 아니고, 하
나님에게서 비롯되는 것이므로 환경이 지배할 수 없는 것이다. 이것은 하나
님과의 바른 관계 가운데 얻어지는, 영혼 속에서 솟아나는 내면적 기쁨의
샘을 의미하는 것이다. 그러므로 마치 우물처럼 지역사회 모두가 이것을 마
실 수 있도록 해야 한다.

현대적 형태로 변환하자면 마치 수돗물 공급 시스템과 같은 것이다. 성경이 말하는 이 복은 하나님과의 정당한 관계 속에서 사람 된 자의 진정한 길을 걷는 가운데 받게 되는 것이다. 행복(Blessedness)은 단지 인간적인 즐거움과 여유, 만족한 정도를 의미하는 것이 아니다. 하나님과의 관계와 동행 속에 참된 그리스도인이 갖추어야 할 천국 지향적 복을 의미하는 것이다.

복음을 전하는 것보다도 선행(先行)되어야 할 일은 하나님께서 칭찬하실 만한 질적 향상이 이웃을 향해 흘러넘치고 있느냐의 문제이다. 이런 사실 앞에 주저함이 있다면 당연히 교회의 품성계발이 선행(先行) 돼야 한다.

이에 대한 지향점은 그리스도께 초점을 맞추고 그분의 뜻을 따라 행복하게 끊임없이 좇아가는 교회를 만드는 것이 되어야 한다. 성경적 구조를 회복하고 스스로 효율적으로 움직여 나갈 수 있는 교회, 시대적 흐름에 대한 견인적 리더십을 통해 주님의 사랑과 복음 전파에 모든 역량을 집중하는 교회를 만들어야 한다는 것이다.

성령 충만한 교회라면 어느 누가 오더라도 편안하고 행복하게 적응하여 정착할 수 있는 교회가 되어야 한다는 것이다. 즉 그 누가 오더라도 사랑받고 있다는 느낌을 확신할 수 있어야 한다는 의미가 아니겠는가? 또한 하나님의 섭리에 민감하여 변화의 흐름을 역동적으로 주도해야 한다.

고든 맥도날드(Gordon MacDonald)는 "한 공동체 내의 변화속도가 그 공동체 외부의 변화속도 보다 느릴 경우 죽음의 고통 가운데 있게 된다."라는 말을 했다. 변화와 성장을 위해 깊이 새겨볼 말이다.

본질적 토대의 구축 위에 생명 나눔의 목회를 실천하는 교회라면 공동체와 유기적으로 융합되는 스몰그룹(Ecclesiola in Ecclesia)[20]이 약동해야 할 것이며 사회적, 가정적, 개인적 모순을 치유하는 교회가 되어야 할 것이다.

그뿐만 아니라 지역사회와의 유기적 호흡 속에서 현대인의 삶에 대한 깊은 통찰이 있어야 한다. 또한, 하나님을 만나고자 하는 설렘과 만남의 감격이 넘치는 예배가 살아 있는 교회가 되어야 할 것이다.

복음 전파에 불타는 열정이 넘치는 교회라면 외부 세상과의 관계를 맺는 능력이 탁월하고 진실해야 한다. 지나친 홍보에 힘을 소진하는 것이 아니라 내적 성숙을 통한 준비됨이 보다 더 절실한 문제이다.

현재 지역사회가 우리 교회를 어떻게 인식하고 있는가? 어떻게 인식해주었으면 좋겠는가? 그렇다면 이에 대한 행동과 커뮤니케이션의 명확한 인식과 준비가 되어 있으며, 실천적 의지가 있는가를 가감 없이 살펴보아야 할 것이다. 어두운 밤 인적이 드문 길에서 기름이 떨어지려는 자동차를 운전하던 한 연약한 여인이 드디어 주유소를 발견했다면 망설일 필요가 있겠는가? 이처럼 교회는 소망의 불빛이 될 수 있어야 한다.

그래서 지역 사회에 존재하는 삶에 대한 안목과 통찰력이야말로 효과적으로 전도할 수 있는 핵심이라는 것이다. 그들과 좋은 관계를 맺고 함께 시간을 보낼 수 있어야 한다. 그렇지 않으면 과연 어떻게 전도 할 수 있겠는가?

과연 사람들이 주말여행, 다른 사람들과의 교제, 학습, 여행, 오락, 유흥 등의 그 어떤 것보다 이 교회에 출석해야겠다고 생각할 수 있게 하는 비교 우위적 매력은 무엇인가? 그것이 없다면 씨앗도 심지 않고 싹이 나기를 바라는 것과 무엇이 다르겠는가? 이러한 문제들에 대한 철저한 대비를 갖추어야 할 것이다.

이런 교회는 아름답고 힘 있게 복음의 빛을 발하게 될 것이다. 하나님께

---

20) 교회 안의 작은 교회(Ecclesiola in Ecclesia)
초대교회 당시의 신앙생활은 예배와 성만찬, 교육과 교제, 봉사와 선교가 모두 포함된 것이었다. 이것이야말로 그리스도의 몸 된 온전한 교회의 모습이다. 성도들은 교회안의 작은 교회에서 예배, 교육, 교제, 선교와 봉사를 체험해야 한다. '교회안의 작은 교회' 는 제도적 형식을 표방하는 위계구조를 뜻하는 것이 아니라 서로 유기적인 관계 속에 소통하고 하나 되는 그리스도의 몸 된 선교 공동체를 일컫는 것이다.

서는 태양으로 하여금 빛을 비추게 하여 땅 위에 모든 동식물이 살도록 섭리하신다. 이처럼 교회와 성도들도 복음의 빛을 반사하는 전도의 삶을 살아야 한다. 올곧게 성장하는 교회는 이유가 있을 것이다.

복음에 충실한 그 교회만의 순전한 아름다움이 있다는 것이다. 예를 들자면 '제자의 삶을 구현하는 교회' 라든지 '지역사회를 섬기며 빛을 발하는 교회' 와 같이 그 색깔이 하나님의 말씀에 순종하여 나오는 아름다움이 있다는 것이다. 핵심적인 사항은 예수 그리스도의 뜻하심에 충실하여 지역사회에 좋은 이미지를 주며 실천하는 교회가 부흥한다는 것이다.

# 3부 5일 프로젝트(3삼.5오)

비그리스도인들이 삼삼오오 몰려들게 함

행복디자인전도 실행 마스터링

# 3부

행복디자인전도 실행 마스터링

- 행복디자인전도 실행을 위한 3P
1. 계획(Planning)
2. 사람들과 교육(People & Education)
3. 프로그램(Program)


- 행복디자인전도 실행을 위한 Q & A
1. 오픈 잉글리쉬(Open English)의 사용에 대한 이해
2. 행복디자인전도 실행 교육과 세미나

# 행복한 삶을 여는 18일 

## 1. 계획(Planning)

"사람이 마음으로 자기의 길을 계획할지라도 그의 걸음을 인도하시는 이는 여호와시니라"(잠언 16장 9절)

### (1) 계획과 의지 그리고 시대적 안목

인간이 계획하는 모든 전제와 내용은 하나님의 뜻과 그리스도의 사랑을 실천하며 인재를 육성하는 것이 되어야 한다. 이러한 함의를 바탕으로 계획이 이루어져야 그 의미가 있다 할 것이다.

농부가 풍성한 수확을 원한다면 먼저는 경작을 위하여 좋은 밭을 선택해야 할 것이다. 그리고 거기에다 최선을 다하는 농법으로 좋은 씨앗을 심어야 한다. 이와 같이 우리에게도 전도 계획을 세울 필요가 있다는 것이다. 이 계획이 최선이 되려면 바람직한 내용과 효율적인 방법 모두가 다 필요한 것이다.

계획은 어떤 새로운 사업 또는 업무에 대한 성공적 수행을 위해 전반적인 틀을 짜는 작업이다. 즉 고려하고 있는 프로젝트를 수행하기 위해, 앞으로 실행할 일련의 활동들에 대한 설계도를 작성하는 것이다.

계획은 타당성(Validity: 쉽게 이해하고, 인정할 수 있는 구체적이며, 객관적인 자료)과 차별성(Distinction: 잠재적 수요에 불을 붙이는 컨셉, 양질의 색다른 서비스), 현실성(Reality: 현재적 상황에서 실현 가능) 그리고 완전성(Completeness: 모든 요소들이 유기적으로 결합되어 목적달성에 이르게 하는 총체적 설계)과 같은 요건을 갖추어야 한다

계획은 곧 실행을 전제로 한다. 말하자면 실현을 위한 행동 계획서이다.

그러므로 계획서는 그 솔루션을 가지고 구체적이고 일목요연하게 준비되어야 한다. 계획수립은 장ㆍ단기적인 계획이 마련되어야 한다. 그리고 이념과 목적, 목표와 해당 프로그램이 들어가야 하며 이에 대한 진행전략과 방법, 소요 예산 등이 포함되어야 한다.

계획은 반드시 문서화해야 한다. 해당 분야의 동역자들이 자신뿐만 아니라 타인을 움직이게 하는 문서로도 써야 하는 지침서이기 때문이다. 아무리 좋은 목표와 훌륭한 계획일지라도 그것을 이루어가는 데에는 종종 쉽지 않은 문제들이 발생할 수도 있다. 그러나 위기를 극복하고 어려움을 해결하는 일도 결국 해내야 할 일이다. 핵심은 세워진 목표에 대해 불굴의 투지와 열정을 갖고 헌신하는 자세가 필요하다.

에디슨(Thomas Alva Edison)은 17,000여 번의 도전으로 전구를 발명했다고 한다. 미국의 16대 대통령 에이브러함 링컨(Abraham Lincoln)도 무수한 어려움을 극복한 인물이다. 어린 시절에는 그의 가족이 집을 잃고 길거리로 쫓겨나서 혼자 힘으로 가족을 부양해야 했고 뒤이은 어머니의 사망, 사업 실패, 선거에서의 낙선. 또 다른 사업 실패, 약혼자의 갑작스러운 사망 등으로 극도의 신경쇠약증에 걸려 병원에 입원하기도 했던 그였다. 하지만 그는 믿음으로 하나님을 바라보며 최선을 다한 결과 가장 존경받는 대통령이 되기에 이르렀던 것이다.

미국에서 네 번에 걸쳐 대통령으로 선출된 루스벨트(Franklin Delano Roosevelt, 1882-1945)도 고난을 극복하고 성공한 분이다. 그는 소아마비였고 시력도 나빴으며, 지독한 천식으로 몸이 허약했다. 하지만 그는 32대 미국 대통령이 되어 1933년부터 1945년까지 재임하면서 소외계층을 배려하는 서민정책과 뉴딜정책으로 대공황을 극복하며 미국인들에게 많은 용기를 주었던 것이다. 특히 그는 "우리가 두려워해야 할 것은 두려움이라는 단어뿐이다."라는 말로 많은 감동을 남겼다.

뿐만 아니라 제2의 아인슈타인으로 불리는 스티븐 호킹(Stephen William Hawking) 박사, 보지도, 듣지도, 말하지도 못했던 헬렌 켈러(Helen Adams Keller)도 위대한 승리자들이었다. 헬렌 켈러에게 어떤 사람이 "당신과 같은 세 가지 장애를 한 가지씩 가진 사람 중에서 가장 불쌍한 사람이 누구입니까?" 라고 물었다고 한다.

그녀는 "세상에서 가장 불쌍한 사람은 볼 수 없는 분도 아니고 들을 수 없는 분도 아니고 말을 못하는 분도 아닙니다, 가장 불쌍한 사람은 두 눈에 시력은 가지고 있지만 비전이 없는 사람입니다."라고 말했다는 것이다. KFC의 창업자 커넬 샌더슨(Colonel Sanderson)도 1,000여 번의 외면에도 굴하지 않고 사업 파트너들을 설득한 끝에 65세에 첫 체인점을 열어 세계적인 사업을 일구어낼 수 있었던 것이다.

이는 투철한 목표와 열정 그리고 헌신에서 우러나오는 집중도로 이루어진 결과들이다. 포기하지 않고 노력하면 반드시 언젠가 기회는 온다. 조건이 좋지 않다고 낙심해서는 안 된다. 고난을 통해 성숙한 인격과 실력이 갖추어지는 것이고, 열정을 품고 헌신할 때, 시대적인 인물이 되는 것이다. 하지만 시대 가치적 구현을 잊어서는 안 된다.

그야말로 시대는 정보화시대(Information Age)를 넘어 개념화 시대(Conceptual Age)를 달리고 있다. 이러한 시대에 산업사회 시대적 발상으로 열심과 노력만을 강조하는 것은 무리일 수밖에 없다. 발상의 전환과 비전의 개념화를 이루며 실행력을 높여 나가야 한다. 하나님께서 주신 꿈을 통해 향후 이루어질 환희의 순간을 내다보면서 하나님과 동행해야 한다.

예수 그리스도의 구원하심과 사랑에 대한 감격이 넘치는 사람이라면 마땅히 열정을 품고 거룩하게 살려는 노력을 게을리하지 않을 것이다. 또한 잃은 양을 찾아나서는 주님의 심정을 품고 삶의 총체적 의미로서의 전도를 실천함에도 열심을 다할 것이다. 목회적 차원에서의 계획이라면 무엇보다도 이러한 하나님의 부르심과 소명에 충성하고자 함이 목적이 되어야 한다. 모든 계획의 수립은 고려 중인 프로젝트를 성공으로 이끄는 큰 역할을 한다. 계획에 대한 유익은 다음과 같다.

### 첫째, 성공 가능성에 대한 전망

계획서를 작성한다는 것은 그 프로젝트의 성공 가능성을 내다보게 한다. 또한 계획을 작성하는 과정에서 부실한 부분이나 문제점을 발견하고 수정 보완하게 될 수도 있다.

### 둘째, 동역자들과의 원활한 의사소통

프로젝트에 동참하는 지도자와 동역자들 사이에 구두(口頭)만으로는 충분히 설명하기 어려운 부분도 이해시킬 수 있어야 한다. 뿐만 아니라 동역자들을 움직이는 중요한 역할을 할 수 있어야 한다.

### 셋째, 실행 초기의 운영 지침

모든 일이 다 처음이 제일 어려운 것이다. 과연 시작을 어떻게 할 것인가 하는 문제가 관건이다. 그래서 시작이 반이라고 하지 않는가? 이때 계획서는 유용한 행동 지침을 제공하게 되는 것이다. 계획서의 구성과 내용에는 어떤 것이 들어가야 하는가?

① 시행할 프로그램의 종류와 방향

② 시행 범위와 규모

③ 시설 및 기자재

④ 인력의 수준과 규모

⑤ 소요 재정

⑥ 관리 방식

⑦ 담당자와 조직

## (2) 부흥을 위한 변화와 혁신 씨앗의 파종

칼빈(John Calvin, 1509-1564)의 기독교 강요(基督敎綱要, Institutes of the Christian Religion) 제1권 제17장은 하나님의 섭리에 대한 내용이다. 하나님께서는 창조하신 만물을 그 작정의 목적에 합당하게 유지하고 보전시키시기 위하여 공의와 사랑으로 섭리(攝理, Providence)하신다. 이러한 하나님의 위대하신 섭리와 역사하심에 순종하여 변화와 혁신을 이루어가는 삶이 하나님을 기쁘시게 하는 삶이다.

우주 만물의 존재와 운행은 모두 하나님의 섭리하심이다. 성도의 위로는 하나님께서 만사를 그의 뜻하심대로 그의 능력과 권위와 지혜로 다스리며 통치하기 때문에 그의 결정이 없이는 그 어떤 것도 일어날 수 없음을 아는 데 있다. 이것을 알고 인정하고 믿는 순간 모든 불안과 공포와 염려로부터 자유 함을 누릴 수 있게 될 것이다. 바로 이와 같은 확신과 신뢰에서부터 넘치는 위로와 형언할 수없는 기쁨이 솟아나게 된다. 우리가 사실로 알고 그대로 행한다는 것은 그것을 믿는다는 것이다. 그러므로 하나님의 섭리에 대한 무지와 불신이야 말로 비극이 아닐 수 없다. 역으로 하나님의 섭리에 대한 지식과 믿음이야말로 우리에게 주어진 최고의 행복(Highest Blessedness)을 누리게 할 것이다.

하나님의 섭리와 역사하심에 순종하여 변화와 혁신을 이루어나가려면 이에 따른 비전(Vision)이 있어야 한다. 이 비전(Vision)은 혁신의 원동력이 된다. 나무나 풀들을 비롯한 동식물들은 계절의 변화에 민감하다. 동물들은 털갈이를 하거나 이동하고 식물들은 싹을 틔우고 꽃을 피우며 열매를 맺고 낙엽을 만들기도 한다. 이처럼 우리도 하나님의 섭리하심에 따라 변화에 민감해야 한다.

그런데 이 변화 가운데 자기중심적 사고를 버리고 하나님을 기쁘시게 해 드리는 가치를 창출해내는 것이 혁신(Innovation)이다. 다름 아닌 혁신적인 생각 자체가 이미 경쟁력이다. 인류의 역사를 보면 새로운 아이디어나 도약을 이룬 것들은 모두 혁신적 사고에서 출발한 것들이다.

혁신적인 것은 늘 새로운 가치를 창출하게 한다. 기존의 결과에 혁신적인 아이디어를 보탠다면 경쟁력은 훨씬 더 높아진다. 한국 영화의 관객동원 기록을 보아도 재미있는 현상이 나타난다. '친구'(2001년 3월 31일)가 818만 명의 관객을 동원했을 때 탄성이 터져 나왔고 전무후무할 기록 같았다. 하지만 '실미도'(2003년 12월 24일) 1,108만 명, '태극기 휘날리며'(2004년 2월 5일) 1,174만 명, '왕의 남자'(2005년 12월 29일) 1,230만 명, '괴물'(2006년 7월 27일) 1,301만 명이라는 기록 경신이 이루어졌다.

기록은 깨지기 위해서 존재하는 것이라는 말도 있다. 하지만 워낙 엄청난 기록 앞에 서면 누구나 그 기록을 넘본다는 것이 쉽지 않을 것이다. 그런데 늘 혁신적인 아이디어들은 이것들을 가능하게 만들어주었다.

혁신을 위해서는 조직의 사고방식이 중요하다. 조직 전체의 유연한 사고가 필요한 것이지만 먼저는 핵심 그룹의 사고범위가 보다 더 넓고 유연해야 할 것이다. 가장 바람직한 방법은 모든 구성원들이 보다 많은 시도와 경험을 통해 그만큼의 혁신을 이루어내는 것이 중요하다.

"문명이란 상황이 아니라 움직임이고, 항구가 아니라 항해이다."라는 아놀드 토인비의 말이 있다. 우리는 날마다 하나님의 뜻에 따라 변화해야 한다. 그야말로 일신우일신(日新又日新)이 이루어져야 한다. 이러한 열매는 날마다 하나님의 뜻하심을 깨달아 시대 가치적으로 현실화해내는 것이어야 할 것이다.

인터넷환경의 기반을 통한 소통 시스템들도 카페(Cafe), 블로그(Blog), UCC(User Created Contents), 트위터(Twitter) 등으로 끊임없이 변화와 혁신을 거듭하고 있다. 교회도 부흥을 위한 변화와 혁신을 끊임없이 이루어내야 한다. 이러한 과정에서 우리가 간과하지 말아야 할 것은 캐즘현상(The Chasm Phenomenon)[21]에 대한 철저한 대비이다. 이에 대한 해답은 전도에 있어 보다 더 아름답고 효율적으로 쓰임 받을 수 있는 방법론적 가치창출을 게을리하지 말아야 한다는 것이다.

그렇다면 이 가치는 누가 결정하는 어떤 가치를 말하는 것인가? 그것은 바로 우리가 전도하고자 하는 대상들인 지역주민, 더 자세히 접근하자면 비신자들의 반응에서 나타나는 것이다. 그러므로 여기에서의 혁신이란 개념은 우리의 전도 대상자들이 가치 있다고 생각하는 서비스를 만들어내는 가치창출 활동(Value Activities)이라고 볼 수도 있다.

이러한 이해의 부족 때문에 목회자가 교회부흥과 전도를 위해 변화와 혁신을 외치면 상당한 압박으로 생각하기도 한다. 뿐만 아니라 곳곳에서 힘들어 하는 모습들이 영역해지는 것을 볼 수도 있다. 이런 배경에는 교회 내에 너무나 많은 전투성 구호가 난무하는 탓도 없지 않다.

전투라는 용어가 나왔으니 말인데 여리고성도 전투에 의해 정복한 것이 아니다. 핵심은 하나님에 대한 순종과 믿음이었다. 문제는 많은 교회들이 올바른 이해와 확신도 없이 변화와 혁신을 외치며 소득 없는 노력을 기울이다가 용두사미로 무너지는 일들이 허다하다는 것이다.

변화와 혁신은 구호와 동기부여만으로 이루어지는 것이 아니다. 지금은 시대가 변했다. 불타는 전의(戰意) 보다는 말씀에 기반을 둔 복음전파의 참

---

21) 캐즘현상(The Chasm Phenomenon)
지질학적 차원에서 캐즘(Chasm)은 지각변동 등의 이유로 인하여 지층 사이에 큰 틈이나 협곡이 생겨 서로 단절돼 있는 균열의 상태를 의미한다. 경영학적으로는 빠르게 가속되던 첨단기술이나 혁신적인 제품이 소비시장에서 갑자기 소강상태에 빠져드는 과도기적 정체나 후퇴가 발생하는 단절 현상을 말한다. 이는 혁신성을 선호하는 소비계층이 주도하는 초기시장과 실용성을 중시하는 소비계층이 이끄는 주류시장 사이에 일시적으로 발생하는 균열로 인해 수요가 정체하거나 후퇴하는 현상을 일컫는 것이다. 어떤 일이라고 할지라도 진행과정에는 캐즘현상이 발생하기 마련인데 이를 슬기롭게 극복하는 것이 중요한 문제이다. 핵심은 가치혁신에 의한 시대적 안목의 발현이며 효율적 설득과 견인이다. 이것이 비전이며 새로운 실용성의 창출이다.

된 열정이 필요하다. 아울러 비신자들이 좋아하며 쉽고 빠르게 흡수할 수
있는 새로운 가치를 찾아내는 것이 중요하다.

모든 성도들의 마음이 기쁨과 행복 속에 비신자들의 전도에 맞추어지고
일치단결 되어야 부흥을 위한 변화와 혁신이라는 농사가 시작되는 셈이다.
그리스도의 사랑 안에서 비신자들이 보다 더 빨리 복음을 접하고 하나님의
사랑을 깨닫도록 최선을 다하여야 한다.

이러한 과정에 장애가 발생하지 않도록 보다 더 좋은 서비스와 방법들을
땀 흘려 일구어 나가야 한다. 끊임없이 이런 가치를 창출해내며 실천하는
벅찬 기쁨의 활동이 바로 그리스도인들의 혁신이다.


### (3) 부흥의 새로운 안목

"내 이름으로 일컫는 내 백성이 그 악한 길에서 떠나 스스로 겸비하고 기
도하며 내 얼굴을 구하면 내가 하늘에서 듣고 그 죄를 사하며 그 땅을 고칠
지라"(역대하 7:14).

오늘날 이 시대, 우리에게 주시는 하나님의 메시지도 이 말씀과 다르지 않
다. 하나님의 섭리는 불변의 진리를 항상 새롭게 나타내신다. 하나님께서는
우리로 하여금 영적으로 각성되어 새롭게 회복되며 부흥하기를 원하신다.

부흥이란 하나님의 섭리 가운데에서 본질적 존재가치를 발견하고 하나
님께서 깨우치시고 가르치시는 방향으로 기쁘게 순종하여 나가는 일이다.
이것을 잠깐 동안의 흥분이나 열정으로 생각한다면 착각이다. 하나님께로
돌아서는 뜨거운 변화가 지속적으로 일어나며 유지되어야 한다.

하나님께서 일으키시는 부흥은 언제나 가장 메마르고 암담하던 시기 뒤
에 찾아 왔다. 하나님께서는 하나님의 백성들이 타락하고 영적으로 방황하
도록 방치하시지 않으신다. 언제나 특별하신 사랑으로 놀랍게 간섭하신다.

그래서 우리는 이즈음에 더욱더 하나님을 갈망하게 되는 것이다. 하나님

에 대한 갈망은 거룩한 변화의 역사를 만들어 가는 미래지향적인 교회들에서 나타나게 된다. 예수님을 닮아가는 구체적이고 거룩한 변화 그리고 그것들이 생활 속에서 번져나감으로 이루어지는 나눔과 정의의 실현은 부흥 물결의 시발이 될 것이다.

이러한 맥락에서 그리스도인들은 세상과의 다리 놓기를 게을리 하지 말아야 하며 항상 복음의 일꾼으로서의 대사적(大使的) 사명을 기쁘게 수행해야 할 것이다. 이것은 부담이나 종교적 의무가 아니라 본질적 존재의미와 가치의 발현이라는 차원에서의 기쁨이고 행복이다. 따라서 날마다 기대 가운데 활기차게 교회를 이끌어 가는 목회전략이 필요하다.

### ① 목양의 뉴 프론티어(New Frontier)

체인지(Change)의 g를 c로 바꾸면 찬스(Chance)가 된다는 말이 있다. 위기는 발상과 체질적 변화의 기회이기도 하다. 시야를 바꾸고 발상을 전환해보면 새로운 길, 새로운 해결책이 머릿속을 스쳐 뜨거운 가슴을 타고 눈앞에 펼쳐지는 것을 경험하게 될 것이다.

제44대 미국 대통령으로 당선된 버락 오바마((Barack Hussein Obama)는 미국시민권이 없는 아버지를 둔 첫 번째 대권 도전자였고, 흑인 혼혈아라는 핸디캡(Handicap)을 극복하고 최초의 흑인 대통령이 되었다. 그의 도전은 그야말로 프론티어 정신(The Frontier Spirit) 그 자체였다. 그는 변화라는 기치를 내걸고 "Change We Need"를 외쳤다.

그는 대통령이 확정된 순간 연설에서 "This victory alone is not the change we seek-it is only the chance for us to make that change. And that cannot happen if we go back to the way things were(이 승리만으로는 우리가 추구하는 변화가 아니고 이것은 우리가 그런 변화를 만들어가기 위한 기회일 뿐이다. 그리고 우리가 종전의 방식대로 되돌아간다면

그 변화는 일어날 수 없을 것이다).”라고 연설을 했다.

그는 많은 역경을 딛고 인권 변호사로 활동하였던 사람이었다. 그는 1996년 시카고에서 주의원으로 당선되면서 정계에 첫발을 들여 놓았다. 그는 ‘희망의 대담함(The Audacity of Hope)’ 이라는 자신의 저서를 통해 “모든 차이에도 불구하고 결국 우리는 건국의 가치와 이상을 공유하는 하나의 미국인”이라는 국민통합론을 제시하며 희망과 통합이라는 깃발을 높이 들었던 것이다. 오바마의 전략과 이미지에는 새롭고, 차별화된 매력이 있었던 것이다. 선거기간 내내 한결같이 외친 구호는 바로 “Change We Need” 였다. 뿐만 아니라 그의 연설 가운데 배어 나오는 의지는 항상 “Yes, We Can (우리는 할 수 있다).”라는 말이었다.

변화를 통한 도약의 기회라는 측면에서 볼 때에는 위기가 훨씬 더 큰 동력을 제공하기도 한다. 찬송가에 나오는 가사처럼 “이 풍랑 인연하여서 더 빨리 갑니다.”라는 고백이 터져 나올 수 있어야 할 것이다.

전도는 점점 더 쉽지 않고 더 이상 교회개척이 어렵다고 말하는 사람들이 많다. 그러나 이 변화의 시기가 바로 기회가 될 수 있다. 뉴 프론티어(New Frontier)의 정신을 가지고 그 해답을 찾아야 한다. 그 해답의 접근적 차원에서 ‘행복디자인전도’ 를 시행하자는 것이다.

## ② 성육신(成肉身, Incarnation)의 사랑을 따라 사는 삶

교회는 언제나 성경적 신앙의 전통과 진리의 말씀에 깨어 있어, 신앙의 순수성과 생명력이 약동하고 흘러넘쳐야 한다. 교회는 복음을 전하며 하나님의 말씀으로 세상을 섬기고 인도하는 일에 부름 받은 그리스도의 몸 된 지체들이요, 종들이다. 그러므로 이 급변하는 세속주의적 가치관의 팽배를 하나님 말씀의 물결로 바꾸어나가며 진리를 고수하고 깊은 영적 은혜를 회복하는 공동체가 되어야 한다.

"말씀이 육신이 되어 우리 가운데 거하시매 우리가 다 그 영광을 보니 아버지의 독생자의 영광이요 은혜와 진리가 충만하더라"(요한복음 1:14). 사도 요한이 주목했던 것은 태초에 세상을 창조하시고 모든 것을 가능하게 한 말씀의 실체였다. 바로 그 하나님이 완전하신 하나님이신 동시에 완전하신 인간인 구주 예수님이시다.

"나와 내 아버지는 하나이니라"(요한복음 10: 30).
"내가 아버지 안에 거하고 아버지께서 내 안에 계심을 믿으라"(요한복음 14:11).
"나를 알았더라면 내 아버지도 알았으리라"(요한복음 8: 19).

성육신(成肉身, Incarnation)은 인간을 구원하기 위해서 예수 그리스도가 육신과 인간성을 가지고 이 땅에 오신 것을 의미한다. 구주 예수님은 세상에 오셔서 자신의 모든 것을 우리에게 주셨다. 우리는 이런 무한한 하나님의 사랑과 은혜를 힘입고 그 사랑을 본받아 살아야 한다.

그리고 이러한 성육신적 영성의 지향이 삶의 전 영역에서 나타남으로 인해 이것이 사회 윤리적 변혁의 능력으로도 작동하게 해야 한다. 그리스도께서 우리에게 먼저 베푸신 사랑을 생각하며 우리는 마땅히 그리스도의 가르침에 복종하여 그리스도의 마음으로 사랑을 실천해야 할 것이다. 이러한 실천은 사람들에게 기쁨을 주고 삶의 의미를 깨우쳐 주며 의욕을 불러일으킬 것이다.

예수 그리스도는 죄 용서, 길과 진리, 생명과 부활로 하나님의 마음을 이 땅의 우리들에게 전하셨다. 사람이 하나님의 말씀을 듣고 인격적으로 경험하게 된다면 반드시 그에 따라 행동하게 될 것이다. 그러므로 진정한 그리스도인은 예수 그리스도의 성육신을 따라 성육신적 삶을 살기 위하여 몸부림칠 수밖에 없는 것이다.

세상에 보이는 가장 강력한 이미지는 성육신적 삶을 닮아 살아가는 그리스도인이 주는 성육신적 이미지(Incantational Image)이며, 이것이야 말로 주님의 향기가 묻어나는 아름답고 능력 있는 전도가 되는 것이다. 이 시대를 사는 그리스도인들의 참된 영성은 예수 그리스도의 삶과 가치관을 자신에게 인격화해야 하는 것이다. 이것은 시대적 난관을 극복하고 하나님의 뜻하심에 순종할 힘을 부여해 줄 것이다.

이러한 맥락에서 참된 그리스도인의 삶은 예수님만을 따르는 제자의 길을 걷게 되는 것이다. 한 알의 밀알이 땅에 떨어져 썩으면 수많은 열매를 맺게 되듯이 생명은 생명을 낳는다. 비움(Emptiness)은 채움(Fullness)을 위한 것이요, 채움은 비움을 위한 것이기에 성령충만한 삶은 그리스도의 사랑을 품고 세상의 낮은 곳을 향하여 끊임없이 흘러 넘쳐야 한다.

"모방의 목회가 아니고 성육신의 목회이다(It's not ministry of imitation, but ministry of incarnation)."라는 말이 있다. 나와는 맞지도 않은 남의 방식을 흉내 내다보니 얼마나 힘이 들겠는가? 때론 우스꽝스럽기까지도 할 것이다.

이제 우리는 더는 떠밀려가거나 흉내 내는 삶으로 살지 말고 부름 받은 자의 아름다운 능력의 삶을 살아야 한다. 예수님께서는 자기 십자가를 지고 주님을 따르라고 말씀하셨는데, 주님께서 원치도 않는 스트레스나 잔뜩 짊어지고 괜한 씨름을 하고 있지나 않은지 철저히 점검해 볼 일이다.


## (4) 플랜의 진행 컨셉(Concept) 만들기

### ① 컨셉(Concept)의 이해

컨셉(Concept)은 비전과 관련하여 그것을 실현하기 위한 가치, 효용의 집약적 표현이다. 컨셉은 기획의 시작부터 시스템의 구성과 표현 방법, 실제 구현에 이르기까지 모든 것에 있어서 영향을 줄 수 있어야 한다.

컨셉(Concept)은 전략을 이해할 수 있도록 개념화한 것이기도 하다. 그러므로 전략의 방향과 실체의 핵심적인 내용을 모두 표현할 수 있어야 한다. 그래서 컨셉(Concept)이 잘 만들어지면 보다 더 쉽게 일을 할 수 있다는 것이다.

컨셉(Concept) 이란 단어를 직역하면 '개념' 이다. 우리는 때로 어떤 일에 혼선을 빚거나 횡설수설하면 '개념이 없다.' 라고 핀잔을 주기도 한다. 그렇다면 '행복디자인전도' 의 실현을 위한 컨셉(Concept)을 만들어보자.

첫째, 대상: 지역주민

둘째, 목적: 복음 전도

셋째, 어떤 프로그램: 어머니 영어교실, 지역 영어마을 만들기, 티타임 바이블스토리와 영어, 품앗이 과외 공부방, 교회 직분명함, 사이버 카페(Cyber Cafe), 미니 영어학습 월간지, 비치용(備置用) 서적, 어린이 학습물 무상제공, 테마(독서, 등산, 탁구 등)동아리 활동, 인터넷 지역신문 활동, 국내 선교사관학교, 전도대상자 초청 연합 테마 여행이벤트 등.

넷째, 예산: 해당 프로그램별(교회예산+수익자 부담-Benefit Principle)

다섯째, 방법: 해당 프로그램별 시스템(이제까지의 유사한 프로그램의 시행과 운영, 전달이 아닌 변화하는 시대에 걸맞은 새로운 시각에서의 새로운 가치로 창출된 프로그램을 통해 산뜻하지만 부드럽고 아름다운 이미지로 갈급한 정서적 미각을 일깨운다.)


② 좋은 컨셉(Concept)의 요소

ㄱ. 의미 있는 유익의 실현

ㄴ. 교회에 대한 부정적 이미지의 제거

ㄷ. 최상의 서비스 제공

ㄹ. 시대적 트렌드를 반영

ㅂ. 다른 곳에서 제공되는 것에 비해 높은 경쟁우위 확보

ㅅ. 이미 구축된 호감에 대한 제고(提高)

ㅇ. 시간과 물질을 투자해도 아깝지 않은 가치제공


### ③ 성공 실현을 위한 컨셉(Concept)의 4대 요소

ㄱ. 쉽고 명확하게 지역주민의 유익을 제공하는 이미지 구축과 전달

ㄴ. 비신자들이 교회에 대해 가지는 불만을 깔끔하게 해소

(교회에서 하는 것이 얼마나 전문적이겠는가? 이익을 추구하는 곳이

아니지만, 최고의 프로그램, 최상의 서비스를 실현)

ㄷ. 해당지역 비신자들에 대한 최우선적인 유익을 설명

(학원이나 문화센터에서는 맛볼 수 없는 쉽고, 재밌고 친절한 맞춤식

양질의 프로그램)

ㄹ. 해당 프로그램에 대한 약속과 보증

(교회가 신중하게 결정한 최상의 프로그램과 시스템)


### ④ 사명과 비전 창출

사명은 하나님께서 개인이나 조직에 원하시는 것이나 부여하신 임무를 일컫는 말이다. 그러므로 사명은 '어디로, 왜 가야 하는가? 해야 할 일은 무엇인가?'에 대한 대답으로 삶의 방향을 설정하게 하며 존재적 목적과 가치, 의미 등을 찾을 수 있게 하는 것이다. 따라서 모든 계획의 토대가 사명에서 비롯되어야 하고 이에 입각하여 전략은 개발되어져야 하는 것이다.

또한, 사명은 비전의 바탕이며 핵심이다. 이와 연관하여 비전은 사명을 감당해 냄으로 얻어지는 결과를 미리 예상하여 그려보는 시나리오 (Scenario)와도 같은 것이라 하겠다. 다시 말해 비전은 사명 감당으로 인해

이루어지는 일들의 청사진으로 비유할 수 있다.

이를테면 "가서 제자 삼으라."라는 것이 하나님께서 우리에게 주신 사명이라면 사명 감당을 위해 이곳저곳을 찾아 열심히 전도해야 할 것이다. 그런데 전도의 방향, 양육, 그로인해 이루고자 하는 나름대로 목표는 다양하게 나타날 것이다.

어떤 사람은 대학 캠퍼스에서 대학생들을, 어떤 사람은 문맹자들을, 또 어떤 사람들은 노인들을 전도하고자 하여 그러한 일에 유익한 단체를 조직하거나 시설을 만들 수도 있을 것이다.

이렇게 전도라는 사명에 대한 각각의 구체적인 실천에서 이루게 될 성취를 믿음으로 앞당겨 바라보는 조감도가 바로 비전이라고 할 수 있다. 그래서 사명이 전제 되지 않은 비전은 이루어지기 힘들다는 것이다. 비록 이루어진다고 해도 사상누각(沙上樓閣)이 될 것이고 허망한 결과를 초래할 것임을 잊지 말아야 할 것이다.

ㄱ. 사명은 개인이나 조직이 세상에 존재하는 이유이고, 살아가는 의미이자 목적이며 실천해야 하는 임무이다.

◎ 사명 선언문 사례(事例)

"성령의 권능 받아 모든 족속으로 제자 삼고, 감격의 예배, 섬김의 행복이 넘치는 공동체를 세우며 확장한다."

ㄴ. 비전은 사명에 대한 구체적인 적용이고, 이루고자 하는 미래에 대한 구상을 현재적 관점에서 실천해나가며 앞당겨 그려낸 조감도와 같은 것이다.

◎비전 선언문 사례(事例)

하나, 하나님의 말씀에 순종하고, 성령 충만해서, 세계를 품고 제자 삼는 교회가 된다.

둘, 전 성도들이 삶의 총체적 예배와 전도를 실천하는 삶을 산다.

셋, 전 성도들이 천국 지향적인 행복을 누리는 아름다운 삶을 산다.

넷, 교육, 연구, 나눔을 실천하는 혁신적인 시스템을 구축하여 역량화 한다.

다섯, 전 성도들을 가치창출 역량을 갖춘 글로컬(Glocal: 지구촌지역) 리더로 육성한다.

여섯, 날마다 좋은 소문(그리스도의 향기)이 퍼져 나가는 교회가 된다.

일곱, 누구나 다니고 싶어 하는 교회가 된다.

### ⑤ 행복디자인전도 전략 5단계

엘 시스테마(El Sistema)는 음악을 위한 사회 행동으로 불리며 국가 지원을 받는 베네수엘라의 음악교육재단이다. 베네수엘라 빈민촌에 사는 청소년들을 클래식 음악가로 훈련시키는 프로그램이다. "음악으로 나라를 변화시킨다(Change nation through music)."라는 목표 아래 방황하는 청소년들을 새로운 세계의 주인공으로 끌어올리고 있다는 찬사를 받을 정도로 엄청난 영향력으로 세계에 알려지고 있다.

이런 사례에서 시사하는 바와 같이 어머니 영어교실, 지역 영어마을 만들기, 티타임 바이블스토리와 영어, 품앗이 과외 공부방, 교회 직분명함, 사이버 카페(Cyber Cafe), 미니 영어학습 월간지, 비치용(備置用) 서적, 어린이 학습물 무상제공, 테마(독서, 등산, 탁구 등)동아리 활동, 인터넷 지역신문 활동, 국내 선교사관학교, 전도대상자 초청 연합 테마 여행이벤트 등을 통해 전도의 방법 또한 새로운 가치를 창출하는 이노베이션(Innovation)을 이루어내야 한다.

첫째, 계획에 대한 전략적 도모

전도와의 연계를 도모하기 위하여 명확한 목표를 설정하고 성급한 모습이나 감정적 자세를 자제하며 차분하게 안정적이고 지속적인 모습으로 다가간다.

둘째, 지역주민의 라이프스타일에 주목

지역주민의 생활상에 주목하여 성향, 행동 등에 초점을 맞춘 서비스를 제공해야 한다.

셋째, 지역주민의 일상 속에 새겨지는 인식화

지역주민이 늘 필요로 하거나 불편해 하는 문제에 직접적인 봉사를 펼친다.

넷째, 지역주민의 특별한 필요와 기호에 부응

어머니 영어교실, 자녀교육 공부방, 실버대학, 독서교실 등의 프로그램들은 여기저기에서 많이들 시행하고 있다. 대동소이(大同小異)한 면도 있을 수밖에 없겠지만 거의 천편일률(千篇一律)인 방식과 내용은 차별화된 가치를 제공하지 못하고 있다. 이에 대한 서비스 품질 세분화(Segmentation of Service Quality)가 필요하다.

다시 말해, 욕구가 각각인 다양한 사람들에 대해 적합한 프로그램을 수립하고 실시함으로써 만족을 증대시켜 신뢰를 구축하고 서서히 동화적 환경을 조성해 나가야 한다는 것이다. 이는 보다 명확한 대상과 목표 설정을 가능하게 한다. 따라서 다양한 욕구를 충족시켜 전도적 환경조성을 지속적으로 확대하게 만들어 줄 것이다.

다섯째, 웹 커뮤니티에 대한 효율적 활용(U-Church: Ubiquitous Church)

카페, 블로그, 홈페이지 등의 인터넷을 통한 효율적인 커뮤니티를 열어 간다.


**예시)**

(ㄱ) 어머니 영어교실

보통 영어교실은 문화센터, 대학교 평생교육원을 중심으로 가끔은 중·고등학교나 사회단체에서도 진행한다. 그러나 기존 방식의 문법 강좌나 회화반이 대부분이며 교재를 중심으로 2~3개월 과정으로 진행한다. 전문학원에는 많은 강좌가 즐비하지만, 실제적으로는 대학생들이나 직장인들을 중심으로 구성되어 있어 교양 수준으로 배우려는 평범한 주부들과는 거리가 멀다.

따라서 어머니 영어교실은 평범한 주부들을 대상으로 특별한 교육방법, 맞춤교재, 웹 기반 멀티미디어 어학실습 프로그램 등의 시스템을 제공함으로써 니치(Niche)적[22] 차별화를 이루어 내야 한다는 것이다. '행복디자인전도'에서 운영하는 어머니 영어교실은 이런 것들이 가능하도록 만들고 있다.

(ㄴ) 비신자들이 더 좋아하고 감격하는 초청이벤트

전도 행사에 있어서도 이노베이션(Innovation)이 일어나야 한다. 비신자들의 한두 시간을 얻어내기 위한 크리스천 연예인 초청, 전도 대상자 총동원 집회 같은 것도 작은 교회들은 쉽게 엄두를 낼 수 없을 만큼 비용부담이 너무 크다. 반면 정기적으로 열리는 캠프와 같이 준비된 행사의 프로그램에 동참하는 것은 교회의 규모나 참여인원에 관계없이, 개최되는 해당 일시에 신청하고 참가하기만 하면 된다.

이런 연합 테마 체험 이벤트는 참여 인원수만큼의 비용만 납부하면 되기 때문에 알차고 풍성한 내용에 비해 개 교회별 비용부담은 크게 줄일 수 있다. 또한, 개 교회별 준비에 대한 부담이 없이도 전문가들이 진행하고 유명인들이 출연하기 때문에 종일 복음을 전하고 어울릴 수 있는 알찬 행사를 열 수 있다.

이 행사는 교육적 효과가 큰 체험학습과 테마관광을 겸한 이벤트 형태로 열리기 때문에 온 가족이 다 같이 즐겁게 참여할 수 있다. 물론 어린이, 노년층들을 배려한 프로그램도 함께 진행되니 모두가 만족할 수밖에 없을 것이

---

22) 니치(Niche)
빈틈 또는 틈새라는 의미로 남이 아직 모르고 있는 좋은 곳을 일컫는 것이다. 이 빈틈을 찾아 특정한 성격을 가진 소규모의 소비자를 대상으로 판매목표를 설정하는 것이 니치전략이다.

다. 좀 규모가 큰 교회들이 이런 이벤트를 개교회적으로 원한다면 외부에서 뿐만 아니라 교회 내에서도 전도 효과가 크게 나타나는 새로운 차원의 복음 전도 이벤트를 실시할 수 있다.(행사안내 http//cafe.doum.net/lemam)

ⓒ 미니 영어학습 월간지

표지와 내지에 교회 소개를 한 영어학습 월간지를 배포하며 지역마다 쉽고 재미있게 영어의 말문을 열게 하는 신드롬(Syndrome)을 일으킨다. 월간지 구독회원에게 오픈 잉글리쉬 회원도 병행하도록 하게 만들며 정착 단계로 이동시킨다.

ⓔ 지역사회교육위원회

의식있는 지역주민들을 위촉하여 독서토론, 공익과외, 지역주민 영어교육 등 평생교육 및 사교육비 절감 운동 등을 함께 의논하며 펼쳐나간다. 이때 시·도의원이나 국회의원 등의 지지를 호소하며, 동참을 이끌어냄으로써 더욱 활성화된 힘을 발휘할 수 있게 만들어야 한다.

ⓜ 실버대학

충주제일교회(담임 소화춘 감독)의 노인대학은 전국 최대 규모를 자랑한다. 등록생만도 2천5백여 명이고 정식 학생증도 발급한다. 특징은 정규대학처럼 영어, 일어, 중국어, 서예, 한글, 성경, 수학, 가곡과 등의 학과를 개설하고 교회 건물 전체를 작은 캠퍼스로 만들어 만학 열기를 불태운다. 이제는 고령화 사회이다. 이에 대한 적극적 선도와 평생교육의 실현이 필요하고 더 나아가 부업과 같은 일거리의 창출을 통해 적극적 복지를 실현해나가도록 도와야 한다.

ⓗ 그린패스취(Green Pastures) 생활협의회

의식있는 지역주민들을 위촉하여 지역사회의 필요와 소외 계층을 돌아보는 일을 한다. 할 수 있는 일들은 결혼 도우미(주례, 장소, 음식, 축가 등의 무상제공), 장난감, 서적 등의 물물교환 및 기증, 대여, 자원봉사센터운

영 등을 시행한다.

(ㅅ) 행복나뭇가지(Happy Tree Branch)

일명 행복나뭇가지(Happy Tree Branch)팀을 구성하여 교회의 각 부서나 스몰그룹(Small Group)들이 주변의 여러 도움이 필요한 시설들을 돌보고 지원하게 한다. 이렇게 사랑으로 무르익는 열매를 거두는 실천 가운데 성도들이 믿는 것과 아는 일에 하나가 되게(에베소서 4:13) 해야 한다. 그리스도인들이 온전하고, 장성한 분량의 사람으로 서기 위해서는 믿음과 앎이 하나 되어 균형과 조화를 이루어야 한다.

예를 들면 복지관, 요양원, 재활원, 양육원, 청소년 쉼터, 무료급식소, 공부방 등과 같이 도움의 손길이 필요한 곳들과 교회의 각 부서나 스몰그룹(Small Group)들이 결연을 맺고 연중 상시 일정 시간을 할애하여 지원하고 돌보는 시스템을 가동하는 방식이다. 그리스도인들의 행복한 느티나무가 이웃을 향해 가지를 뻗어 많은 사랑을 베풀며 그리스도의 복음을 전하자는 의미에서 행복나무가지(Happy Tree Branch)라는 이름을 명명한 것이다.


## ⑥ 지역사회 행복과 나눔 좋은 소문 만들기

교회는 성령의 감동을 따르는 공동체이다. 따라서 당연히 그리스도의 향기가 백합꽃 향기처럼 이웃으로 지역사회로 퍼져 나가야 한다. 이것이야말로 바람직한 전도이다. 향기를 쫓아 찾아 나온 사람들이 이제껏 느껴보지 못한 감동을 받아야 한다. 이곳에 들어와 정착하고 싶다는 마음의 확신이 몰려오게 만들어야 한다. 이제껏 느껴보지 못한 신선한 충격에 휩싸이게 되는 공동체가 되어 있어야 한다.

그 누가 미움과 다툼, 시기, 질투, 분열이 있는 곳으로 가고 싶어 하겠는가? 이런 곳은 쓰레기 처리장 같아서 악취가 진동하여 모두가 싫어할 것이며, 이동을 요청하는 민원의 발생이 그치지 않을 것이다.

이러고도 주님의 이름을 부르며, 전도를 외친다면 이것이야말로 위선의 단면을 여지없이 드러내는 행태가 아니고 그 무엇이겠는가? 이것이 어찌 주님의 뜻이겠는가? 이런 문제가 있는 개인이나 교회가 있다면 주저 없이 무릎을 꿇고 회개하고 변화를 받아 주님의 뜻에 순종해야 할 것이다.

그런데 자기 자신의 모습은 바라보지도 못하고 남의 탓만 하고 있는 사람이라면 이는 참으로 심각한 질병에 감염된 사람이다. 이런 사람들이 치유되고 회복되지 않는 이상 그 교회의 부흥과 성장은 계속해서 장애를 겪게 될 것이다.

우리는 주님 안에 하나 되어 좋은 소문이 나게 해야 한다. 이것이 '행복디자인전도'의 첫출발이다. 건강한 교회, 좋은 교회를 외칠 필요가 없다. 자신부터 변화하면 된다. 실천이 없는 구호는 유익은커녕 공해요, 소음일 뿐이다.

좋은 소문은 좋은 사람들이 좋은 일을 실천하면 자연스럽게 생성되고 퍼져나게 되어 있다. 좋은 소문이 강력한 전도의 설득력을 갖는 이유는 그것이 경험자의 목소리이기 때문이다. 경험자가 제공하는 정보야말로 가장 정직한 것이다.

그러므로 보다 더 많은 사람이 교회에 대해 좋은 경험을 갖게 해주어야 한다. 좋은 소문은 시공을 초월하기 때문에 엄청난 비용적 효율화도 이루게 된다. 이것은 바람처럼 눈에 보이지는 않지만 시공의 제한을 받지 않으며 막강한 힘을 발휘하기 때문이다.

어떻게 하면 좋은 소문을 만들 수 있겠는가? 우선 소문 전파력이 강한 오피니언 리더(Opinion Leader)들을 주목해야 한다. 그들을 초청하여 의견을 청취하고 연대하여 이웃과 지역을 위한 공익사업을 펼쳐 나가야 한다. 오피니언 리더(Opinion Leader)는 어떤 집단이나 부류 내에서 다른 사람들에게 사고방식, 태도, 의견, 행동 등의 전반에 굉장한 영향을 끼치는 사람이다. 이들을 움직이는 것이 한 집단을 움직이는 것보다 훨씬 더 빠르고 효율적이다.

꽃이 피어야 향기가 날린다. 향기가 날려야 벌이나 나비들이 날아들어 꽃가루의 수정을 도와 열매가 맺히게 할 것이다. 그리고 그 열매들이 바람에 날리거나 조류나 동물들이 먹고 배설하는 것들로 인해 널리 퍼져 나갈 수 있게 될 것이다. 이처럼 일단 소문을 발아시켜 꽃을 피워야 한다. 바로 이런 좋은 소문 만들기의 일환이 이벤트나 프로그램을 만드는 것이기도 하다.

교회에 대한 좋은 소문은 아직은 비그리스도인들이지만, 이 잠재적 그리스도인들을 그리스도인들로 만들어주는 결정적인 역할을 할 수도 있다. 이렇게 좋은 소문은 의사 결정 과정을 가속화시키는 힘이 있다. 좋은 소문은 비그리스도인들이 교회에 나가야 되겠다는 마음을 먹는 MOT(Moment of Truth, 결정적인 순간)를 만들어가는 통로의 역할을 감당한다.

MOT(Moment of Truth)를 만들기 위해서 교회는 인위적 발상을 멈추고 성령의 인도 하심을 따라야 한다. 그리고 우리가 할 수 있는 최선은 다해야 한다. 이것은 교회 내적인 건강성에서 우러나는 영혼사랑의 열정과 성도들의 아름다운 형제애(兄弟愛)의 하모니(Harmony)에서 비롯되는 것이어야 한다.

그렇지 않고 속은 형편없이 병들어가면서도 단지 숫자적 목표달성이나 체면치레 또는 부담감에서 전도에 나선다면 이는 결코 좋은 소문을 만들 수 없을 것이다. 부부싸움을 하고 별거하는 사람들이 언론보도용으로 다정하게 포즈를 취한다고 해서 문제가 해결되겠는가?

MOT의 개념을 경영에 도입한 효시는 스칸디나비아항공(Scandinavian Airlines) 사장이었던 얀 칼슨(Jan Carlzon)이다. MOT(Moment of Truth)는 고객과의 통화, 상담, 응대, 통신 등을 포함하는 모든 접촉의 순간들을 의미한다. 스칸디나비아항공에서는 한 해 자사를 이용한 고객 천만 명이 각각 자사 직원 다섯 명과의 접촉이 있었고 그 시간은 1회 평균 15초였음을 발견했다.

얀 칼슨(Jan Carlzon) 사장은 결정적이고 진실한 순간순간들이 자사의 이미지를 결정하며 나아가 사업의 성패를 좌우한다는 점을 직원들에게 역설했다고 한다. 한 개인에게 1회 15초라는 짧은 시간이지만 1년에 5천만 번이나 고객들의 마음속에 스칸디나비아항공사의 좋은 인상을 새겨 넣을 수 있었다는 의미이다. 결국 이러한 전략은 불과 1년 만에 적자에 힘들어하던 스칸디나비아항공사에게 흑자를 선물 해주었던 것이다.

이러한 힘은 스칸디나비아항공사가 1986년 고객서비스 최우수 항공사로 선정되는 영예를 안겨주기도 했던 것이다. MOT(Moment of Truth)를 단순하게 전략적 사고로 접근하려고 한다면 오해이다. 눈에 보이는 MOT(Moment of Truth)는 눈에 보이지 않는 마음의 접점(Moments of Mind)에서부터 시작 되어야 할 것이다.

그래야만 고객이 마음 깊이 감동하는 진정한 힘을 발휘할 수 있게 된다는 점을 간과하지 말아야 할 것이다. 비그리스도인들과의 접촉점 즉, 마음의 접점(Moments of Mind)에서부터 시작되는 진실의 순간순간들이 교회의 이미지를 형성하고 나아가 출석을 작정하는 결정적 계기가 된다는 점을 기억해야 한다.

또 하나는 트리버타이저(Tryvertiser)에 의한 좋은 소문 만들기이다. 트리버타이저(Tryvertiser)는 'Try' 혹은 'Trial' 과 'Advertiser' 의 합성어로써 소비자에게 견본품을 제공해 시험 삼아 사용해 보게 하여 좋은 소문을 만드는 전략이다. 대형마트에 가면 시식코너가 있다. 뿐만 아니라 화장품, 커피, 건강식품, 분유, 생식, 비누 등의 수많은 공짜 샘플들이 존재한다. 왜 이런 전략을 구사하겠는가?

트리버타이저 기법은 무료 샘플을 통해 제품이나 서비스를 경험하거나 체험한 고객들이 만드는 좋은 소문을 확대하는 방법이다. 좋은 소문이 퍼져나가게 하는 방법은 구전(Word of Mouth)은 물론 홈페이지, 카페, 블로그

등의 온-오프라인(On-Off Line)을 포괄하는 것이 되어야 한다. 우리는 지식과 정보가 넘쳐나는 시대를 살고 있다. 이런 세상을 열어준 것이 온라인(On Line)을 통한 사이버(Cyber) 세상이다.

온라인(On Line)을 통해 열려지는 사이버(Cyber) 세상은 무한한 개척의 보고(寶庫)이다. 사이버(Cyber) 세상에는 수많은 동질 의식의 커뮤니티(Community)들이 활발하게 움직이고 있다. 이 사이버(Cyber) 세상에서의 여론 형성을 위해 분야별로 오피니언 리더들을 발굴하고 육성해야 한다.

홈페이지가 없이도 포털 사이트(Portal Site)를 통해 카페나 블로그(Blog) 등의 일인 미디어를 운영할 수 있는 시대가 열려 있다. 블로그(Blog)는 웹(Web)의 'B'와 항해 일지를 뜻하는 로그(Log)의 합성어로 웹에서의 항해 기록이라는 이미지적 차원에서 생성된 말이다. 이 블로그(Blog)의 주인을 블로거(Blogger)라 부른다. 일인 미디어적 블로그(Blog)의 역할을 감안하면 블로거(Blogger)는 발행인이자 편집국장이며 기자이기도하다.

여기에는 특별한 제한이 없어 자신의 일상적인 이야기에서부터 사회적인 이슈나 전문분야에 관한 내용에 이르기까지 다양한 글과 사진, 동영상 등을 올릴 수 있다. 그야말로 온라인 저널리스트로서 사이버 미디어 커뮤니티를 이끌어 가는 것이 블로거(Blogger)이다. 이 일인 미디어들 가운데 엄청난 회원이나 접속률을 자랑하는 막강한 영향력의 소유자를 파워 블로거(Power Blogger)라고 한다.

온라인(On Line)에 파워 블로거(Power Blogger)들이 있다면 오프라인(Off Line)에는 택시기사, 부녀회장, 각종단체 회장 등의 여론 조성자들이 있다. 이들 모두는 좋은 소문을 만들고 전달하는데 구심점 역할을 할 수 있는 사람들이다. 이들 모두를 좋은 소문 조성의 동역자로 만들어야 한다.

예를 들자면 자가용 승용차 놔두고 택시 타고 교회 오는 날 제정도 있을 수 있다. 이 날의 제정식에는 지역 언론의 기자, 부녀회장, 통·반장, 시·

군·구의원, 국회의원, 시장, 구청장, 택시회사 대표, 개인택시조합 대표, 기사 분들, 기사식당 주인들이 모두 동참하게 하여 좋은 소문을 만들면 된다. 이것은 당연히 구전과 지역 언론 및 온라인(On Line)을 타게 만들어야 한다.

이외에도 학교 앞이나 위험지역 어린이 교통안전 봉사, 어린이 안전지킴이 봉사대, 저소득층 어린이 공부방, 지역 청소봉사대, 무료 결혼식, 행복설계 아카데미, 어머니교실 등의 상설 프로그램을 실시할 수 있다. 또한 독거노인 김장봉사, 방학특강 등의 계절 이벤트를 실시하며 여론 주도층을 동참시키거나 초청하여 계속하여 좋은 소문을 만들어내고 퍼져 나가게 해야 한다.

좋은 소문을 창출한 다음은 퍼져 나가게 하는 일이다. 교회는 다양한 사람들이 모여 있으니 스토리(Story)의 보물창고나 마찬가지다. 담임목사 스토리(Story), 성도들의 스토리(Story), 스몰그룹 스토리(Story), 프로그램 스토리(Story) 등의 수많은 스토리(Story)를 간직하고 있다. 이 스토리(Story)를 지속적으로 만들어내며 좋은 소문 바이러스를 일으켜야 한다. 입소문이라는 사회적 확산 현상을 활용한 IWOM(통합입소문마케팅, Integrated Word of Mouth)이라는 전략이 있다. 여기에는 사람들 사이에 이루어지는 구전(Word of Mouth, 입소문), 컴퓨터를 통해 이루어지는 컴전(Word of Mouse, 인터넷소문), 휴대용 정보기기를 통한 모전(Word of Mobile, 휴대폰소문), 미디어와 타 네트워크의 연결뿐만 아니라 미디어들 간에 이루어지는 미전(Word of Media, 미디어소문)으로 일컬어지는 네 가지 주요한 커뮤니케이션 채널(4WOMs)이 있다. 즉 아이웜(IWOM)이란 언어, 시각, 행동, 유행 등이 다양한 커뮤니케이션 채널을 타고 모든 사회적 상호작용을 통해 확산되도록 하는 전략을 의미한다.

좋은 소문의 더욱더 빠른 창출과 확산을 위해서는 주위의 이목을 집중시키는 흥미롭고 감동적인 캐치프레이즈(Catch Phrases)도 필요하고, 모두의 유익과 덕을 세우는 온·오프라인(On-Off Line)을 망라한 소통의 공간도 필요할 것이다. 중요한 것은 진실한 마음과 열정이다. 복음전파를 위한 이러한 기대에 대해 모든 성도의 마음에는 붉은 피가 약동하는 심장의 설렘이 있어야 할 것이다.

논리적인 설득에 앞서 비그리스도인들의 기분과 감정에 영향을 미치는 감성적인 접근이 필요하다. 메마른 비그리스도인들의 우울한 마음에 꿈과 희망을 찾아주어야 한다. 소망 없는 나그넷 길 인생에 영원한 안식처를 소개해주어야 한다.


⑦ 모여든 사람들이 교회 범주 안에 안착하게 하는 전략

코칭(Coaching)에 의한 개 교회별 맞춤 프로그램의 시행을 통해 평범한 조직을 탁월한 조직으로 만들어야 한다. 전략의 선택과 실행에 있어서 어떤 전략을 세우느냐보다 더 중요한 것은 모두가 이해하고 동참하느냐의 문제이다.

교회에 정착시킨다는 것을 단순히 등록시키는 것과 동일시해서는 안 된다. 동화(同化, Assimilation) 전략적 이해와 접근이 필요하다. 동화라는 것은 한 개인이 다른 개인이나 집단의 태도나 분위기, 감정 등에 대하여 공감하면서 경험이나 전통을 이해하고 받아들이며 공유하게 되는 융합(融合)과정과 그 관계의 균형 상태를 일컫는다.

교회로의 안착 차원에서의 동화(同化, Assimilation)라는 것은 교회에 새롭게 출석하는 사람이 교회 안에 있는 다른 교우들과 어울려 친밀하고 돈독한 관계적 연결을 이루게 하는 것이다. 다음으로는 이들이 동참하여 함께 사역할 가치가 있다고 느끼는 일에 대해 흥미를 발견하고 기존의 교우들과 융화(Integration)하며 집중할 수 있게 되는 것이다. 이 두 가지 모두 내부

의 교인들이 먼저 열어 놓고 기다리며 함께 하도록 자연스럽게 유도하고 환영해야 한다.

군중 속에 고독을 경험하는 오늘날의 사람들에게는 가장 유효하고도 절실한 요구이기도 하다. 이것이 교회 공동체의 책임임에는 틀림이 없지만, 실제에 있어서는 교우 개개인과의 관계적 형성인 만큼 무엇보다도 개개인의 자세와 열린 마음으로의 실천이 중요하다.

그림 그리기나 건축설계와 같은 분야에서 아름다운 구성과 조화를 창출해 내려면 무엇보다도 먼저는 대상들의 관계를 잘 이해해야 한다. 뭔가 새로운 것을 만들어내고 탁월한 것을 창출하기 위해서는 통전적이고 유기적인 조화에 대한 안목이 필요하다. 다양한 분야에 산재해 있어 상호 연관성이 없어 보이는 개별적이고 독립된 요소들일지라도 그 사이의 관계를 이해하고 원활하게 조화해낼 수 있어야 한다.

또 한 가지 알아두어야 할 것은 새로 등록한 교우는 새 가족들과 보다 더 잘 동화된다는 것이다. 이러한 과정을 통해 관계적 임계량이 채워지게 되면 그제야 교회에 안착 되었다고 볼 수 있다. 동화(同化, Assimilation)에 대한 촉진자들이 퍼실리테이터(FT : Facilitator)들이다. 이들은 진입 프로그램에서부터 새 가족들이 교회라는 한 몸 공동체(Bonding)의 나무에다 둥지를 틀고 함께 살 수 있도록 충분한 배려와 환경을 조성해주어야 한다.

무엇보다도 이들이 배양해야할 능력은 공감(Empathy)이다. 다른 사람과 공감(Empathy)하는 능력은 역지사지(易地思之)의 사고가 발달한 사람일수록 풍부할 것이다. 공감(Empathy)은 상대방의 입장으로 상대를 바라보고 그의 감정을 느끼는 능력이다. 공감은 자기인식을 형성시킴은 물론, 부모·형제와 자식 간의 유대감 강화, 타인들과의 협동과 나눔, 상생 등의 사회 윤리적 발판을 마련하게 한다.

다니엘 골먼(Daniel Goleman)은 '정서 지능(Emotional Intelligence)'

이라는 책을 통해 자신의 정서를 표현하고 타인의 정서를 평가하며 상호적으로 효율적인 조절을 가능하게 하는 능력을 정서 지능이라 하였는데, 공감이라는 차원과 크게 다르지 않은 의미이다. 이 정서 지능은 자신의 삶을 계획하고 성취하기 위해서 자신과 타인의 정서를 활용할 줄 아는 능력도 포함하는 것이다.

퍼실리테이터들은 교역자들의 일정한 지도와 돌봄을 통해 항상 준비된 자세를 견지하는 리더로 예비되어야 한다. 지속적 관계를 맺는 최상의 길은 함께 일하며 호흡을 맞추는 것이다. 교회는 이 관계를 아름답고 자연스럽게 조성하고 연결할 수 있어야 한다. 그래서 교회는 새 가족들을 진정한 그리스도인들로 동화시키기 위한 특별하고도 구체적인 전략을 가지고 있어야 한다. 전도는 물론 등록과 정착에 있어서도 동화전략이 필요하다.

하와이 중부에 가면 몰로카이 섬이 있는데 소박하고 친절한 인심이 이 섬의 자랑이어서 "우정의 섬" 이라고 불리어지기도 한다. "우정의 섬"이라는 별칭을 갖게 된 것은 문둥이들의 성자 데미안 신부로 인한 것이라고 한다.

벨기에 태생인 데미안 신부(Joseph Damien de Veuster)는 이 섬의 문둥병자들에게 하나님의 복음을 전하기 위해 열심을 내었지만 사람들의 반응은 그를 외면했다. "당신은 멀쩡한 사람이니까 그런 얘기를 하지!" 라는 반응을 보이며 냉담했다고 한다. 살이 썩어들어가는 문둥병자들에게 데미안의 전도는 통하지 않았다. 데미안은 간절한 열망 가운데 울부짖으며 이들에게 진정으로 복음을 전하고자 했다.

그의 결단은 결국 그도 문둥병자가 되어 하나님의 사랑을 전하는 것이었다. 썩어져가는 살점의 고통, 가족들과의 격리의 아픔과 그리움보다 더 귀한 것이 하나님의 사랑이요, 복음임을 그는 온몸으로 전하고자 했던 것이다. 이것이야말로 무엇을 이루기 위한 전략적 사고로서의 접근이 아니라 몸과 마음으로 우러난 진정한 동화가 아니겠는가!

언젠가 이런 편지글을 듣고 많은 눈물을 흘렸던 기억이 난다. 내용인즉 이랬던 것 같다. 다리를 저는 홀어머니가 시장에서 나물을 팔아 자신을 공부시켰는데, 그 어머니와 가난을 너무도 창피하게 생각하고 싫어했던 사람이 있었다.

그는 그 환경을 벗어나고자 공부를 열심히 해서 의사가 되었고 다시는 자신의 어려웠던 시절을 떠올리고 싶지 않았다고 한다. 그래서 시골의 어머니에게 용돈이나 두둑이 보내는 것으로 의무를 다한다고 생각했다는 것이다. 어느 날 어머니의 사망 소식을 듣고 고향에 내려가 장례를 치르고 난 후 고향 학교의 은사님께서 조용히 불러서 들려준 이야기가 있었다.

아기도 없고 가난한 부부에게 버려진 아기가 발견되어 이를 가엾이 여긴 부부가 데려다 길러주었다는 것이다. 가난한 부부는 종종 공사장에서 일을 하였고, 어느 한 날도 아이를 공사장 한편에 뉘어두고 일을 하고 있었다고 한다. 그런데 굉음과 함께 철근더미가 무너져 내리고 있었는데 아이를 덮칠 것 같아 그 부부는 쏜살같이 달려들어 아이를 감쌌다고 한다. 이 과정에서 남편은 죽고 아내는 다리를 심하게 다쳐 장애인이 되었다는 이야기였다.

그런데 그 부부가 바로 그 의사의 부모님이었다는 말을 은사는 담담히 전달해주었던 것이다. 이 이야기를 들은 순간 그 의사는 살신성인(殺身成人)으로 자신을 구해주고 길러준 양부모님의 사랑을 깨닫고 하염없는 눈물로 후회했다는 내용이었다.

친아들인 줄 알고 있었던 자신이 비록 양아들인 것을 알았지만, 양부모님의 그 큰 헌신과 사랑 앞에 그는 한 핏줄을 능가하는 동화를 체험했던 것이 아니겠는가? 우리도 하나님이신 예수 그리스도께서 우리를 구원하시기 위해 몸 버려 피 흘리신 그 큰 사랑과 은혜를 얼마나 감사하며 그분의 뜻을 따라 살고 있는지 늘 돌아봐야 할 것이다.

동화(同化, Assimilation)는 이처럼 하나 되는 동질감과 공동체를 만들어

주는 중요한 요소이다. 그러므로 우리는 전도와 등록, 정착에 있어서 동화 전략을 실현하는 데 소홀함이 없어야 할 것이다. 다만, 이것이 전략이라는 차원에서 이루어지는 것이라면 비즈니스적 차원과 별반 다르지 못할 것이다. 이것은 개념상 전략이라는 용어를 쓰지만 위의 사례에 언급한 데미안이나 어떤 의사처럼 온몸과 온 맘으로 동화되어야 할 것이다.

ㄱ. 동화(同化, Assimilation)관계 조성의 중요한 요소

하나, 진입 프로그램에서의 환대

둘, 양질의 서비스

셋, 연계 동아리에서의 활동

넷, 성경공부에 참여(잠재적 신자들을 위한 특강)

다섯, 교회에 등록

여섯, 특별한 사역에 동참

일곱, 스몰그룹에서의 정착

여덟, 양육 코스에서의 훈련

ㄴ. 퍼실리테이터(FT: Facilitator)양성

작더라도 성공의 핵을 만들 수 있어야 한다. 즉 복음에 대한 열정으로 불타는 성령 충만한 인재를 육성해야 한다. 모든 것은 사람과 사람 간의 관계에서 시작된다. 일을 시작하는 이도 사람이고 마무리하는 것도 사람이다. 어떤 교육과정의 개발과 시행에 있어 촉진자로서 과제분석이나 워크숍을 이끌어가는 사람을 퍼실리테이터(Facilitator)라고 한다.

퍼실리테이터(Facilitator)는 성공적인 업무수행에 필요한 과제와 직무를 정확히 추출하여 즐겁고 지혜롭게 코칭 함으로써 참가자가 스스로 해결책을 찾아 실행할 수 있도록 도와주는 역할을 한다. 따라서 각 구성원이 가진 자질이나 능력을 최대한 발현하도록 이끌어주는 조력자로서의 자질과 기술을 겸비해야 한다. 뿐만 아니라 변화와 혁신의 촉진자로서, 그리고 성과

향상의 책임자로서의 다양한 기술과 자질을 겸비해야 한다.

ㄷ. 변화하는 시대를 호흡하는 촉진적 리더 "퍼실리테이터"

하나님의 섭리는 우리에게 늘 변화와 혁신이 필요함을 깨우친다. 변화와 혁신의 필요성과 방법에 대한 논의는 비교적 많이 인지하고 있다. 하지만 이 변화와 혁신을 이끌어갈 리더에 대한 언급은 쉽사리 찾아보기 어렵다.

우리는 시시각각으로 다양한 가치관과 역량을 가진 사람들이 함께 모여 있는 변화의 시대 앞에 직면하게 된다. 따라서 이를 보다 더 아름다운 현실과 미래로 만들어나가기 위해 조직의 규모와 상관없이 퍼실리테이션(Facilitation) 능력의 중요성을 인지하고 개발해나가야 한다.

ㄹ. 퍼실리테이터의 역할

구성원들 사이에 발생하는 여러 가지 부정적 요소들을 제거하고 이해관계의 폭을 넓히며 조정하여 조직의 목표를 원활히 달성해 나가도록 유도하는 것이 퍼실리테이터의 역할이다. 즉 사람과 사람 사이의 활발한 상호작용(Interaction)을 통하여 조직에 유익한 창조적인 성과를 끌어내는 것이 퍼실리테이터가 감당해야 할 역할이다.

첫째, 목표달성을 위해 바람직한 활동이 이루어지도록 모든 구성원이 적극적으로 참여할 수 있게 지도하고 유도하는 역할을 한다.

둘째, 계획된 진행 절차를 유지하며 목표 달성을 위한 기법도 지원해야 한다.

셋째, 구성원들 사이에서 제시된 아이디어를 목표달성에 유익하도록 함축하고 정리하는 역할을 수행한다.

넷째, 단계별로 시간을 배분하고 프로그램을 진행하며 시간 내에 목표를 달성하도록 이끌어가야 한다.

ㅁ. 퍼실리테이션 스킬(Facilitation Skill)

하나, 객관적으로 사물을 보는 능력

둘, 다른 사람의 견해를 편견 없이 들을 수 있는 청취 능력

셋, 다양한 관점에서 사물을 볼 수 있는 관찰력

넷, 현상에 대한 분석력

다섯, 인간관계 능력

여섯, 논리적인 사고 능력

ㅂ. 5Ws의 유기적 실행

하나, Where(구체적인 부문): 전도, 교육, 예배, 지도, 영성, 생활과 품성

둘, What(구체적인 계획): 무엇을 어떻게 시행

셋, When(기한): 얼마 동안

넷, Who(담당자): 지도자와 구성원의 선정

다섯, How much(비용과 결과 예측): 예산과 기대 효과


## ⑧ 진입 통로(프로그램)

모든 프로그램은 비신자들에게 주님과의 만남을 주선하는 중매(仲媒)와 같은 것이다. 이런 관계적 조성의 바탕에는 복음이라는 최상의 가치가 내재되어 있는 것이다. 따라서 이 진입 통로는 때로는 강력한 자석처럼 눈에 보이지는 않지만 그 무엇에도 비교하거나 거부할 수 없는 견인력이 있어야 한다. 또한 청량음료처럼 맑고 시원함을 제공하기도 해야 한다. 그러면서도 오케스트라의 지휘자처럼 조화의 미를 창출해내기도 해야 할 것이다.

- 어머니 영어교실

- 미니 영어학습 월간지

- 티타임 바이블스토리와 영어

- 품앗이 과외 공부방

- 교회 직분명함

- 인터넷 카페(Cafe)

- 비치용(備置用) 서적

- 어린이 학습물 무상제공

- 테마(독서, 등산, 손뜨개, 디카 등)동아리 활동

- 국내 선교사관학교

- 연합 테마여행 이벤트

- 마을 영어 어학실습실

- 아빠의 청춘

- 엄마의 삶, 아내의 삶

- 자녀교육 마스터플랜

- 경제야 놀자(경제 리더십)

- 음악의 향연(합창, 연주회)

- 테마여행(시와 사진 & 건강)

- 연극과 삶의 향기(출연과 관람)

- 요리교실

- 컴퓨터반

- 엄마의 미(美)와 기쁨

- 꽃보다 아름다운 당신

- 지역소식 인터넷 신문(지역공감, 행복공감)

- 가벼운 운동모임(배드민턴, 탁구, 테니스, 산책, 주변 등산)


⑨ 정착된 사람들의 양육과 성장을 이끄는 전략

개 교회별 맞춤 프로그램의 코칭(Coaching)을 통해 평신도를 탁월한 사역자로 변화되게 해야 한다. 평범한 스몰그룹이 생명력으로 약동하게 하는 일대 변혁이 일어나도록 만들어야 한다.

⑩ 성장된 사람들을 통한 복음전도의 전략

성장은 유기체의 마땅한 귀결이며 생명력의 유지이다. 따라서 성장된 구성원들이 지속적으로 열매를 수확하는 리더로의 대도약을 이루도록 만들어야 한다.

## (5) 니치(Niche) 차별화 전략

니치(Niche)의 사전적 의미는 틈새 또는 빈틈이다. 말 그대로 남이 아직 모르는 좋은 틈새를 공략하는 전략이다. 따라서 특정한 성격을 가진 소규모의 대상을 향해 어떤 목표를 설정하는 것이다. 대기업들의 냉장고 시장의 경쟁 틈바구니에서 후발주자가 김치냉장고라는 차별화로 승부수를 던진 것과 같은 전략을 일컫는다. 그러므로 이것은 성공률이 대단할 수도 있다.

니치의 대상들은 자신에게 꼭 맞는 서비스를 원하고 있다. 이러한 차원에서 차별화의 의미는 그 어떤 경쟁자보다도 서비스의 대상을 보다 더 만족시킬 수 있어야 한다는 것이다. 전도의 니치(Niche)라는 차별화를 위해 과연 무엇을 해야 하겠는가? 이러한 차원에서 행복디자인전도는 다음과 같은 차별화로 이웃과 지역주민을 향해 그리스도의 향기로 다가가야 한다는 것이다.

### ① 방법 및 서비스에 있어서의 차별화

특정 욕구를 가진 대상자들만이 선호하는 것을 앞서서 제공하는 것이다. 요즘은 김밥 집을 하더라도 방법과 서비스의 차별화를 이루지 못하면 성공할 수 없다. 치즈김밥, 쌍둥이김밥, 삼각김밥 등 그 종류는 물론 청결과 품질의 고급화를 위해 다양한 재료를 개발함은 물론 제공 방법도 다양화되고 있다.

어떤 업체는 정수기를 판매하지 않고 렌탈(Rental) 방식을 선택함으로써 한 차원 다른 서비스로 고객들의 마음을 사로잡고 있다. '행복디자인전도' 는 찾아가는 것이 아니라 필요에 의해 불려가는 서비스를 제공한다는 것이다.

### ② 새롭고 신선한 서비스의 제공

식당을 예를 들어보면 어린이 메뉴, 어린이를 위한 놀이 시설, 음식이나 음료를 무한으로 가져다 먹을 수 있는 무한 보충(Refill)시스템 같은 것들이 있다. 핵심은 고객에 대한 배려이다. 대상 고객은 누구이며, 그들의 구매 결정에 있어 결정적인 영향을 주는 요소는 무엇이며, 어떻게 하면 보다 더 쉽게 우리의 서비스에 다가와 줄 것인가에 대한 열린 마음이다. '행복디자인전도'는 복음전도에 있어서 이와 같은 분석을 현실화하고자 한 것이다.

### ③ 접근 방식에 있어서의 새로운 개척

캐나다의 최대 문화산업 수출업체인 시르크 뒤 솔레이유(Cirque du Soleil)는 특화된 경로를 선택했다. 서커스는 고급화된 공연, 홈 엔터테인먼트, 레저, 스포츠 등으로 인해 잠재 성장력이 한계에 달한 사양 산업이었다. 하지만 그들은 현실을 직시하고 멀어진 고객들을 되찾기 위해 과감한 혁신을 이루어냈다. 고급공연을 보기 위해 비싼 요금과 원거리로 움직이어야 했던 불편함을 가까이에서 볼 수 있도록 하는 찾아가는 서비스로 대체하였던 것이다.

이 서커스 회사의 최고 경영자(CEO)인 기 라리베르테(Guy Laliberté)는 예전에는 아코디언 연주를 하며 불을 삼키고 내뿜는 묘기도 했던 사람이었지만 서커스 업계에서 세계 최고라고 인정받는 'Ringling Brothers and Barnum & Bailey Circus'에서 100년이 넘게 걸려 달성한 수입 규모를 20년도 채 안되어 능가했던 것이다.

'행복디자인전도'는 복음전도의 접근 방식에 있어서의 새로운 개척을 시도하고 있다. 찾아가서 사정하고 권면하는 방식을 전면 개혁하여 불려가서 설명해준다. 오라하거나 데려오지 않고 스스로 와서 참여하게 만든다는 것이다. 그러면서도 양적, 질적 어느 면으로나 월등한 효과가 나타나게 해야 한다.

### ④ 의사소통에 있어서의 새로운 발상

직접 사용해보게 하는가 하면 라이프스타일에 기반을 둔 특수한 계층과의 유대감을 강화시키는 것이다. 나비축제로 유명한 전남의 함평 군수는 나비가 그려진 폭스바겐 자동차를 이용하며 말없이 상시로 함평의 나비축제를 홍보한다. '행복디자인전도' 는 복음을 강요하여 홍보하지 않는다. 삶의 총체적 의미로서 언제나 그리스도의 향기로 소통한다. 벌이 꽃을 찾아와 꿀을 얻어 가듯이 스스로 찾아와 복음의 진수를 발견하고 빠져들도록 만들어야 한다.

### ⑤ 좋은 인식의 확대와 비용의 최소화

일반적인 경우 교회의 건물공간들 대부분은 예배나 교육을 위한 사용시간 이외에는 비어 있기 마련이다. 이런 공간을 활용하여 지역의 필요를 앞서서 챙기는 강좌 개설, 공간 제공 등을 적극적으로 제시할 수 있을 것이다. 강사진에 있어서도 무급 봉사 등으로 이웃과 지역을 섬기며 복음을 전하는데에 있어 비용을 최소화 할 수 있다.

'행복디자인전도' 는 가장 좋은 소식(Good News)인 복음을 가장 귀하고 아름답게 전하자는 것이다. 이를 위한 발상의 전환이 '행복디자인전도' 인 셈이다.

### (6) 잃어버린 양을 찾아나서는 열정과 새로운 아이디어

언뜻 보아서는 별로 관계가 없어 보이는 일들이나 발상도 의미를 부여하고 결합하면 컨실리언스(Consilience: 지식의 통합으로 인한 창조적 융합 가운데 새로운 가치창출)가 발생하여 새로운 발전과 이야기를 창출할 수 있게 된다. 전도에 있어서도 지적, 정서적 능력들의 조화와 병행을 통해 끊임없이 본질의 시대 가치적 구현을 현실화해내야 할 것이다. 또한 복음에 대항하는 상황과 문화적 가치를 복음의 능력으로 동화시켜나가야 할 것이다.

전도를 생각함에 있어 이 시대적 조류를 외면하거나 뒤처져 따라갈 것이 아니라 하나님의 말씀과 복음의 능력으로 이 시대를 견인하자는 것이다. 그러기 위해서는 먼저 이 시대를 이해하고 이 시대를 사는 이들에게 복음의 빛으로 진리의 길을 제시해주자는 것이다.

### ① 일신우일신(日新又日新) 전략

첫 숟가락에 배부를 수는 없는 법이다. 천 리 길도 한 걸음부터 시작할 수밖에 없다. 무엇이든 하나하나 늘려야 흔들림이 없이 탄탄하고 오래가는 것이다. 동네마다 쉽게 찾아볼 수 있는 편의점(Convenience Store)을 들여다 보자.

주로 이용하기 편리한 곳에 위치하여 연중무휴 24시간 영업체제로 생필품을 중심으로 판매하는 점포이다. 편의점이 소비자들의 사랑을 받는 이유는 무엇인가? '다품종 연중무휴 24시간' 이 편의점의 핵심가치이다. 교회도 핵심가치를 개발해야 한다. 핵심가치가 교회의 차별화요, 사역을 견인하게 만든다.

언제나 무엇이든 구매할 수 있다는 것과 상품의 세련된 디스플레이 (Display), 단정하게 유니폼(Uniform)을 착용한 종업원들의 친절한 서비스 등은 분명히 핵심가치로 인한 차별화이다. 작은 슈퍼나 가게보다는 깨끗하고 다양하다는 것, 대형 할인 마트 보다는 가깝다는 것으로 차별화의 기치를 내건 편의점은 빠르게 생활 속으로 밀착하여 자리를 굳히고 있다.

아울러 주목해야 할 점은 식상해지기 무섭게 끊임없이 등장하는 새로운 아이템이다. 이것이야말로 다시 한 번 고객들의 발목을 잡는 기법이다. 그 대표적인 상품이 삼각김밥이었다. 이곳에는 직장인들이며 학생들이 급하게 찾을 만한 것들과 함께 간단한 끼니 해결 정도는 가능하게 만들어져 있다.

어떤 브랜드의 편의점은 유명 라면집과 제휴하여 컵라면을 생산하는가 하면, 심지어 유기농 목장과 함께 자체브랜드 우유도 개발할 정도이다. 그 야말로 소비자의 필요를 한 발짝 앞서서 견인하는 순발력과 고객 밀착형 사고를 하고 있다는 증거이다.

급하게 필요한 경우 속옷이나 양말, 스타킹도 구매할 수 있다. 작은 공구에서부터 뷰티 용품, 신문과 잡지, 각종 복권, 여행상품, 스포츠 경기와 공연 등의 티켓 판매는 물론 CD와 DVD의 대여, 꽃 배달, 단체 주문 도시락 배달까지도 가능하다고 한다.

심지어 택배 서비스, 인터넷, 휴대폰 충전, 공과금 등에 이르기까지 웬만한 것들은 다 해결해준다. 생활에 필요한 모든 것들이 모여 있는 공간이라 해도 과언이 아니고 보니 편의점의 영향력은 멈출 줄 모르고 점점 더 커지고 있다. 여기에서 멈추지 않고 있다. 편의점은 고객들의 귀찮고 번거로웠던 일들을 해결해 주는 영역까지 사업을 확장하며 소비자들의 마음속으로 파고들고 있다.

편의점이 있는 장소와 지역의 특성 그리고 해당 지역 주민들의 생활과 필요에 따라 편의점의 적응력은 다양한 형태로 적극적인 변화를 추구하며 발전하고 있다. 한마디로 편의점은 해당 지역주민들의 필요를 먼저 알아차리고 가려운 부분을 긁어주고 있다는 것이다. 이렇게 되어가니 사람들을 그 편리함에 익숙해져 자연스럽게 찾아가게 되는 것이다.

이제 편의점은 단순히 물건을 파는 곳이라는 인식을 넘어서고 있다. 사회 전반에 걸쳐 공공의 서비스적 성격을 띠고 많은 부분의 일을 감당하는 곳이 되었다. 그래서 편의점의 주력 상품이나 매출현황은 해당 지역의 라이프스타일을 반영하는 바로미터(Barometer)로 생각할 수도 있을 만큼 절대적인 위치를 점하는 것이다.

편의점 경영을 이야기하려는 것이 아니다. 편의점의 노력과 발전을 통해 전도적인 시사점을 발견해보자는 취지이다. 편의점은 2009년 기준 1만 3,900여 개라고 한다. 여기에 비한다면 교회의 숫자는 2배가 넘는다. 그러나 한국교회의 총체적 교인 수는 점점 줄어들고 있다는 것이다.

편의점들은 비즈니스를 위해서도 놀라우리만치 발전된 서비스와 상품을 개발하고 있다. 우리는 생명의 복음을 들고 과연 어떻게 해야 할 것인가? 최소한 편의점의 노력과 열정보다는 앞서야 하지 않겠는가? 지금부터의 시작이 늦었다고는 하겠으나 이제부터라도 차근차근 하나하나씩 전도전략과 실행을 늘려나가야 할 것이다. 이것이 바로 '행복디자인전도' 가 추구하는 일신우일신(日新又日新)의 전도 전략이기도 하다.


## ② 라이프스타일에 맞는 쏙(Ghost Shrimp) 전도

남해안이나 서해 갯벌에 가면 생김새가 갯가재와 비슷한 쏙(Ghost Shrimp)이란 것이 있다. 이것은 깊이 30cm 이상 수직으로 구멍을 파고들어가 살기 때문에 흙을 파서 잡는다는 것은 힘든 문제이다.

이 녀석들을 잡는 방법이 있다. 갯벌 위층을 조금 걷어내면 구멍이 뚫려 있는 곳을 볼 수 있다. 바로 여기에다 된장을 엷게 탄 물을 뿌려놓고 머리카락이나 개털로 만든 긴 붓을 넣고 살살 흔들어준다. 쏙은 대단히 배타적 습성을 지니고 있어서 자신의 집으로 적이 침입하면 상대를 밖으로 밀어내게 된다. 이때 방어를 위해 구멍 끝으로 올라온 쏙을 말 그대로 쏙 끄집어내면 된다.

이처럼 전도에 있어서도 깊이깊이 꼭꼭 숨어버린 전도 대상자들을 쏙쏙

전도할 수 있어야 할 것이다. 교회성장이 둔화되고 전도가 위축된 것은 사실이나 지역주민의 생활 형태를 분석하노라면 길이 보일 수도 있다.

경기불황의 여파와 지역적 성향 그리고 주민들의 욕구를 세밀하게 지켜봐야 한다. 예를 들어 시대적 트렌드에 대한 관찰로 들어가 보자. 유아 침대 대여 서비스가 매달 10% 이상씩 증가하는 온라인 쇼핑몰도 있다고 한다.

알뜰파는 영화도 조조할인을 이용한다. 관광도 많은 사람이 국내로 돌아섰고 먹을거리뿐만 아니라 대부분 생활분야에서 웰빙(Well-being)을 넘어 로하스(LOHAS-Lifestyles of Health and Substantiality)가 여전한 강세이다. 광범위한 확대(Enlarging)보다는 심화(Deepening)전략으로 지역을 파악하고 함께 호흡하라는 것이다. 전도의 형태도 외치기(Shouting)에 의존하던 기존의 일방적인 방식을 쌍방향의 대화하기(Talking)로 바꿔 주민들이 동참하는 참여와 관계형으로 변화시켜 나가야 한다.

예를 들자면 어머니 영어교실, 품앗이 공부방, 지역봉사 등에 참여하는 것뿐만 아니라 자신들이 제안하는 프로그램에 교회가 적극적으로 협조함으로써 주도적인 참여가 일어나게 하자는 것이다.

결국 이런 모든 행위는 지역 주민들의 참여를 유도하고 그 모든 과정을 시각화하여 주민들과의 동화를 이루며 지역사회에 교회를 시각화하자는 것이다. 이렇게 함으로써 단단하게 닫힌 전도 대상자들에게까지 정보가 자연스럽게 흘러들어 가 그들의 마음을 열도록 해야 한다.

### ③ 본질의 시대 가치적 구현

온고이지신(溫故而知新)이라는 말이 있다. 역사적(歷史的) 맥락에서 논하자는 이야기가 아니다. 거룩하신 하나님의 섭리라는 차원에서의 본질의 시대 가치적 구현을 인식하자는 것이다.

우리가 전략과 준비를 이야기하지만 모든 것이 여호와 이레(여호와께서 보심, 여호와께서 준비하셨다)의 은혜요, 에벤에셀(여호와께서 여기까지 우리를 도우셨다)의 은혜이며 임마누엘(하나님이 우리와 함께 계시다)의 은혜이고 사랑이다.

그러므로 제한적인 사고로 의도된 전략의 실행을 부여잡고 고민하는 것을 내려놓고 하나님의 섭리하심 가운데 베풀어지는 창발적 전략을 실행하며 하나님께 영광을 돌려야 한다. 이것은 마치 여리고성 함락전략과도 같은 것이다. 여리고성은 매우 가파른 경사지와 여러 방해물 때문에 군사 작전으로는 승산이 불가능한 천연적인 요새였다.

하나님께서는 방법을 찾지 못하는 이스라엘 백성에게 은혜를 베푸셔서 여호수아에게 여리고성에 대한 점령 방법을 알려주셨다. 엿새 동안 매일 성을 한 바퀴씩 돌라는 것이었다. 성을 돌 때에 제사장 일곱 명이 양각 나팔을 불면서 언약궤 앞에서 진행하라고 명하셨고, 제 7일에는 그 성을 일곱 바퀴를 돌아야 한다고 명하셨다. 그다음 양각 나팔을 길게 울려 불라고 지시했다. 그리고 백성들에게는 그 소리를 듣게 되면 힘껏 큰 소리를 외치라고 하였다. 그러면 그 성벽이 무너져 내릴 것이라는 것이었다.

이스라엘 백성은 그 성벽이 무너져 내리는 것을 본 후에 각자 여리고 성으로 올라가라는 명령에 순종했다. 오늘 우리에게도 미리 자기중심적 전략을 세워 놓고 주님의 역사를 가로막는 어리석음은 없는지 돌아봐야 할 것이다. 이런 맥락 가운데 하나님께서 역사 하심에 따르는 것이 창발적 전략이며 그에 대한 실행이다.


### ④ 끊임없이 찾고 연구하는 열정과 끈기

미국 달라스에 기반을 두고 있는 인터넷 쇼핑몰 '우트닷컴' 이라는 회사가 있다. 보통의 인터넷 쇼핑몰들이 수많은 상품으로 혼란스러운 것과는 대조적으로 '우트닷컴' 의 차별화는 선택과 집중이다. 여기에서는 'One Day,

One Deal'이라는 원칙을 내걸고 하루에 한가지 제품만 아주 싼 가격에 판다는 비즈니스 모델이다. 밤 12시부터 판매를 시작해 그 다음 날 12시까지 24시간만 해당 제품을 판매한다.

출범할 당시만 해도 하루 5,000명에도 못 미쳤던 방문자 수가 현재 수십만 명으로 늘어났고 이 사이트의 정보를 손꼽아 기다리는 사람들을 일컫는 '우트족' 까지 생겨났다고 한다. 이것이 가능한 것은 유통의 혁신과 수요와 공급에 있어 사각지대를 발견했기 때문이다.

또한, 상호적 필요를 최적으로 연결할 수 있는 채널을 구성했다는 것이다. 이를테면 판매 경로의 어려움으로 쌓아두었던 물품이나 도산 회사들의 급매물, 또는 시장반응을 보려는 시제품(試製品) 등을 속속들이 찾아내 싼 값에 특화된 방식으로 판매하는 것이다. 이런 매칭은 소비자와 생산자, 판매자 모두를 만족하게 하는 상생이다.

국내에도 좋은 사례들이 많다. 우리 속담에 '싼 게 비지떡' 이라는 말이 있다. 그러나 이 고정관념을 깨고 "어떻게 이렇게 싸고 좋아! 너무 좋네!"라는 소리를 듣게 만들면 무엇이든 성공한다. IMF(國際通貨基金, International Monetary Fund) 외환위기 이후 소위 '천 냥 하우스' 가 많이 퍼져나갔었지만 지금은 쉽게 찾아보기 어렵다. 이유는 '싼 게 비지떡'이라는 인식의 파괴를 실현하지 못했기 때문이다.

그러나 아직까지 건재한 기업도 있다. 그들의 노하우는 무엇일까? 고객들에게 "이거 정말 싸고 좋네!"라는 기쁨과 만족을 안겨주었기 때문이다. 한 업체는 2만여 종이 넘는 다양한 제품을 갖추면서도 저렴한 가격과 높은 품질로 차별화를 이루어냈다고 한다.

생산업체의 입장에서는 일이 많건 적건 간에 직원들의 월급은 동일하게 지급해야 한다. 이러한 점에 착안하여 비수기나, 일손이 남아도는 시기에 발주를 하고 대량구매를 전제로 생산 코스트를 낮추었다는 것이다.

이게 말처럼 쉬운 것은 아니다. 저가 브랜드 의류를 생산하는 한 업체의 사장은 발주 가능한 지역에 있는 소규모 봉제공장의 종업원 수, 기술능력 등의 현황을 모두 조사한 후 그들에게 일감이 없을 때 일을 발주해서 비용 절감을 이루어냈다고 한다. 그만큼의 비용을 옷감의 질을 높이는데 투자함으로써 고객만족을 이루어냈으니 큰 성공은 당연한 귀결이었을 것이다.

'싼 게 비지떡' 이라는 느낌을 주지 않기 위해서는 제품의 품질을 높이려는 엄청난 노력이 필요한 것이다. 그야말로 질 좋은 제품을 만들 수 있다면 어디라도 마다하지 않고 찾아가는 열정과 헌신이 있어야 가능한 것이다.

전도의 방법도 끊임없이 찾고 연구하는 열정과 끈기가 필요하다. 요즘 일자리 찾기에 있어서도 더 이상 구직이 아닌 창직(創職-개인이 이전에 없던 직종을 직접 만들어내면서 1인 기업가 되는 일자리 창출)의 시대를 열면서 일자리와 신성장동력원 창출이라는 두 가지 과제를 동시에 해결하는 트렌드를 볼 수 있다.

열정과 끈기도 필요하지만 철저한 검증 과정을 거쳐야 한다. 어찌 실수와 시행착오가 없을 수 있겠는가? 이런 상황을 만나 좌절하고 무너지는 것이 아니라 이를 거울삼아 약진할 수 있어야 한다. 전도와 목회에 대해 늘 생각하고 연구하는 열정과 헌신이 겸비되어야 시시각각으로 다가오는 새로운 기회들을 놓치지 않게 될 것이다.

무엇보다도 단편적이고 획일화된 사고에서 벗어나야 한다. 주님 안에서의 일치를 통해 다양성을 열어가야 한다. 끊임없이 찾고 연구하는 열정과 끈기를 오직 의무감으로만 강요한다면 결코 오래가지 못할 것이다. 주님과 동행하는 기쁨과 감격 속에 일하는 행복이 넘쳐야 하고 그 가운데 하나님의 역사로 인한 능력이 넘쳐흘러야 할 것이다.


⑤ 리더십 개발

우리는 소위 포스트모던이라는 시대를 살면서 정보화를 넘어 개념화라는 물결에 휩싸여 가고 있다. 이러한 시대적 특징들은 자본주의 경제와 사유화, 양극화, 불확실성의 증가, 인터넷과 통신 발달, 평생직장의 소멸, 빈번한 이직 등에 잘 나타나 있다.

그런데 이러한 현상들이 긍정적인 측면도 많지만 많은 사람에게 사회적 소외를 더욱 심화시키는 부작용을 내포하고 있다는 점이다.

이것은 함께 모이고 생각하며 나눔을 실천하는 공동체에 대해 심각한 상처를 내며 큰 위협을 가하고 있다. 이런 사회적 소외와 고립의 기로에 놓인 사람들을 받아들이고 품어서 회복시키고, 리더로 육성하는 것이 분야별 리더십 교육의 핵심이다. 리더십 개발은 인격 형성과 크게 다를 바 없다. 그러므로 휴면 상태의 리더십의 자질들을 일깨워주면 누구든지 지도자가 될 수 있다.

현대 과학은 인간의 대뇌 변연계, 즉 림빅 시스템(Limbic System-감각 자극의 지각, 욕구와 관련된 행동, 정서적 표현 등을 통제한다)에 대해서도 밝히고 있다. 꼭 무엇이 발견되고 증명되고 나서야 호들갑을 떨게 아니라, 늘 기도하며 하나님께서 잠재시켜 놓으신 역량력에 최대한 관심을 집중하고 그것을 점화시켜야 할 것이다.

리더십 개발의 5단계를 살펴보자. 분야별 리더의 육성에 있어서의 선결 과제는 자신에 대한 인지와 방향설정, 잠재력의 발현과 확산에 대한 준비이다. 어떤 측면에서 본다면 소위 신앙인격 함양과도 같은 방향에서 배려와 존중, 이해, 올바른 안목, 교제, 조정, 능력개발, 상호작용, 공동체적 지혜를 운용할 능력 배양 등을 통해 지도력을 겸비하는 과정이다.

그다음은 리더십과 관련된 기술적 능력의 발휘에 필요한 준비가 되어야 한다. 리더십의 발휘에 있어 다양하게 요구되는 현실적 실용능력의 측면을

---

23) 연세대학교 교육철학연구회, 『위대한 교육사상가들 Ⅵ』(서울: 교육과학사, 2002), p. 157-p. 158.

말한다. 말하자면 모임의 인도, 연설, 의사 결정 등을 통해 문제를 찾아 해결하고 업무를 실행해야 하는 능력에 관한 준비를 일컫는 것이다.

그렇지만, 과업의 완수뿐만 아니라 수행과정도 중요하다는 것을 소홀히 하면 안 된다. 이것은 다분히 자아 중심적으로 흐를 우려도 있기 때문이다. 우리는 언제나 하나님 중심으로 모든 것을 해석하고 결정하여 시행해야 한다.

모든 성도는 그리스도의 지체요, 하나님 백성의 공동체이다. 이들이 바로 교회의 현실이요, 미래이다. 이들은 가정과 직장 그리고 교회와 사회에서 지도력을 발휘해야 한다. 이것이 바로 복음의 전파 통로가 돼야 한다. 다시 말해 이것은 삶의 총체적 의미로서의 전도라는 것이다. 그래서 우리는 모든 성도의 잠재된 재능을 발현하게 함으로써 분야별 리더십을 구현해내야 할 것이다.

하나, 인지(認知, Cognition)

보통 사람들은 자신을 지도자로 인식하지 않는다. 그래서 먼저는 하나님께서 인간 모두에게 주신 보편적인 것과 각자에게만 주신 특별한 것에 관하여 인식하게 해야 한다. 그리고 이에 대한 깨달음과 구체적인 발현에서의 확장을 도와주어 잠재된 지도자적 자질이 하나둘씩 피어올라 공동체 가운데에서 아름다운 조화를 이루게 해야 한다.

둘, 교호작용(交互作用-Interaction)

개인 상호 간뿐만 아니라 전체와 개인은 서로 상호 간의 관계를 매개하는 여러 가지 사회제도나 풍속과 끊임없는 교호작용을 하며 살게 된다. 이러한 과정에서 개개인은 자신에게 내재된 리더십의 잠재력을 발견하고 발현함으로써 기술을 향상시키며 확장하고 강화해 나가야 한다.

셋, 부르심(Calling)

사람들은 누구나 자신만의 소명을 가지고 있다. 소명은 하나님으로부터의 부르심이다. 그러므로 이것은 우리가 교회를 섬기고 이끄는 힘이 된다.

하나님께서는 하나님의 말씀과 성령의 감동, 복음전파의 사명을 따르며 순종할 것을 강조하신다. 이것이 곧 우리 삶의 의미요, 목적이기 때문이다. 하나님의 부르심에 "제가 여기에 있습니다. 저를 보내 주십시오."(이사야 6:8)라고 지체 없이 받아들일 수 있도록 내적 감동이 늘 충만하게 해야 한다.

넷, 그리스도의 지체 확인

누구나 성경을 읽거나 교회에 나올 수도 있지만, 그것으로 참된 신앙인이라고 하지는 않을 것이다. 반드시 예수 그리스도를 구주로 고백하고 그리스도의 지체로서의 확고부동한 모습이 뒤따라야 할 것이다. 리더십은 반드시 지체를 위한 자기 임무의 충실과 상생의 아름다운 조화를 창출해 낼 수 있어야 한다.

하나님으로부터 받은 소명을 따라 사는 사람은 언제나 불타는 사명감과 충성심을 발휘할 수 있다. 이것은 소명 자체에서 주어지는 힘이 아니라 하나님께서 베풀어주시는 영적인 능력이다. 그러므로 이런 사명자들은 하나님으로부터 지도력과 이에 필요한 영감을 부여받게 될 것이다. 따라서 마땅히 하나님께 영광을 돌리며 감사와 기쁨 가운데 충성해야 할 것이다. 그리스도 지체됨의 기쁨과 생명력은 반드시 감사와 사랑이라는 열매로 나타나게 될 것이다.

다섯, 프락시스(Praxis)

프락시스(Praxis)는 실천(Practice)과 이론(Theory)의 뜻을 다 내포하고 있다. 말하자면 이론을 세우고 그와 함께 실천을 동시에 이루어간다는 의미이다. 이 실천이라는 범위는 매우 다양한 것이다. 이를테면 이론에 대한 토론이나 제안, 반대, 동의 등도 이 실천의 범주에서 이해할 수 있는 부분이다. 이에 대한 피드백과 계속되는 프로세스 또한 프락시스인 셈이다.

위르겐 하버마스(Jürgen Habermas)는 고전적 프락시스에 대해 이런 의미를 견지했다. "첫째, 선을 목적으로 삼는 윤리적 활동이다. 둘째, 공동체

안에서 추구되는 정치적 활동이다. 셋째, 신중한 사려와 실천적 지혜에 연결된 활동이다."[23]

성경의 위대한 인물들은 우리와 같은 사람이지만 어떻게 그런 놀라운 일을 행하였을까? 프락시스(Praxis)적 차원의 이해를 도모해보자. 사람은 누구든지 어떤 것을 경험해 볼 때에 자신감을 갖게 된다. 그래서 백문불여일견 (百聞不如一見)이란 말을 하는 것이다. 보고 듣고 만져서 알지 못하면 이론만으로 자신감을 가질 수 없다. 마치 실험이나 임상을 거쳐 확증되지 않은 이론은 가설(假說, Hypothesis)인 것과 같다.

누구든지 자신이 보고 들은 것은 확실하게 말하고 믿을 수 있다. 믿음에 관한 것도 이와 같다. 믿음으로 행하지 못하는 것은 확신에 대한 결여 때문이다. 그러므로 하나님에 대한 체험적 은혜는 두려움 없이 실행할 수 있는 힘을 제공하는 것이다.

이것은 한두 번으로 만족할 사항이 아니다. 몸에 스며들어 우리의 삶의 진실로 나타나야 한다. 프락시스(Praxis)는 말씀과 경험에 대한 또 다른 실천이요, 과정이다. 이것은 더 깊은 영적 성숙으로 나가는 길이며 리더십 발현의 중핵이다.

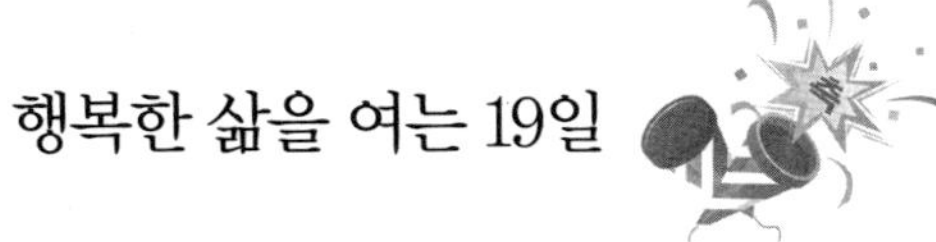

## 2. 사람들과 교육(People & Education)

"지혜 있는 자는 궁창의 빛과 같이 빛날 것이요 많은 사람을 옳은 데로 돌아오게 한 자는 별과 같이 영원토록 빛나리라"(다니엘 12:3)

### (1) 행복디자인전도를 여는 사람들

교회를 말할 때 에클레시아(Ecclesia)라고 하는데 이는 희랍어인 'ekklesia'에서 비롯된 말로 '에크'(ek, out of: 밖으로)와 '칼레오'(kaleo, to call out: 불러내다)가 합성된 의미로 '세상으로부터 불러내셨다.'라는 뜻이다. 좀 더 들어가 보면 교회는 하나님께서 예수 그리스도의 이름으로 부르시고 그의 피로 구속하셔서 예수 그리스도의 몸에 접붙여 생명적 연결을 시켜놓는 자들의 모임이다. 그러므로 교회는 그리스도의 몸(Body of Christ)이다.

그러므로 그리스도인들의 삶은 자신들이 사는 것이 아니라 그리스도와의 연합에 의한 그리스도의 생명으로 사는 것이다. 이 연합은 성령에 의한 가장 실제적이고 구체적인 것이며 신비한 것이다. 우리는 예수 그리스도와의 이 생명적 관계를 말해 그리스도를 머리라고 하며 교회를 몸(에베소서 1: 22~23, 골로새서 1:18)이라고 하는 것이다. 성도 상호간에도 진정한 교제가 이루어져야 함이 지체와 머리가 연합됐기 때문이라는 사실을 기억해야 한다.

예수 그리스도가 교회의 머리가 되셨다는 것은 교회의 생명과 모든 명령 체계가 예수님께 있다는 것이다. 그러므로 예수님의 마음과 생각, 예수님의 판단과 명령이 온전히 교회에 적용되어야 하며 반드시 그렇게 움직여져야 한다.

교회를 에클레시아(Ecclesia)와 조직이라는 두 가지 관점에서 살펴보자. 교회에 대한 문제는 항상 본질적인 이해의 부족에서부터 비롯된다. 무엇보다도 유기체, 즉 하나라는 의식이 없어서는 안 된다.

교회는 그리스도의 생명에 연결되어 있고, 그리스도의 몸 된 지체들로서 질서 정연하게 존재하는 것이지, 임의적으로 내키는 대로 마구잡이로 엉겨 붙어 있는 것이 아니다. 진정한 생명적 연합으로 이루어져 있기 때문에 교회의 분열은 있을 수 없으며 불가하다. 교회의 분열은 곧 그리스도를 나눔이 되기 때문에 스스로 모순과 불신앙을 드러내는 꼴이다.

교회는 그리스도와의 수직적 교통 때문에 성도들의 아름답고 수평적인 교제가 가능한 것이다. 이 교회가 유지되고 성장하려면 조직이 필요하다. 하지만, 그 조직은 확고부동한 유기체적 인식 속에 최소화되어야 한다.

조직은 봉사와 섬김 등과 같은 은사적 실현의 효율성을 위해 갖추는 것이다. 그러나 교회의 머리가 예수님이라는 핵심이 빠져서는 무의미하다. 교회에서 세워지는 수많은 계획과 활동들 가운데 과연 얼마만큼이 예수님의 뜻하심에 따라 순종하여 움직여지고 있는지 진지하게 돌아볼 일이다.

E. M. 바운즈(Edward McKendree Bounds; 1835~1919)는 "사람이 하나님의 방법이다."라는 말을 했다. 많은 교회는 복음의 확장과 교회의 부흥을 위해 보다 효율적이고 바람직한 방법이나 전략, 조직 등을 창출해 내려고 엄청난 노력과 수고를 아끼지 않는다. 다 좋은 일이나 이러한 현상이 때론 사람이라는 핵심을 잃어버리고 조직이나 전략에 매몰되게 하는 경향이 있다.

무엇보다도 간과하지 말아야 할 것이 사람이다. 그 이유는 하나님께서는 항상 하나님의 백성을 주목하여 모든 것을 진행하시기 때문이다. 교회들은 보다 더 나은 전략과 방법을 찾아 헤매지만, 하나님께서는 하나님을 주목하고 말씀에 순종하는 사람들을 찾고 계신다. 이것이 바로 하나님께서 하시는 방법이다.

21세기 교회의 핵심 이슈(Issue)로 부각되는 것은 건강한 교회이다. 이는 교회가 건강하기만 하면 당연히 성장한다는 귀결을 인정하는 것이기도 하지만 건강치 못한 성장은 큰 문제를 일으킬 수도 있기 때문이다. 교회의 건강이라는 것은 다름 아닌 성도 개개인의 건강을 의미하는 것이기도 하다.

이를 위한 선행은 교육이 되어야 할 것이다. 사도행전 2:42-47을 보아도 사도의 가르침이 선행되었음을 알 수 있다. 그다음이 서로의 교제요, 나눔과 기도였다. 이런 귀결로 주께서 구원받는 사람들을 날마다 더하게 하신 것이다.

교회는 예배, 전도, 교육, 친교, 봉사가 아름답게 일어나는 곳이다. 이러한 공동체의 어울림 속에 흘러넘치는 예수 그리스도의 생명의 역동으로 잃은 양을 찾아 나서야 한다. 이것은 주님의 지상명령이며 인생 최대의 아름다움이요, 행복이며 가치발현이다.

## (2) 교육의 개념과 행복디자인전도의 교육 방향

근대 교육의 창시자라 불리는 체코의 교육사상가 존 아모스 코메니우스(John Amos Comenius; 1592~1670)는 판조피(Pansophie)[24]와 팜파디아(Pampaedia)[25]의 차원에서 교육적 개념을 제시했다.

여기에는 인간을 진리로 이끌어 가는 모든 과정을 뜻하는 파이데이아(Paideia)가 있다. 그리고 하나님과 세상과의 바른 관계를 회복하도록 만들

---

24) 판조피(Pansophie, 汎智學): 참된 지혜와 지식, 모든(범, 汎) 지혜.
25) 팜파디아(Pampaedia, 汎敎育學): 모든 것과 모든 방법을 통해 모든 사람을 올바른 상태를 말하는 범지혜로 이끄는 것.

어주는 교육으로서의 인스티튜티오(Institutio)도 있다. 또한, 잘못된 자리에서 바른길로 인도해가는 길 안내로서의 교육을 일컫는 에듀카티오(Educatio)까지 내재되어 있다.

코메니우스는 하나님께서 세우신 목적에 부합되는 것이 앎에 합당한 사물들의 사용이라는 의미에서 이것을 합목적성이라고 했다. 코메니우스의 교육사상은 교육의 필요성을 참된 지식을 가르치는 것으로 이야기했다. 여기에서 참된 지식이라 함은 인간은 하나님께서 창조한 고귀한 존재라는 사실과 그리스도를 통하여 하나님의 형상으로 회복될 수 있음을 의미한다.

무려 400여 년 전에 살았던 코메니우스의 이러한 교육사상이 과연 오늘날의 세대에게 얼마나 유용하겠는가? 이런 의문에 대한 대답을 떠나 온고이지신(溫故而知新)의 사고를 통해 오늘의 갈 길을 조명해야 함을 깨달아야 할 것이다.

영어로 'Education(교육)'의 어원은 라틴어 'educo'인데 이것은 e(out-밖으로)와 duco(to draw-이끌어내다)의 결합어이다. 어원적인 이해로 보아도 교육은 일방적으로 밖에서 안으로 주입하는 일이 아니고, 피교육자의 내부에 잠재된 가능성을 발현하도록 도와 이를 구체화, 현실화하게 하는 일이다.

레빈(K. Lewin)은 그의 장이론(場理論, Field Theory)에서 인간의 행동은 개인이 처해 있는 환경과의 함수관계라는 측면을 강조하여 인간과 환경을 불가분의 관계로 보았다. 장이론(場理論, Field Theory)은 인간의 행동(Behavior)은 타고난 인성(Personality)과 환경(Environment)이라는 변수에 따라 결정된다고 하여 B=f(P·E)라고 말한다.

그렇다면 중요한 것은 교육이라는 변수이다. 사람이 살아가는 데 있어 필요한 행위를 가르치고 배우는 일과 그 과정을 교육이라고 할 수 있다. 보다 본질적으로 바라보자면 영원한 진리나 가치로의 접근 과정이며 이에 대한 현실적 구현의 수단이 교육이라고 할 수도 있다. 구체적으로는 무엇인가를 가르쳐야 하는 것이고 육성해야 한다는 의미를 가지고 있다. 가르쳐야 한다면 지식과 기술 같은 것들이며 길러야 한다면 인격이 아니겠는가?

이에는 계획적으로 변화시키는 과정이 필요하다. 변화라함은 개선, 교정, 조성, 육성, 함양, 계발, 발달, 증대 등을 포함하는 것으로 없던 지식이나 기술, 사고력 등을 갖게 하고 숙달하게 하는 습득의 포괄적 의미이다. 여기에서 집중해야 할 점이 계발이다. 이는 잠재된 능력에 대한 깨움이며, 본질적 회복을 통해 발달해 나갈 도약의 토대이다.

다시 말해 교육은 지식의 주입이 아니다. 이미 하나님으로부터 주어져 있는 능력을 계발하도록 도와주는 일이다. 소크라테스는 교육이 마치 출산이 임박한 임신부를 도와 아이를 순산하도록 하는 것과 같다는 비유적 표현으로 산파술이라 했다. 그래서 우리는 이를 소크라테스의 산파술(Socratic Midwifery)이라고 한다.

식물의 씨앗에 비유해보아도 교육은 지식의 주입이 아닌 잠재된 능력에 대한 깨움이다. 아무리 크고 튼실한 씨앗이라도 가만히 놔두면 언제나 씨앗 그대로 남아있어 하나의 씨앗에 불과할 것이다. 그러나 그 씨앗을 땅에 심었을 때에는 씨앗에 생명력이 움트기 시작한다. 심되 좋은 땅에 심어야 하고, 해당 씨앗에 적당한 모든 필요를 맞추어주어야 한다. 그뿐만 아니라 좋은 발육과 결실을 위해서라면 좋은 농사법이 식물에 적용되어야 한다.

또 하나의 유사한 개념이 줄탁동시(啐啄同時)라는 것이다. 그 의미는 병아리가 알 속에서 나오려면 알을 깨기 위해 스스로 부리로 껍질 안의 연한 부분을 빨아 들이( 啐 : 빨 줄)고 이에 더하여 알을 품던 어미 닭이 병아리의 소리를 알아듣고 밖에서 알을 쪼아(啄 : 쫄 탁)대야 한다는 것이다. 이 두 가지가 동시에 이루어졌을 때 비로소 병아리는 알을 깨고 밖으로 나오게 되는 것이다.

여기에서 알껍데기를 빨아들이며 밖으로 나오려는 병아리의 노력은 잠재된 능력을 자각하여 발현하는 것이다. 어미 닭의 쪼아댐은 학생에게 깨우침의 방법을 일러주려는 스승의 역할과 같은 것이다. 교육에 관한 이 같은 비유들은 가르치고 배우는 것이 창조적 섭리에 순응하는 따뜻한 인격적 작용임을 다시 한 번 깊이 깨우쳐 주고 있다.

'행복디자인전도'를 위한 교육은 삶의 총체적 의미로서의 예배와 전도의 삶을 실현하도록 하는 방향성을 가지고 있다. 따라서 그리스도인들의 회복과 부흥을 바탕으로 하나님의 부르심과 부여하신 사명에 대한 시대 가치적 구현을 위해 힘써 노력하도록 만들어가야 할 것이다.

급변하는 시대적 조류 속에서 쏟아지는 온갖 새로운 지식과 개념들이 넘쳐흐르고 있다. 이런 것들에 휘둘려 중심을 잃고 마음을 뺏겨서는 안 된다. 무엇을 하든지 중요한 것은 복음이다. 복음의 핵심이 없는 프로그램과 교육이라면 그것이 과연 교육이상의 무슨 의미를 지니겠는가? 그렇다면 모든 교육의 원리와 방법이 하나님의 말씀에서 출발되어야만 올바른 의미와 가치를 지닐 수 있게 된다는 사실을 다시 한 번 상기해야 할 것이다.

### (3) 행복디자인전도의 교육 목적

교회 교육은 하나님과 함께 시작하고, 하나님의 인도 하심 아래에서 수행돼야 하는 교육이다. 1958년 미국교회협의회가 제시한 기독교 교육의 목적을 살펴보면 "기독교 교육의 지상 목적은 사람들로 하여금 예수 그리스도 안에 나타나셨던 하나님의 사랑을 깨달을 수 있게 하는 것이다.

또한, 하나님의 자녀로서 성장하며, 하나님의 뜻에 일치하여 살고, 기독교적 공동체와의 생동적 관계를 유지할 수 있도록 도와줄 여러 방법의 가르침을 통해 하나님의 사랑에 응답할 수 있게 하는 것이다."라고 정리해볼 수 있다.

교회 교육의 목적은 무엇보다도 하나님의 사랑을 깨닫고 믿음으로 이에 응답하게 하는 것을 바탕으로 한다. 따라서 피교육자의 삶이 하나님의 뜻을 발견하고 성경 말씀에 순종하도록 깨우치고 인도하는 일이 되어야 할 것이다. 그 다음은 잃어버린 양을 찾아 나서게 하는 것이 될 것이고, 아울러 하나님의 선한 사업에 쓰임 받는 데 부족함이 없도록 준비하게 하는 것이다.

우리의 교육의 장(場)은 교회이다. 여기에서 교육자와 피교육자의 관계 그리고 교육내용이 조직적으로 작용하여 하나님의 나라와 의를 구현하는 데 아름답게 쓰임 받아야 한다.

인간이 태어나서 삶을 산다는 것은 그가 처한 환경과의 끊임없는 교호작용이다. 이러한 가운데 경험되어지고 해석되는 관계적 실체를 이어가는 것이 삶이 아니겠는가? 이 환경 가운데에서 핵심이 되는 것이 사람과의 관계이며 본질적으로는 하나님과의 관계인 것이다. 이러한 측면에서 인간을 인간답게 만들어주는 인간적인 방법의 가장 훌륭한 매개가 교육이라는 것이다.

코메니우스(John Amos Comenius)는 교육의 초점을 타락한 인간으로 하여금 하나님의 형상을 회복하도록 하는 계발에서 찾고자 하였다. 그래서 그는 인간에게 내재되어 있는 이성(理性)과 덕성(德性) 그리고 영성(靈性)을 계발하여 조화를 이루어가는 전인교육을 강조하였다.

하나님으로부터 출발하지 못한 모든 것은 시작과 끝을 전혀 알지 못한 채 현재에 머무르고 있는 것이다. 그러니 허공을 울리는 메아리처럼 무의미한 것이다. 그래서 인류의 많은 철인(哲人)들이 그 해답을 찾아 갈구했지만, 오히려 갈급함만을 남기고 말았다. 하나님과의 친밀한 관계 속에서 이루어지지 못한 것이라면 그 어떤 것도 본질적 해답을 얻을 수 없는 것이 당연하다.

이런 의문과 단절에 대한 지극히 현실주의적이고 인본주의적인 모색이 바로 눈에 보이고 측정 가능한 물리적 공간에서의 욕심이다. 교육이 이런 욕심을 채우기 위한 수단으로서 시행된다면 끝없는 인간의 욕구를 채우려는 악순환만이 거듭되고 말 것이다. 이제는 인류의 이와 같은 질주에 대해 과감한 제동을 걸어야 한다.

그렇다면 무엇을 교육해야 한다는 것인가? 해답은 간단하고 분명하다. 예수 생명을 교육해야 하는 것이다. 한국교회의 새로운 부흥과 성장을 위한 길은 과연 무엇인가? 조금도 주저 없이 내놓을 수 있는 해법은 하나님의 말씀인 성경으로 돌아가야 한다는 것이다. 언제든지 부흥을 위한 맹아(萌芽)는 성경을 가르치고 배우는 일과 성령의 역사 하심에서부터 비롯되었음을 부인할 수 없을 것이다.

따라서 한국교회의 새로운 부흥과 성장의 시작도 다름 아닌, 성경으로 돌아가 올바른 가르침을 선행(先行)해야 한다는 것이다. 이렇게 명확한 방향과 목표를 설정하고 모든 지혜를 집중한 방법을 통해 복음의 일꾼들을 양육해야 한다. 그리고 그리스도 안에서의 성숙한 인격을 형성하도록 만든다면 교회마다 새롭게 부흥하고 성장한다는 소식들이 여기저기에서 오월의 꽃 향기처럼 흩날릴 것이다.

### (4) 행복디자인전도를 위한 교육 과정

'무엇을, 어떻게, 왜 가르치는가?' 라는 질문에 대한 답이 교육과정이다. 즉 교육목표를 달성하기 위하여 선택된 교육내용과 학습활동을 체계적으로 편성하고 조직한 교육의 기본 설계도가 바로 교육과정이다. 교육과정에 대한 진행에서 교육목표가 얼마만큼이나 달성되었는가를 평가하는 일 또한 간과하지 말아야 할 중요한 부분이다. 평가 결과에 따라서 목표를 재검토하는 등의 순환과정을 거치는 동안 발전적 교육 작용이 전개되는 것이기 때문이다.

교육과정(敎育課程)을 영어로는 'Curriculum' 이라고 한다. 이 단어의 어원은 라틴어의 쿠레레(Currere)이며 경주로(Race of Course)와 경주(競走) 그 자체에 해당하는 의미이다. 이러한 안목에서 본다면 교육과정은 말이 달리는 도정(道程) 또는 경주로(競走路)와 같은 의미이다. 다시 말해서 출발지점에서 목적지점까지의 유목적적(有目的的)인 과정을 뜻한다.

이 교육과정은 불변하는 것이 아니다. 사회적인 변화나 시대적 요구 그리고 학문의 발전 등을 반영하여 끊임없이 개정되고 발전되어야 한다. 또한, 지역사회나 교회의 특성과 여건이 충분히 반영될 수 있는 교육계획이 되어야 한다. 이제 '행복디자인전도'의 실현을 위한 교육과정을 살펴보자. 이 교육과정의 전개를 위한 함의적(含意的) 전제는 피교육자의 적극적인 수용성과 참여, 열정과 헌신을 바탕으로 해야 한다는 것이다.


## Step 1. 도입 프로세스(Process)

-1단계: 행복디자인전도 세미나

전도의 새로운 시야를 열고, 전도의 필요와 의미를 다시 한 번 새롭게 되새기도록 돕는다. 아울러 '행복디자인전도'의 구체적인 내용과 함께 방향과 전략들을 자세하게 파악하도록 협력한다.

-2단계 : 실행교육

'행복디자인전도'의 실행을 위한 구체적인 내용으로 구성된 커리큘럼(Curriculum)을 습득한다(행복디자인전도론, 그린패스춰론-Small Group, 리더십론, 전도전략론, 품성 계발론).

-3단계 : 프로그램별 교육

어머니 영어교실, 지역 영어마을 만들기(마을 영어 어학실습실), 티타임 바이블스토리와 영어, 품앗이 과외 공부방, 교회 직분명함, 인터넷 카페(Cafe), 미니 영어학습 월간지, 비치용(備置用) 서적, 어린이 학습물 무상제공, 테마(독서, 등산, 탁구 등)동아리 활동, 인터넷 지역신문 활동, 국내선교사관학교, 전도대상자 초청 연합 테마 여행이벤트, 테마별 강좌와 모임(아빠의 청춘, 엄마의 삶, 아내의 삶, 자녀교육 마스터플랜, 경제 리더십), 음악의 향연(합창, 연주회), 테마여행(시와 사진 & 건강), 연극과 삶의 향기(출연과 관람), 요리교실, 컴퓨터반, 엄마의 미(美)와 기쁨, 꽃보다 아름다운 당신, 지역소식 인터넷 신문(행복공감), 가벼운 운동모임(배드민턴, 탁구, 테니스, 산책, 주변 등산) 등.

어머니 영어교실을 중심으로 교회별로 관심 있고 운영 가능한 프로그램을 선택하여 차별화전략 가운데 교육과 준비를 완료하여 시행하면 된다.

－4단계 : 실행교회 연합수련회

실행교회들이 전국 또는 지역별로 연합하여 영적인 힘을 모으고 함께 도전 받으며 실행 노하우를 교환하는 등의 시너지를 창출하는 수련회를 실시한다.

－5단계 : Expo 및 우수사례 컨퍼런스(Conference)

엑스포를 통해 전도에 유용한 모든 자료와 정보를 교환하고 아이디어를 모으며 우수사례 발표의 장을 만들어준다. 또한, 아울러 이와 관련한 컨퍼런스를 수시로 개설하여 전도를 통한 부흥을 전략적으로 지원한다.


## Step 2. 교회별 기획(마스터플랜 작성)

－1단계 기획

하나, 환경 분석(시대적 트렌드, 경쟁 환경: 문화센터, 평생교육원, 자치단체 등)

시대적 조류와 지역적 특성 또는 호감도를 감안하여 주변과의 확실한 차별화를 이룬다.

둘, 방향설정

교회별 특성을 살리고 부각하여 나가야 할 방향을 만들어간다.

-2단계 컨셉 개발

하나, 전도대상자 세분화(라이프스타일, 호감도를 감안한 설정)

지역주민과 전도대상자들의 라이프스타일, 호감도 등을 세밀하게 관찰하여 그들의 필요를 충족할 뿐만이 아니라 새로운 필요의 창출을 선도한다.

둘, 전도대상자 니즈분석(필요성, 가치성)

일방적인 것은 아무리 좋아도 허공에 울려 퍼지는 대답 없는 메아리가 되고 만다. 필요한 프로그램과 그 안에서의 남다른 가치 창출을 이루어야 한다.

셋, 컨셉 및 전략 도출(목표설정, 차별화 요소, 경쟁력)

해당 아이디어들을 총체적으로 분석하고 조감하여 목표를 설정하고 차별화 요소를 부각함으로써 경쟁력을 높여 나간다.

-3단계 시스템과 세부 설계

하나, 컨셉 구체화 방안도출(적용 및 실행 디자인 컨셉)

컨셉을 구체화하여 세부적인 전략을 짜고 시스템을 창출해 낸다.

둘, 홍보기획(기본전략, 교회별 전략)

기본적인 전략의 적용과 교회별 전략을 총동원하여 효율적인 알림과 모집을 이루어감은 물론 지속적인 홍보로 안정적 이미지를 구축해나가야 한다.


## Step 3. 교회별 도입준비

-1단계 : 기본교육

행복디자인전도론, 그린패스취론-Small Group, 리더십론, 전도전략론, 품성 계발론 교육.

-2단계 : 영성수련회

'행복디자인전도' 의 실행준비를 위한 교회별 영성수련회를 실시하여 강력한 동력을 구축한다.

-3단계 : 수행훈련

기획된 마스터플랜을 가지고 실제 상황을 가정하여 수차례의 워크숍을 실시한다.

－4단계 : 인스펙션(Inspection)

최종 점검을 통해 문제점이나 부족한 부분을 보완하고 원활한 실행을 위해 대비한다.

－5단계 : 실행

준비된 프로그램이 매끄럽고 원활하게 움직여 나가도록 영적으로 무장하고 최선을 다한다.

－6단계 : 평가

좀 더 나은 다음을 위하여 점검과 보완을 이루어간다.

－7단계 : 도약 영성수련회

수고에 대한 격려와 영적 재충전을 통해 다음의 새로운 도약을 준비한다.


### (5) 사역자 스퀘어(Square) 시스템

사역자 스퀘어(Square)는 Vision Provider(希望傳令使)와 Facilitator(希望促進者), Leader(희망섬김이) 그리고 Green Pastures Leader(초장섬김이)를 일컫는다.


### ① Vision Provider(VP:希望傳令使)

어느 곳이든지 희망이 있어야 생명력이 유지된다. 희망이 없다는 것은 곧 영적으로는 죽음이나 마찬가지이다. 희망전령사는 그리스도의 복음을 통해 희망을 불어넣는 역할을 한다. 주로 담임목사가 이 역할을 감당하는 것이 가장 좋을 것이다. 그러므로 VP는 '행복디자인전도'의 총괄 책임자로서 비전을 창출하고 방향을 제시해야 한다.

② Facilitator(FT : 希望促進者)

어떤 그룹 활동이나 프로젝트에서 한 명 한 명의 능력과 의욕을 주체적으로 발휘하게 만들어서 큰 성과를 얻을 수 있도록 촉진적 역할을 감당하는 사람을 퍼실리테이터(Facilitator)라고 한다. 퍼실리테이터(Facilitator)는 참여자들로부터 집단지성을 이끌어 내거나 합의를 도출해 내는 능력을 발휘하는 사람이다.

그러므로 참석자들의 잠재력과 다양성을 인지하고 존중하며 상황에 맞는 최적의 프로세스를 디자인하여 참여를 이끌어 냄으로써 기대했던 성과를 만들어 낼 수 있도록 세션(Session)을 움직여나가야 한다. 보다 구체적으로 말하자면 퍼실리테이터의 역할은 팀의 목적, 기대수준, 원하는 것 등을 명확히 하는데 기여하는 것이다.

또한, 구성원들의 인식과 개인차를 이해하고 팀의 토론을 지도하여 문제해결이나 의사결정을 위한 의사소통과 갈등을 관리하는 것이다. '행복디자인전도'에서 이들은 이러한 역할을 통해 교회에 연결된 참여그룹들이 호감을 느끼고 복음을 받아들이며 교회에 출석하도록 희망을 불어 넣는 촉진자들이다.


③ Leader(LD : 희망섬김이)

LD(리더)는 새신자 한 사람을 LD(리더) 한 사람이 맡아서 관리하는 일대일 사역시스템의 주역이다. LD(리더)는 새신자가 하나님과의 관계를 회복하고 영적으로 성장해나가도록 도와주고 이끌어 주는 사람이다. LD(리더)는 새신자 한 사람이 그리스도인으로 올곧게 설 수 있도록 주님의 심정으로 최선을 다해야 한다. 그러기 위해서 해야 할 최우선 과제는 정착이다.

ㄱ. LD(리더) 사역자의 자세와 정신

하나, 성육신은 물론 죽기까지 우리를 사랑하신 주님의 사랑으로 새신자를 돌보아야 한다.

둘, 새신자는 하나님께서 천하보다 귀하게 여기는 잃었던 양이다.

셋, 새신자는 하나님께서 내게 맡겨주신 천하보다 귀한 영혼이다.

넷, 새신자는 내가 영적 아비와 어미된 심정으로 돌보고 길러야 할 영적 어린아이이다.

다섯, 새신자는 주님 섬기듯 끝까지 섬겨야 할 사랑의 대상이다.

ㄴ. LD(리더) 사역을 위한 과정

하나, 등록(새신자 100% 정착 목표)-LD(리더)가 꽃다발 선물, 새신자부에서의 선물, 담임목사의 기도와 환영, 담임 목사와의 일대일 또는 당일 등록자 단체 면담, 사진 촬영

둘, LD(리더)와의 매칭(Matching)-새신자와의 최적의 조합

셋, LD(리더)의 8주간 사역-내·외적 돌봄과 사귐(문자 메시지, 식사 대접, 교회 내 안내와 소개), 가장 적합한 내부 교인과의 단짝 매칭(Matching)

넷, GP(Small Group)에 배치-첫 모임에서의 감동적인 환영

다섯, 일정한 시간 후 새신자의 NLC(New Life Community) 등록


④ Green Pastures Leader(GPLD : 초장섬김이)

Green Pastures(GP)로 명명된 스몰그룹은 남의 성공을 도와 내가 성공하는 상생의 생명 공동체를 일컫는다. Green Pastures(GP:푸른초장)는 말씀의 물이 흐르고 성령의 바람이 불고 사랑의 열기가 넘치는 곳으로 양떼들이 목자를 따라 살아가는 삶의 터전이다. 그러므로 충분한 목초와 쉼터를 제공하는 나무들이 아름답게 어우러져 있어야 한다.

따라서 짙푸르게 펼쳐지는 목초들과 가지(Branch)들이 왕성하게 솟아나고 생육하여 푸른 숲을 만들고 많은 열매도 거둘 수 있게 만들어야 한다. Green Pastures(GP)는 쉴만한 물가에 심긴 생명력이 넘치는 아름다운 나

무들이 제공하는 쉼터와 열매를 통해 풍요와 평화를 누리는 양떼들이 목자를 따라 양육되는 푸른 초장이다.

보통 스몰그룹 활동이 평신도를 훈련시켜서 교회를 역동성 있게 할 뿐만 아니라 양적 성장에도 많은 기여를 하고 있다. 그러나 스몰그룹의 관심이 '하나님 나라'에 관한 거시적 관점에서의 상생과 유기체적 생명력으로 확산되지 못하고 자신들만의 공동체에 집중되어 화석화되어진다면 이는 오히려 큰 부작용을 일으키는 위험 세포로 전락할 우려가 있다.

Green Pastures는 교회가 그저 스몰그룹을 운영하자는 것이 아니라, 진정 그리스도의 지체된 세밀하고 아름다운 필수적 공동체를 형성하여 오직 주님으로 인하여 호흡하며 움직이고 살아가는 생명공동체가 되기를 원하는 것이다. 이 세밀하고 아름다운 필수적 공동체를 생명력으로 넘쳐흐르게 만들어 주시는 주님의 뜻을 따라 기쁨으로 섬기는 리더가 초장섬김이들이다.

## (6) 행복디자인전도의 교육실행 계획과 커리큘럼(Curriculum)

새들을 창조하신 하나님께서는 두 날개로 하늘을 날도록 만드셨다. 이러한 측면에서 교회를 바라본다면 라지그룹(Large Group)의 한 날개만으로는 열심히 날려고 해도 어렵다는 것이다.

보통 교회를 말할때 대부분 건물 중심으로 모이는 '오라 구조(Come Structure)'로 생각한다. 신자들은 잘 준비된 교회에 와서 성직자들을 만나 교육도 받고 설교도 들으며 친교 하는 구조이다. 그러나 항상 한쪽 날개의 허전함은 온전한 힘을 발휘할 수 없게 만들었다. 잃어버린 한쪽 날개를 회복하여 하늘 높이 비상하고자 하는 일들이 들불처럼 번지고 있는데 이것이 셀 교회 운동이다.

날개적 균형에 이은 중요 사항은 '오라 구조(Come Structure)'에서 '가라 구조(Go Structure)'를 병행하라는 것이다. 교회는 믿는 자들이 모이는

# 행복디자인전도대학 커리큘럼(Curriculum)

| Vision Provider(VP) & Facilitator(FT) | | | | |
|---|---|---|---|---|
| 8주(週) | 월/일/시간 | 강의내용 | 강의방법 | 비고 |
| 1 | -월/-일/3시간 | 행복디자인전도론 | 교재<br>PPT & PDF | 평가 |
| 2 | -월/-일/3시간 | 그린패스춰론-Small Group | 교재<br>PPT & PDF | 평가 |
| 3 | -월/-일/3시간 | 행복디자인전도 리더십론 | 교재<br>PPT & PDF | 평가 |
| 4 | -월/-일/3시간 | 행복디자인전도 전략론 | 교재<br>PPT & PDF | 평가 |
| 5 | -월/-일/3시간 | 행복디자인전도 품성 계발론 | 교재<br>PPT & PDF | 평가 |
| 6 | -월/-일/3시간 | 행복디자인전도 목회공학론<br>(환경설계, 디자인, 컴퓨터와 IT) | 교재<br>PPT & PDF | 평가 |
| 7 | -월/-일/3시간 | 행복디자인전도의 컨셉과<br>플래닝을 위한 점검과 PT | 교재<br>PPT & PDF | PT |
| 8 | -월/-일/3시간 | 행복디자인전도 프로그램의<br>이해와 활용 | 교재<br>PPT & PDF | PT |

| Leader(LD) & Green Pastures Leader(GPLD) | | | | |
|---|---|---|---|---|
| 기간 | 주당시간 | 강의내용 | 강의방법 | 비고 |
| 8주(週) | 2시간 | 조직신학 | 교재<br>PPT & PDF | 평가 |
| 8주(週) | 2시간 | 공동체론 | 교재<br>PPT & PDF | 평가 |
| 8주(週) | 2시간 | 성경개관 | 교재<br>PPT & PDF | 평가 |
| 8주(週) | 2시간 | 영성 훈련 및 품성 계발 | 교재<br>PPT & PDF | 수련회 |
| 8주(週) | 2시간 | 상담과 교육학 | 교재<br>PPT & PDF | 평가 |
| 8주(週) | 2시간 | 그린패스춰론-Small Group | 교재<br>PPT & PDF | 평가 |
| 8주(週) | 2시간 | 전도학 | 교재<br>PPT & PDF | 평가<br>실습 |
| 8주(週) | 2시간 | 리더십과 커뮤니케이션 | 교재<br>PPT & PDF | 평가<br>실습 |

| NLC(New Life Community: 새신자) & 이수하지 못한 교인 | | | | |
|---|---|---|---|---|
| 기간 | 주당시간 | 강의내용 | 강의방법 | 비고 |
| 2주(週) | 2시간 | 기독교의 이해 | 교재<br>PPT & PDF | 평가 |
| 2주(週) | 2시간 | 교회생활 안내 | 교재<br>PPT & PDF | 평가 |
| 2주(週) | 2시간 | 공동체론 | 교재<br>PPT & PDF | 평가 |
| 2주(週) | 2시간 | 조직신학 | 교재<br>PPT & PDF | 평가 |
| 2주(週) | 2시간 | 성경개관 | 교재<br>PPT & PDF | 평가 |
| 2주(週) | 2시간 | 영성훈련 | 교재<br>PPT & PDF | 실습<br>수련회 |

◆ 평가 : B 미만 과목 재이수
◆ 평가방법
①Attendance 40%  ②Assignment 30%  ③Mid-term 10%  ④Final Exam 20%
(A=90% to 100%, B=80% to 89%, C=70% to 79%, D=60% to 69%, F=50% to 59%)
◆ 상세내용
① 출결관리(엄격한 출결관리로 수업진행)
② 수업개시 후 10분 지각 시 결석처리
③ 3회 지각은 1회 결석처리
◆ 시험은 그간 다루었던 중요한 내용을 제대로 소화하고 있는지를 알아보기 위해 간략한 Take-
   Home Examinations 방식으로 수차례 시행
◆ 평가기준: 본 시스템 도입을 위한 영성과 열정, 아이디어의 창의성, 논의의 체계적인 전개 여부


(Come) 공동체와 믿지 않는 자들을 향해 나아갈(Go) 수단을 동시에 가져야 하는 것이다.

현대 선교학의 아버지로 불리는 랄프 윈터(Ralph Winter)는 교회의 이중 구조에 대하여 '소달리티(Sodality Structure) 구조와 모달리티(Modality Structure) 구조' 라는 두 용어를 사용했다.

모달리티(Modality)란 양육중심의 회중 교회 구조를 말하는 것이고 소달리티(Sodality)란 과업 중심적인 선교 구조를 말한 것이다. 이것은 또한 '예

배를 위한 공동체'와 '사역을 위한 공동체'로 생각해 볼 수도 있는 것이다. 그러나 결코 어느 것 하나만이 전부가 될 수는 없다.

이 둘의 통합과 협력, 즉 모달리티(Modality)와 소달리티(Sodality)의 한 몸, 두 날개 됨은 '너희는 가서 모든 족속으로 제자를 삼으라'(마태복음 28:18-20)는 예수님의 대위임령(大委任令, The Great Commission)을 위한 시대적인 비전과 전략이 절실히 필요한 시점에 마땅한 일이다.

더불어 사는 세상을 행복하게 만들어가는 희망의 씨앗을 뿌리는 일이 '행복디자인전도'이다. 희망의 씨앗은 싹을 틔우고 자라면서 하늘을 향해 소망의 가지를 펼치지만 동시에 땅속으로 향한 뿌리를 깊이 내리는 것도 게을리하지 않아야 한다.

즉 외부내향적 원리(Outside-In Principle)를 뜻하는 것이다. 전도는 양적 성장뿐만이 아니라 질적 성장도 가져온다는 것이다. 전도는 함께 소중한 희망을 꿈꾸며, 풍성한 수확이라는 행복을 키워가게 만들어준다. 이 행복은 가만히 있는 사람에게는 결코 손을 내밀지 않지만 땀을 흘리는 사람들에게는 울창한 숲과 푸른 초장을 약속해주는 주님의 은혜인 것이다.

교회의 최우선적 사역은 무엇보다도 전도가 핵심이 되어야 한다. 성도들은 전도하면서 스스로 영적인 성숙과 성장의 경험을 하게 된다. 그래서 교회적인 내적 성숙도가 높아지고 성령의 역사를 체험하게 된다.

모든 것이 다 좌우의 균형이 필요한 것처럼 교회성장에서도 외적 성장과 내적 성장이 동시에 필요하다. 이렇게 될 때 교회는 유기체로서의 생산, 양육, 성장, 그리고 증·번식의 순환을 계속하며 아름답게 성장하게 될 것이다.


## (7) 생명력이 넘쳐흐르는 스몰그룹(Small Group)으로 이루어지는 유기체 교회

스몰그룹(Small Group)은 일반적으로 3명 이상의 사람들이 공동의 목표나 목적을 추구하는 밀접한 상호의존적 관계를 맺고 있는 모임으로 요약해 볼 수 있다. 그러나 그 수는 12-13명을 넘지 않아서 그룹 안에서 구성원들 모두가 서로 원활한 의사소통이 가능한 정도가 적당할 것이다.

그룹은 공동의 목표나 목적을 추구하기 위하여 구성원들 모두가 함께 행동하게 된다. 이로 인해 갈등과 긴장도 형성될 수 있겠지만 하나로의 결속이 와해되어서는 안 된다.

그렇다면 이 스몰그룹(Small Group)이 '행복디자인전도'와 관련하여 어떤 유익과 역할을 제공하겠는가? 이미 한국교회는 구역 또는 속회와 같은 스몰그룹(Small Group)을 통해 효율적인 교육과 관리를 경험해오고 있다. 다만, 근래에 들어와 스몰그룹(Small Group)에 관한 명칭이 목장, 순모임, 사랑방 등의 명명으로 다양하게 사용되고 있을 뿐이다.

이런 현상은 교회마다 자신들만의 독특한 이미지와 전략을 구축하기 위한 것이기도 하고 외국의 모델을 흡수하여 그대로 사용하기 때문이기도 하다. 이름이야 무엇이면 어떻겠는가? 문제는 그러한 이름에 따른 모방과 답습이 그곳에서의 결과와 같은 열매를 가져다줄 수는 없다는 것에 있다.

중요한 것은 외형이나 결과가 아니라 그런 결과를 가져다준 원리와 상황이 어떤 것이었는지 알아야 한다. 하나의 사례(事例)가 모두에게 획일적으로 적용될 수는 없는 일이다. 어떤 모델이 개발되더라도 그 모델의 적용에는 많은 변수가 따르기 마련이다. 중요한 것은 이러한 모델이 황금알을 낳는 거위인 것처럼 여겨져서는 안 된다는 것이다.

개교회가 처한 지역 문화, 지리적 위치, 교인들의 구성, 목회자의 목회 철학, 리더십 등이 조화롭게 어우러져 시행할 수 있는 실천적인 틀을 제시할 수 있어야 할 것이다. 이러한 진행은 바로 원리에서 비롯되어야 하고, 이 원리가 자신의 것으로 흡수되어 자신만의 색깔로 아름답게 제 모습을 드러낼 수 있어야 성공적인 것이라 할 것이다.

스몰그룹(Small Group)이 단지 교회 소속의 한 부분으로 존재하는 방식이라면 더 이상의 역량력을 발휘하기 어렵다. 내용적인 면에서나 구조적인 면에서의 본질의 시대 가치 구현적 혁신이 필요하다.

스몰그룹(Small Group)은 내용적인 면에서 하나의 교회이다. 이 말을 분리 독립적인 차원에서 해석하려 한다면 많은 문제가 발생될 것이다. 협력은 서로 다른 개체들의 교호작용 결과로서 더 큰 효과를 발휘하게 되는데 이를 시너지(Synergy)라고 한다. 각각 흩어져 있는 집단이나 개인이 하나의 목표를 달성하기 위하여 통합될 때 얻게 되는 유익이다.

이것은 단순히 개체가 지닌 힘의 총합을 넘어 더 큰 힘을 유발하게 된다. 예를 들면 말 두 마리가 끌 수 있는 무게는 한 마리가 끌 수 있는 것의 다섯 배가 넘는다고 한다.

볼록렌즈를 통해 태양 광선을 모으면 불을 일으킬 수 있다. 작은 에너지라도 결집하여 한 곳에 집중하게 되면 엄청난 힘을 발휘할 수 있게 된다.

스몰그룹(Small Group)과 라지그룹(Large Group)은 한 몸이다. 부분은 자기 유사성(Self-similarity)과 순환성(Recursiveness)이라는 속성으로 인해 어느 부분을 떼 내어 봐도 전체를 닮게 되는 것이 하나님의 창조 섭리이다. 언뜻 보기에는 제 잘난 멋에 독불장군 노릇을 하는 것 같아도 혼자서는 살 수 없는 노릇이다. 그리스도인들은 그리스도와 함께 십자가에 못 박힌 삶이다. 그러므로 그리스도 안에서의 삶을 사는 것이다.

이는 그리스도를 날마다 닮아가야 함을 뜻하는 것이다. 이웃을 배려하고 사랑하는 마음들이 비록 아주 작고 미미해도 그것들이 서로 만나 끊임없이 되풀이되고 닮아가며 누룩처럼 번져나간다면 어느 사이엔가 너와 나, 우리의 가슴에 푸르고 푸른 그리스도의 계절이 다가와 있지 않겠는가?

이는 곧 전체는 부분의 총합보다 크다는 맥락과도 같이 가는 것이다.

'행복디자인전도'는 사도행전적인 성령의 역사(役事)를 갈망하며 날마다 새로워져야 함을 말씀하시는 하나님의 섭리 가운데 기쁘게 순종하며 나가야 한다.

스몰그룹(Small Group)은 분리 독립적으로 기능을 할 수가 없다. 어머니의 태속에 유전인자(DNA)가 있는 것처럼 교회도, 스몰그룹(Small Group)도 주님의 유전인자를 가지고 있을 수밖에 없다. 상호협력과 보완 속에 역동성을 가지고 한 몸의 생명력을 위해 서로 긴밀하게 연결되어 있다는 것이다. 신체의 한 기관(Organ, 器官)[26]이 과연 분리 독립적 생존을 모색할 수 있겠는가?

이런 문제에 관한 극복은 단순히 스몰그룹(Small Group)을 가진 교회라는 협의적 사고에서 벗어나야 가능해진다. 핵심은 스몰그룹(Small Group)이 제 기능을 다하여 생명력을 유지하고 합목적(合目的)을 이루어가는 교회(Small Group Church)가 되어야 한다는 것이다. 이런 교회는 생명력을 지니고 있기 때문에 수적으로도 성장해 나갈 것이다. 그렇지 않다면 무언가 방해요소가 존재하는 것이다. 그 원인을 찾아 치유해야만 한다. 방해요소보다도 시스템의 부재인 경우에는 시급히 체제에 대한 정비를 갖추어야 한다.

각각의 스몰그룹(Small Group)은 한 몸 공동체의 더 큰 비전을 성취하기 위해서 다른 스몰그룹(Small Group)들과 연결되어야 한다. 모든 스몰그룹(Small Group)들은 한 몸 공동체의 일원으로서 모든 공적 예배와 행사에 참여해야 한다.

스몰그룹(Small Group)은 단순하게 유행이나 성장을 위한 전략적 접근으로 시행하는 것이 아니다. 창조 섭리에 따르는 생명력의 원리를 따르는 것이다. 또한, 시대적 흐름에서 보아도 스몰그룹(Small Group)은 마땅히

---

26) 여러 조직이 모여서 만들어진 것이며, 특정 작용을 감당하도록 조성된 일정한 형태를 갖춘 한 부분이다.

필수불가결(必須不可缺)한 요소이다. 현대를 살아가는 사람들은 무엇보다도 안정감과 소속감을 원한다. 이외에도 돌봄, 신뢰 형성, 학습 효과, 인재 발굴, 전도 등에서도 스몰그룹(Small Group)은 그 어떤 방식보다 많은 유익을 얻게 해줄 것이다.

스몰그룹(Small Group)은 지친 현대인들이 하나님을 발견하고 만나는 쉽고 편안한 통로가 되어줄 수 있다. 스몰그룹(Small Group)은 교회 내의 원활한 리더십과 기능의 역동성을 위해서도 더 없이 유용한 구조이다. 이제 우리는 현 상황에서 뿐만 아니라 미래를 이어 주는 다리로서의 역할 감당적 측면에서도 하나님께서 원하시는 교회를 이루어가야 한다.

스몰그룹(Small Group) 시스템은 한 몸 공동체를 이루는 요소로서 공동체 지향적일 수밖에 없다. 수평적 차원에서는 각기 다른 여러 가지 모양의 은사에 따른 나눔과 봉사 그리고 배우고 익히는 경험적 접근이 어우러져 조화공동체의 아름다움을 발산하게 할 것이다.

이러한 상호교류를 통해 스몰그룹(Small Group)에 역사 하시는 하나님의 말씀과 성령의 능력에 영향을 받는 구성원 개개인의 삶은 공동체와 함께 전 인격적으로 그리스도를 닮아가는 변화를 경험하게 되는 것이다.

다시 한 번 강조하지만 스몰그룹(Small Group)이 결코 독립적일 수는 없다. 그런데 독립적인 횡보를 하려고 한다면 많은 문제가 발생할 뿐만 아니라 한 몸 공동체라는 원리에 전격적으로 위배된다는 사실이다. 사람과 비교할 때 그리스도는 교회의 머리이시며 그리스도인들은 그 지체들이다.

지체들은 다양한 기관(Organ, 器官)적 형태로 각자의 고유한 역할을 감당하되, 한 몸을 이루는 신체적 메커니즘(Mechanism)에 절대적인 호응을 이루며 두뇌의 명령체계에 제 기능을 다하는 즉각적인 순복(順服)이 일어나야 한다.

이러한 맥락에 비춰 볼 때 Green Pastures라고 명명하는 또 하나의 스몰그룹(Small Group)을 시행한다고 해서 어떤 부작용이 일어날 수는 없는 일이다. 다만, 나만의 색깔에 적합한 행복과 역동성이 넘치는 스몰그룹(Small Group)으로서의 Green Pastures를 창출해 낼 수 있어야 할 것이다.

### ① 스몰그룹(Small Group) GP(Green Pastures)의 방향

왜 스몰그룹(Small Group)이 필요한가? 그것은 교회의 존재 목적과 사명 감당에 스몰그룹(Small Group)이 적합하기 때문이다. 스몰그룹(Small Group)은 그리스도를 닮아 가려는 변화에 좋은 환경을 제공한다. 말씀을 상고하며 삶을 드러내 놓고 나누면서 사랑의 관계를 맺게 되는 스몰그룹(Small Group)은 그리스도를 닮아가려는 아름답고 강력한 삶의 변화를 이끌어 내준다.

스몰그룹(Small Group)은 교회 공동체에 다양하게 잠재된 은사적 기관(Organ, 器官)들이다. 각각의 은사와 특성에 따라서 헌신하고 봉사함은 물론 치유되며 회복되는 일들을 통해 기쁨을 얻고 행복을 누리게 되어야 한다. 이러한 과정에서 구성원들은 발전하고 성숙하게 되는 것이며 이것은 곧 교회의 성장으로 이어지게 되는 것이다.

따라서 스몰그룹(Small Group)이 형식적인 행정이나 교리를 가르치고 연구하는 기관(機關, Organization)으로 전락해서는 안 된다. 성경공부에 있어서도 말씀들이 참여자들의 삶에서 살아 움직이는 적용으로 나타나게 해야 할 것이다. 비유컨대 스몰그룹(Small Group)은 가정이 되기도 하고 친정이 되기도 해야 하며 때론 가장 친한 친구들 모임과 같이 되어야 할 것이다.

그렇지 못하면 그야말로 유명무실한 모임이 될 수밖에 없기 때문이다. 여기에서는 위로와 격려, 나눔, 회복이 일어나며 그리스도 안에서의 무한한 에너지를 공급받을 수 있어야 할 것이다.

이렇게 되려면 첫째, 내 지식과 내 느낌으로 이해하고 깨달으려 하지 말고 하나님의 말씀이 나를 통하여 역사 되도록 사모해야 한다. 그래서 초대교회 성도들과 같이 사도의 가르침에 전혀 힘써야 한다는 것이다. 이것은 단순한 지적 전달을 의미하는 것이 아니다. 말씀이 삶으로 경험되어지는 은혜를 체험하는 깨달음과 수용성이며 순종하는 실천을 의미하는 것이다.

둘째, 서로의 교제이다. 성도의 바른 교제는 서로간의 이해와 용서, 사랑과 격려의 큰 힘이 되어 준다.

셋째, 함께 떡을 떼는 것이다. 스몰그룹(Small Group)에서는 음식도 나누어야 하고 말씀도 나누어야 한다. 그것이 깊은 유대를 맺어주고 그리스도의 몸 된 지체 됨을 깨닫게 해주는 매개가 될 수 있는 것이다.

넷째, 기도에 힘쓰는 생활이다. 이렇게 될 때 초대교회에 놀라운 역사가 일어났으니 사람마다 두려워하고 놀라는 기사와 표적이 많이 나타났다는 것이다. 이것은 온 성도들로 하여금 네 것, 내 것이라는 벽을 허물고 하나 되게 하며 넘치는 기쁨으로 하나님을 섬기고 찬양하게 한 것이다.

이런 교회 공동체의 모습이 이웃과 사회에게도 흘러넘쳐 칭찬을 받게 되어야 한다. 그로인하여 전도의 문이 열리고 주님을 믿고 돌아오는 자들의 숫자가 늘어나므로 교회는 부흥과 성장이 일어나게 되어야 한다는 사실이다.

"그들이 사도의 가르침을 받아 서로 교제하고 떡을 떼며 오로지 기도하기를 힘쓰니라 사람마다 두려워하는데 사도들로 말미암아 기사와 표적이 많이 나타나니 믿는 사람이 다 함께 있어 모든 물건을 서로 통용하고 또 재산과 소유를 팔아 각 사람의 필요를 따라 나눠 주며 날마다 마음을 같이하여 성전에 모이기를 힘쓰고 집에서 떡을 떼며 기쁨과 순전한 마음으로 음식을 먹고 하나님을 찬미하며 또 온 백성에게 칭송을 받으니 주께서 구원 받는 사람을 날마다 더하게 하시니라"(사도행전 2:42).

이처럼 초대교회는 놀라운 성장이 있은 다음 성령의 인도 하심대로 변화해 나갔던 것이다. 라지그룹(Large Group)의 형태만으로서는 어렵다는 것을 인식하고 "성전에 모이기를 힘쓰는" 라지그룹(Large Group)과 "집에서 떡을 떼며 모이는" 스몰그룹(Small Group)이 상호보완 속에서 역동성을 이어갔음을 알 수 있다.

그들은 작은 단위의 모임으로써 친밀한 공동체 생활을 발전시키고 모두가 정기적으로 한 곳에 모이는 전체적인 교제에서 서로 한 몸 됨의 조화를 경험하여 기쁨과 성장을 맛보았던 것이다. 특히 스몰그룹(Small Group)이야 말로 전인적인 변화에 가장 큰 영향을 줄 수 있는 가능성을 지니고 있다.

라지그룹(Large Group)과 스몰그룹(Small Group)은 상호 공존적이어야 한다. 한국교회는 스몰그룹(Small Group)에 있어서도 좋은 적용과 그로 인한 안정적인 모델을 만들어냈다. 그것이 바로 구역이다.

잠깐 눈을 돌려보면 더 좋은 것처럼 보이는 것도 많을 것이나 온고이지신(溫故而知新)적 사고가 필요하다. 이제는 그 이름이야 어떻게 되었든지 한국교회에 많은 유익을 제공해 온 구역에 대한 새로운 인식과 보다 발전적인 모색이 필요하다. 이러한 차원에서의 시대 가치적 구현을 위한 혁신을 통해 GP(Green Pastures)를 만들어 나가자는 것이다.

GP(Green Pastures)는 보육원처럼 어쩔 수 없이 위탁된 조직체가 아니다. 가정과 같이 따뜻한 사랑과 생명력이 살아 숨 쉬는 유기체가 되어야 한다. 건강한 교회는 예수 그리스도께서 육화(內化, Incarnation)하신 고귀한 사랑을 본받아 교회의 본질을 회복하고 복음으로 이웃을 섬겨야 한다. 진정한 성도들이라면 지도자의 이러한 비전(Vision) 제시에 기꺼이 동참해야 할 것이다.

스몰그룹(Small Group)과 같은 원리를 실천하는 교회들이 적지 않다. 이런 목회가 시대적 물결을 이루고 있다. 하지만, 이러한 전환이 단지 시대적 트렌드(Trend)를 반영하는 것이 아니라 예수님의 생명사랑을 쫓아가는 것이 되어야 할 것이다. 교회는 조직이나 시스템적 방법론에 기댄 구조적 원리에 따라 움직이는 단체가 아니다. 예수 그리스도의 지체들로서의 생명체 원리에 의해 움직여져야 한다.

이렇게 되면 날마다 예수님을 닮아가면서 전도와 이웃사랑, 돌봄의 사역을 아름답고 힘차게 펼쳐 나가게 될 것이다. 그리스도인들이 사회의 각 분야에서 활동하고 있다. 그런데 이들의 삶의 방식이며 논리가 비그리스도인들과 다르지 않거나 더 많은 문제를 안고 있다면 이는 전도에 큰 장애 요소가 아닐 수 없다.

어떤 경우라도 교회가 복음의 생명공동체로서의 역할을 상실해서는 안 된다. 건강한 초대교회의 전통을 세우지 못하고, 점점 더 이기적인 모습으로 도덕성마저도 상실하며 종교집단화 된다면 치명적인 오류를 범하게 되는 것이다. 우리는 모두 양적 성장에 못지않은 질적인 부흥을 이루어내야 할 책임과 의무를 소홀히 해서는 안 된다.

예수 그리스도를 외치면서도 자기를 부인하고 예수님의 뜻하심과 성경의 가르침, 성령의 인도 하심에 따르려 하지 않는다면 이는 심각한 문제이다. 이렇게 된다면 영향력의 무력화는 물론이고 비난의 화살마저도 피하기 어려울 것이다.

이런 문제들이 전도의 길을 막히게 하여 전체적으로 어려움을 겪게 하고 있다. 이제 주저 없는 회개와 분명한 정체성의 확립, 철저한 교육을 바탕으로 한 과감한 패러다임의 쉬프팅(Paradigm Shifting)이 필요하다. GP(Green Pastures)는 참되고 진실한 생명력을 확산해 나가는 건강한 교회 운동인 것이다. 이것은 소외계층의 지역으로 찾아가는 예수 그리스도의 갈릴리 사역에서 그 원형을 발견할 수 있다. 따라서 GP(Green Pastures)는 새 생명의 회복이 살아 숨 쉬는 생명체로의 전혀 새로운 삶을 요구하는 것이다.

이것은 비그리스도인 전도 중심의 점층적 복음사역이다. 지체(肢體)들은 제자로서 훈련되어야 한다. 모든 지체는 다양한 달란트들을 서로 나누고 베풀으로써 생명 유지의 항상성을 잃지 말아야 한다. 이것이 바로 성장하고 열매 맺는 원리이기도 하다. GP(Green Pastures)는 언제, 어디서, 누가 어떤 방법으로 가능한가? 지금 각자가 처한 상황에서 말씀과 기도와 성령의 인도 하심을 주저 없이 따르면 되는 것이다.

그리고 그 어떤 기쁨과 만족에도 비길 수 없는 절대적이고 전적인 헌신에 따르는 사도행전적인 합심과 협력을 이루어야 한다. GP(Green Pastures)는 교육과 신앙성숙, 전도 그리고 모두를 사역자로 길러내는 창조적 혁신의 푸른 초장이다. 가족이 혈육의 관계라면 GP(Green Pastures)는 예수님으로 만들어지는 영적 가족이다. 믿음으로 관계를 맺고 가지마다 송이송이 포도를 맺으며 키워가는 가족이요, 예수님의 생명을 확산시키는 영적 생명의 목장이고, 신비로운 생명 공동체이다.

이 영적 가족인 포도나무가 더욱 왕성하려면 튼튼한 뿌리와 짙푸른 잎사귀가 필요하다. 이는 말씀에 기초한 견고한 믿음과 성령의 인도 하심 속에 정서적인 안정감과 평온을 누려야 함을 일컫는 것이다. 따라서 GP(Green Pastures)는 영적, 정서적 두 세계의 균형을 잡고 건강한 공동체를 세워나가야 한다.


② 스몰그룹(Small Group) GP(Green Pastures)의 형태와 구성

스몰그룹(Small Group)은 다양한 분야에서 거기에 적합한 여러 가지 형태로 나타날 수 있다. 그 형태는 목적이나 형성과정, 규모, 목표, 과제와 효율성 등에 따라 달라지며 다양한 요소들을 복합적으로 포함할 수도 있을 것이다.

교회의 스몰그룹(Small Group)은 취미, 학습, 사역, 전도, 봉사, 동년배(同年輩), 동성(同性), 지역 등의 그룹이나 여러 요소가 복합된 형태로 나타

날 수 있다. 그 탄생에 있어서도 자생적인 모임에서부터 부서조직, 정책적 일괄 출범 등이 있을 수 있다.

존속기간도 일시적인 것에서부터 장기적인 것까지 다양하게 나타날 수 있을 것이다. 그러나 무엇이 좋고 나쁘고의 문제가 아니라 각 교회가 처한 상황에서의 최선과 최적이 도출되어야 가장 좋은 결과를 가져다줄 것이다.

구성하는데 있어서도 세심한 배려가 전제되어야 할 것이다. 따뜻하고 친밀하여 서로 섬겨주고 배려하며 정을 나눌 수 있도록 구성되어야 한다. 이런 과정 속에서 인격적인 유대관계를 돈독히 하며 행복과 나눔을 배우고 경험하는 가운데 성숙해져 가게 되는 것이다.

구성원들의 조성에 있어서는 친밀성, 유대성(紐帶性), 목적성, 동화성(同化性), 함축성 등이 전제되어 생동감이 넘치게 해야 한다. 규모에 있어서도 그룹의 성질과 기능, 목적 등의 여러 가지 요인들을 고려해서 탄력적으로 구성하되 10명 전후가 적절할 것이다.

'행복디자인전도' 적 차원에서의 GP(Green Pastures) 구성은 그리스도 안에서의 뜨거운 사랑으로 연결된 친밀과 유대가 정서적 바탕을 이룬 지체들로 이루어져야 한다. 새로운 지체에 대한 연합에 있어서도 훈련과 제시보다는 사랑과 소망의 경험적 접근에 따른 양육으로 이어져야 한다.

한 가지 지혜롭게 대처해야 할 중요한 사항이 있다면 코이노니아가 지나쳐서 친교 과잉적 병폐가 나타나지 못하게 해야 한다. 구성원들의 관심이 자신과 내부로만 쏠리는 현상을 차단하고 비신자나 외부로 향하게 해야 할 것이다.

GP의 바람직한 방향은 신령과 진정의 예배 공동체 안에서의 돌봄과 나눔을 통한 회복됨이며 이를 바탕으로 한 양육은 사역자의 배양이다. GP는 그리스도의 몸 된 지체로서의 확인과 건강성이 전제되어야 한다. 이를 바탕으로 한 교회 공동체 생명력의 발산과 유지에 그 역할을 기쁘게 감당함으로써 전도와 양육의 요람이 되어야 한다.

위에서 살펴본 바와 같이 스몰그룹(Small Group)을 유지시켜 주는 모든 요소가 각기 독립된 별개가 아니라 상호 긴밀한 연관성 속에서 조화롭게 결합되어 있다는 것이다. 하지만, 어떤 그룹이 목표하고 지향하는 방향에 따라 해당 요소가 두드러지거나 약화될 수도 있을 것이다.

이는 구성원들의 은사 다양성과 스몰그룹(Small Group)이나 교회 공동체가 감당해야 할 여러 가지의 과업과 목표가 다양하기 때문이다. 하지만, 공통적으로 염두에 둘 점은 절대적으로 훈련된 리더를 세우라는 것과 서로 도울 수 있는 구조와 분담 사역이 이루어지도록 하라는 것이다. 또한, 구성원들의 친밀과 유대가 전도 지향적으로 발산되게 해야 한다는 것이다.

즉, 어떠한 형태와 구성이 이루어지더라도 "가서 제자 삼으라(마태복음 28:19)"라는 주님의 지상 명령에 즐겁게 순복하는 것에서부터 출발해야 할 것이다. 날마다 우리의 삶에서 예수 그리스도의 모습이 나타나고 그분의 향기가 배어나야 한다. 교회공동체의 내일은 구성원들의 삶을 움직이는 현재적 차원의 근본 가치와 의식에 의해 결정될 수밖에 없을 것이다.

진정한 그리스도인이라면 그의 의식과 삶이 하나님의 말씀과 사랑으로 형성되어 성령님의 인도를 따라야 한다는 것이다. 이것이 바로 삶의 총체적 의미로서의 예배의 삶을 사는 자의 모습이다. 이런 공동체가 사회 속에 스며들어 생명력으로 약동하는 것이야말로 가장 강력한 전도라고 할 수 있다. 이제 더 이상 주저나 핑계 없이 우리 삶의 목적과 사명을 확실하게 인식하고 이에 순복하는 찬란한 행복으로 들어가야 할 것이다.


③ 스몰그룹(Small Group) GP(Green Pastures)를 위한 리더십 개발

근래에 들어 스몰그룹(Small Group)에 대한 높은 관심과 함께 많은 형태의 스몰그룹(Small Group)들이 탄생한 것처럼 보이지만 사실 한국교회는

이미 구역 또는 속회라고 불리는 스몰그룹(Small Group)으로 교회를 튼튼히 해왔다.

이름이 무엇이냐가 중요한 것은 아니다. 그것이 '목장'이면 어떻고 '사랑방'이나 '순(筍)'이면 어떻겠는가? 그 원리는 스몰그룹(Small Group)이고 한국교회도 나름대로 토착화에 성공한 구역이나 속회와 같은 뿌리를 가지고 있다. 그렇다면 온고이지신(溫故而知新) 속에서 시대적 호흡을 이루는 형태와 구성을 만들고 이를 이끌어갈 우수한 지도자를 배출해야 한다는 것이다.

모든 것이 그렇듯이 스몰그룹(Small Group)의 핵심도 리더이다. 우수한 리더의 참신한 리더십이 발휘되지 못하면 스몰그룹(Small Group)은 실패하게 된다. 리더의 미흡과 한계는 곧 스몰그룹(Small Group)의 혼란과 한계로 나타난다. 스몰그룹(Small Group)으로의 전환에는 상기(上記)한 바와 같은 많은 고려가 있어야 하지만 무엇보다도 리더에 대한 준비가 중요하다.

보편적인 차원에서 리더십을 말하자면 어떤 상황에서 해당 집단의 목표 달성을 위해 한 개인이 타인이나 집단의 행위에 영향력을 행사하는 일련의 과정들을 통틀어 말하는 것이다. 그러나 스몰그룹(Small Group)의 지도자는 하나님의 말씀과 성령의 능력으로 다듬어진 전 인격적 신앙의 소유자라야 한다.

리더십은 단순히 남의 성공을 모방하거나 그 기술을 습득하는 것으로 터득되는 것이 아니다. 이러한 전제 위에 탁월한 지도력이 필요하다. 여기에서 탁월함이란 학력이나 경제력, 외모를 일컫는 것이 아니다.

그리스도를 닮은 섬김의 능력이요, 복음의 불타는 열정을 지닌 추진력 속에서도 성령의 아홉 가지 열매를 맺기 위해 힘쓰는 사람의 인격과 자질을 말하는 것이다. 이를 위해서는 많은 교육과 상당한 기간도 필요할 것이다. 또한, 본인의 열심과 노력은 물론 교회의 관심과 의지가 어우러져야 한다.

기본적인 교육에 대한 커리큘럼은 다음과 같다.

| Leader(LD) & Green Pastures Leader(GPLD) | | | | |
|---|---|---|---|---|
| 기간 | 주당 | 강의내용 | 강의방법 | 비고 |
| 8주(週) | 2시간 | 조직신학 | 교재<br>PPT & PDF | 평가 |
| 8주(週) | 2시간 | 공동체론 | 교재<br>PPT & PDF | 평가 |
| 8주(週) | 2시간 | 성경개관 | 교재<br>PPT & PDF | 평가 |
| 8주(週) | 2시간 | 영성 훈련 및 품성 계발 | 교재<br>PPT & PDF | 수련회 |
| 8주(週) | 2시간 | 상담과 교육학 | 교재<br>PPT & PDF | 평가 |
| 8주(週) | 2시간 | 그린패스춰론-Small Group | 교재<br>PPT & PDF | 평가 |
| 8주(週) | 2시간 | 전도학 | 교재<br>PPT & PDF | 평가<br>실습 |
| 8주(週) | 2시간 | 리더십과 커뮤니케이션 | 교재<br>PPT & PDF | 평가<br>실습 |

스몰그룹(Small Group)은 독립된 목회의 한 영역이 아니다. 그러므로 중요한 것은 교회 공동체와의 공유된 비전(Vision)으로 그려지는 선명한 그림을 가슴에 품고 그리스도 안에서 평생을 함께 걸어갈 수 있느냐의 문제이다. 그저 스몰그룹(Small Group)을 만든다고 스몰그룹(Small Group)이 탄생되는 것은 아니다.

준비된 리더를 세울 수 있어야 한다. 이것은 항해에서 배의 선장을 세우는 것이나 마찬가지이다. 스몰그룹(Small Group)의 리더십은 특성이론(Trait Theories)적[27] 차원에서의 이야기가 아니다.

---

27) 스톡딜(R. M. Stogdill)을 중심으로 한 학자들의 연구이론으로 지도자는 일반인들과는 달리 신체적 특성(신장, 체중, 외모), 성격(신념, 자신감, 인내력, 독립심, 환경적응성), 지적능력(사고력, 주의력, 판단력, 결단력), 사회적 배경(가정, 지역, 학력, 사회적 지위)과 같은 독특한 특성을 천부적으로 타고난다고 주장한다.

그리스도의 성육신적 삶을 좇아 말씀에 순종하여 하나님으로부터의 위대한 것들을 현실 속에서 감당해 나가는 수직적 소통과 그 뜻을 구성원들과의 수평적 관계 속에서 원활하게 소통하여 이루어 내는 능력을 말하는 것이다.

### ④ GPS(Green Pastures System) 리더십

GP(Green Pastures)는 개별적 독립이 아니라 교회의 지체로서 한 몸 공동체의 온전한 하나이다. "전체는 부분의 총합보다 크다(The whole is more than the sum of its parts)."라는 말이 있다. 모든 피조물은 다른 피조물과 연관되어지게 창조되어 있다. 상호적이며 관계에 의해 적응하고 생존하며 시너지(Synergy)를 경험하게 된다. 즉 피조물들은 모든 것이 맥락 의존적 의미를 지니고 있다는 것이다.

GPS(Green Pastures System) 리더십은 각자가 받은 재능, 열정, 지식, 지혜와 같은 달란트를 모아서 전체는 부분의 총합보다 크다는 것을 나타내게 해야 한다. 또한, 하나 됨의 소중함을 통해 하나님께 영광을 돌리게 하는 부드럽지만 강력한 흡입력과 접착력을 지닌 넘치는 역동성을 발휘하게 만들어야 한다.

전체는 부분의 총합보다 크다는 것의 사례는 너무나 많다. 예를 들자면 자동차의 부품이 2만여 개라고 한다. 하나의 볼트나 너트에서부터 엔진, 휠, 타이어, 제동장치, 차체, 등화장치, 에어컨 등에 이르기까지 다양한 부품들을 모아서 쌓아 놓는다고 해서 움직일 수 있는 자동차가 되지는 못한다.

모든 부품이 제 기능을 발휘하는데 적합하도록 유기적 결합을 이루어 자동차라는 온전한 하나 됨의 전체가 탄생되게 해야 한다. 이렇게 탄생한 자동차라는 전체는 단순한 부품의 총합과는 비교할 수 없는 능력이 나타나게 되는 것이다.

기러기들의 이동을 보면 역V자(Λ) 모양의 편대를 갖추고 있다. 앞에서

나는 새와 뒤를 따라 나는 새의 에너지 소모율 비교에 관한 조류학자들의 연구에 의하면 뒤에서 따라가는 새가 앞쪽에서 가는 새들보다 약 15% 정도의 에너지 소비가 적었다는 것이다. 가장 앞선 기러기의 날갯짓으로 발생하는 상승기류가 뒤따라오는 새들을 그만큼 수월하게 만들어 주기 때문이다.

목적지와 방향은 항상 무리 중에서 나이가 들고 경험이 많은 우두머리가 맨 앞에서 선도하며 선두와 후미를 수시로 바꾸어 가며 대형을 유지한다는 것이다. 그리고 어떤 기러기가 병에 걸리거나 부상을 입어 무리에서 낙오되면 두 마리의 동료 기러기들이 같이 떨어져 죽음의 순간까지 보살피며 함께한 다음에라야 대열로 돌아간다고 한다. 다행스럽게 회복되면 그제야 함께 자신들의 대열을 열심히 따라잡아 복귀한다는 것이다.

또한 역V자(Λ) 대형은 소리를 듣기에 용이하고 약 250도 정도의 시야 확보가 가능한 기러기들에게 고개를 돌리지 않아도 뒤를 확인할 수 있는 최적의 대형이라는 것이다. 기러기들의 이런 형태는 단독으로 날 때보다 약 70% 정도의 비행 연장 효과를 낼 수 있다고 한다. 또한, 뒤에서 따라가는 새들은 울음소리로 선두를 독려함으로써 모두 하나 된 결집력을 발휘하며 자신들의 무리가 이루고자 하는 것을 수행해 나간다는 것이다.

이런 것들이 협동의 놀라운 힘이다. 집단생활을 하는 동물들의 경우에도 모두 결집된 유익을 얻고자 하는 것이다. 사람들의 일도 뭉쳐야 해낸다. 하나하나가 뭉쳐서 전체를 이루게 되면 공유적 시스템이 발현되어진다. 공유적 시스템에서는 그 만큼의 큰 힘을 통해 개체들은 더욱 고차원적 정보시스템의 혜택을 누리며 필요 정보를 창의적으로 공유할 수 있게 된다.

개체가 지니고 있는 정보와 기능은 개체적 기능을 수행할 수 있을 뿐이다. 하지만, 개체들이 모여 집합을 이룰수록 그것은 단순히 개체들의 합과는 전혀 다른 새롭고 통전적인 정보시스템과 메커니즘을 창출한다. 하나의 세포는 자신의 고유한 역할을 수행할 뿐이지만 그 세포의 연합으로 조직화된 장기(臟器, Organ)는 개별 세포들이 발현할 수 없는 전혀 새롭고 특별한 기능을 수행할 수 있게 되는 것이다.

이처럼 유기적 결합으로 이루어진 전체라는 연합은 그만큼의 고유기능을 유지하면서도, 전체라는 또 다른 틀을 구성하여 더 큰 전체 속으로 융합되어지는 것이다. 이러한 연합의 확산은 가장 타당한 하나의 부분으로써 전체화되어 가는 것이다. 그렇다면 이러한 하나 됨을 만들 수 있는 지도력이 관건이 아니겠는가? 이런 지도력의 창출이 인간적인 의지와 목표에 따른 노력만으로 쉽게 조성되어지지는 않을 것이다. 인간적인 의지와 목표 수립에 의한 의도적인 혁신은 일시적인 변화를 보이다가 머지않아 한계상황에 봉착하고 말 것이다.

원인은 본질적인 힘의 부재와 안목의 한계로 방향 감각을 상실할 소지가 많기 때문이다. 전략적 혁신을 넘어서 하나님의 섭리에 따른 시대적 흐름에 대한 주도적 출발이 되어야 한다. 그리스도의 복음으로 행복한 세상을 만들어가려는 중심에서 현재를 딛고 미래를 바라볼 수 있어야 한다.

지도자를 위시로 한 목양지의 모든 양떼가 하나님이 원하시는 아름다운 시대적 소명 앞에 겸손하게 자원하는 순결하고 빛나는 삶이 되어야 한다. 이에서 벗어나는 그 어떠한 행위도 용납되어서는 안 된다. 가령 조류독감(Avian Influenza)에 감염된 가금류는 살(殺)처분하고 신종플루(Influenza A virus subtype H1N1)에 감염된 사람들은 격리하여 치료한다. 감염된 학생들의 경우에는 심지어 학교출석도 막는다. 그들을 미워하거나 차별한 것이 아니다.

모두의 건강과 안전을 위한 최선의 조치였다. 음주운전은 비록 사고를 내지 않았을지라도 처벌을 받는다. 왜 그렇게 하겠는가? 그로인한 피해가 그만큼 엄청나고, 큰 상처를 남길 수 있기 때문이다. 주님의 사랑으로 용서하는 것은 마땅한 것이지만 죄를 용납해서는 안 될 일이다.

경영학의 예언자라 불리는 미시간대학교 로스 경영대학원(Ross School of Business, University of Michigan)의 프라할라드(C.K. Prahalad) 교수가 말하는 리더십에 대한 견해는 "지도자는 좋은 선수이어야 하고 동시에 좋은 코치여야 하며 좋은 심판이어야 한다. 또한, 좋은 경기규칙을 만드는 사람이어야 한다. 그러나 가장 중요한 것은 좋은 응원 단장이 되어야 한다."라는 것이다.

지도자가 좋은 선수이어야 한다면 함께 경기에 참여하여 동고동락하며 하나 된 목표를 향해 달려야 한다는 것이다. 좋은 코치여야 하며 좋은 심판이어야 한다면 경기운영에 관한 전략과 상황분석, 흐름을 주도하는 대안제시가 번뜩여야 한다는 것이다. 좋은 경기규칙을 만드는 사람이어야 한다는 것은 철저히 성경에 따르는 분명한 원칙과 적용이 있어야 한다는 것이다.

사소한 일일지라도 유야무야(有耶無耶) 되거나 고무줄 잣대가 되어서는 안 된다. 하나님 앞에서의 만인 평등이 흔들린다면 그 후로부터는 그 어떤 정의도 바로 세워지기 어렵게 된다. 좋은 응원 단장이어야 한다는 것은 참으로 의미심장(意味深長)한 말이다. 어떤 일이라도 의도와 출발은 하나님께 영광을 돌리며 그분의 뜻을 따라 실천하는 것이 기본이다. 이러한 차원에서의 일들이라면 다소의 부족함이 있을지라도 주님의 사랑을 품고 힘찬 격려와 넓은 배려, 아낌없는 성원을 보내야 할 것이다.

지시적 리더십이나 설득적 리더십보다는 말씀과 성령에 감동한 내면적 동기 부여(Self Motivation)가 더 큰 힘을 발휘하게 한다는 것은 재론할 여지가 없다. GP의 아름다운 리더는 공동체의 형식적인 조직화를 막고 유기체로서의 생명력을 왕성하게 만드는 영향력을 가지고 있는 사람이어야 한다.

GP의 리더는 무엇보다도 셀프 리더십(Self Leadership)의 철저한 실천이 필요하다. 말은 쉽겠지만 언제나 문제는 실천이다. 그야말로 창의력과 자율성에 의해 움직이는 창조적 혁신(Creavation=Creation+Innovation)

을 주도하는 대변혁(Great Transformation)이 일어나야 한다.

필립 브룩스(Phillips Brooks, 1835-1895)는 설교를 말하면서 "인격을 통한 진리의 전달(Truth through Personality)"이라는 말을 남겼다. 설교가 언어적 전달이기는 하지만 설교자의 인격이 신뢰받지 못한다면 설교라는 형식을 통해 연설하는 기능인으로 전락하고 말 것이다.

GP의 리더는 먼저 셀프 리더십에 관한 실천적 설계를 할 수 있어야 한다. 그리고 구성원들의 하나 된 생명적 역동성을 창출해낼 수 있는 리더십을 설계하고 그에 상응하는 아름다운 결과를 만들어 낼 수 있어야 할 것이다. 이러한 힘을 창출하는 바탕에는 영성, 지성, 인성, 전문성, 사회성, 실천성, 체력 등이 융합(Convergence)을 넘어 통섭(統攝, Consilience)이 되어야 한다.

⑤ GP(Green Pastures) Consilience Leadership Design and Praxis

컨실리언스(Consilience)는 지식의 통합(Consilience : The Unity of Knowledge)을 일컫는 말이다. 단순한 융합을 넘어 다양성 속에서의 일치라는 유기체적 상승이 일어나야 한다. 가령 단순하게 섞인 비빔밥을 넘어 각종 재료가 섞이고 발효가 일어나 새로운 맛과 유산균을 발현하는 김치가 되어야 한다는 말이다. 이러한 설계(Design)와 실천(Praxis)을 만들 수 있는 리더십이 필요하다.

이를 위해서는 탄탄한 기초적 역량력이 준비되어야 한다. 무엇보다도 자신의 특징과 강·약점을 파악하고, 자신을 이해할 수 있어야한다. 또한, 하나님께서 원하시고 기뻐하시는 방향으로 생각과 정서 그리고 행동을 주체적으로 통제할 수 있어야 한다.

그럼으로써 어떤 문제와 불리한 여건을 만나도 하나님의 선하신 뜻 가운데에 있음을 부여잡고 즐거운 확신을 가질 수 있어야 한다. 하나님의 사랑받는 백성으로서의 자존감 회복 그리고 복음 전파를 위한 불타는 열정과 사랑을 품고 잠재된 자신의 재능을 동력화할 수 있어야 한다.

## 제1단계, 영적 부분

말씀을 쫓아 성령의 감동 하심에 따라 하나님이 원하시는 방향으로 생각, 정서, 행동을 주체적으로 통제해야 한다. 보다 더 구체적으로 말하자면 하나님 중심은 교회중심이요, 공동체(Green Pastures)중심이 되어야 한다.

여기에서부터 모든 것이 설계되고 영위되어야 행복하고 아름다운 인생이 만들어져 나가는 것이다. 그런데 항상 힘이 들고 꼬이는 것은 직장이나 가정 그리고 자신의 삶에다 중심을 두고 그것을 위해서나 하나님이 필요한 형식으로 몰아갔기 때문이다. 하나님께서는 질서를 중요시 한다.

성경은 "하나님은 무질서의 하나님이 아니시요 오직 화평의 하나님이시니라"(고린도전서 14:33), "모든 것을 품위 있게 하고 질서 있게 하라"(고린도전서 14:40)라고 말씀하신다. 창세기 1장에서부터 창조의 질서가 나타난다.

하나님께서는 창조주이시며 질서를 만드시고 부여하시는 분이시다. 무한 광대한 우주를 상대로 천문학을 하든 세밀한 분야를 파고드는 분자 생물학을 하든 그 가운데 흐르는 절묘한 질서에 놀라움을 금할 수 없을 것이다.

하나님의 창조는 그야말로 질서와 조화가 아니겠는가? 하나님께서는 질서의 하나님이시다. 하나님 안에서는 우연이란 말은 통하지 않는다. 하나님께서는 말씀하신 대로 모든 일을 당신의 뜻과 계획 가운데에서 행하시기 때문이다. 질서는 곧 하나님의 능력과 지혜와 권위를 드러내는 것이다. 어떤 피조물이라도 하나님께서 정하신 질서에 역행할 수는 없다. 탈권위 시대라는 말을 하지만 권위주의를 혁파해야 할 일이지, 하나님께서 부여하신 권위는 지켜야 할 마땅한 질서라는 것을 인식해야 한다.

"너희를 인도하는 자들에게 순종하고 복종하라 그들은 너희 영혼을 위하여 경성하기를 자신들이 청산할 자인 것 같이 하느니라 그들로 하여금 즐거움으로 이것을 하게 하고 근심으로 하게 하지 말라 그렇지 않으면 너희에게 유익이 없느니라"(히브리서 13:17). "여호와의 계획은 영원히 서고 그의 생각은 대대에 이르리로다"(시편 33:11). "만군의 여호와께서 맹세하여 이르시되 내가 생각한 것이 반드시 되며 내가 경영한 것을 반드시 이루리라"(이사야 14:24). 성경은 이처럼 분명히 말씀하고 계신다.

질서는 곧 법을 의미한다. "대저 여호와는 우리 재판장이시요 여호와는 우리에게 율법을 세우신 이요, 여호와는 우리의 왕이시니 그가 우리를 구원하실 것임이라"(이사야 33:22). 그리스도인들은 하나님의 은혜 가운데 믿음 그리고 성령과 생명의 법으로 사는 사람들이다.

그러나 사탄은 이 법적 질서를 어기게 하려고 온갖 유혹을 일삼고 있다. 눈앞에 있는 자신의 이익에 급급한 나머지 하나님의 뜻을 헤아려 순종하지 않는다면 '봉사가 제 닭 잡아먹는 격' 으로 그만큼의 손해가 자신 앞으로 닥쳐옴을 잊지 말아야 할 것이다.

"너희가 짐을 서로 지라 그리하여 그리스도의 법을 성취하라"(갈라디아서 6:2). "너희가 만일 성경에 기록된 대로 네 이웃 사랑하기를 네 몸과 같이 하라 하신 최고의 법을 지키면 잘하는 것이거니와 "(야고보서 2:8). "영혼 없는 몸이 죽은 것 같이 행함이 없는 믿음은 죽은 것이니라"(야고보서 2:26). 이와 같은 성경 말씀에 순종하여 산다는 것은 하나님의 법대로 산다는 것이다.

하나님의 질서에 순종한다는 뜻이다. 그렇지 않으면 위법자이며 불법을 행하는 것이다. 질서를 지키는 것은 하나님의 권위에 대한 순종인 것이다. 이것은 그리스도인들에게 진정한 행복을 가져다준다. 즉 하나님의 창조 질서에 따라 살아가는 것만이 행복의 길이다.

반대로 하나님의 질서에 역행하면 불행의 길을 각오해야 한다. 질서에 입각한 우선순위가 올바르지 못한 데 어떻게 참된 평화와 행복이 도래하겠는가? 하나님께서는 언제나 질서 있게 행할 것을 명하신다. 이에 동의한다면 더 이상 변명하지 말고 자신의 이기적 사고에서 출발한 자기중심을 벗어 던지고 하나님 중심적 사고로 완전히 돌아서야 할 것이다.

그리스도인이라고 하면서도 자신의 입지나 생계를 핑계한 자기중심적 횡보를 계속한다면 큰 문제가 아닐 수 없다. 이런 사람이라면 주일 성수를 소홀히 하는 것은 다반사요, 직장 생활, 사업, 자기 볼일 다음에 남는 시간을 하나님께 드린다고 할 것이다. 아니면 바쁜 시간을 쪼개서 하나님께 굉장한 서비스나 하는 것처럼 생색내는 충성으로 요란을 떨 것이다. 이 모든 것들이 질서에 어긋나는 행위임을 기억해야 할 것이다. 영적 리더십이란 바로 질서에 관한 문제이다.

여기에서 다시 한 번 강조하고자 하는 것은 이런 것들을 핑계로 하나님께서 세우신 질서와는 너무나 거리가 먼 억압이나 공격을 지배적 수단으로 일삼아서는 안 된다는 것이다. 이것이야말로 남용이며 악하고 무익한 종의 행태라 아니할 수 없을 것이다.

문제는 자기 합리화이다. 성경은 거울과 같다. 성경의 거울 앞에 비친 나를 정면에서 직시할 때 진정한 자아를 발견하고 하나님의 거룩하심과 사랑 앞에 무릎 꿇을 수 있게 되는 것이다. 성경을 가까이할수록 죄와 멀어지게 될 것이다.

반면 죄에 젖어들수록 성경과는 멀어질 것이다. 내가 하는 것은 다 옳고 하나님중심이라고 외치면서도 정작 자신을 냉철하게 성경에 비춰보지 않는 것이 심각한 문제이다. 이는 자칫 사탄에게 이용당할 수도 있는 행태임을 직시하고 진정으로 하나님중심의 삶을 견지(堅持)해야 할 것이다.

말씀으로 돌아가 더 이상 핑계치 말고 성령의 인도 하심에 민감하게 따라야 할 것이다. 영적 리더십은 십자가의 희생으로 나를 구원하신 하나님의 사랑을 깨달아 철저히 자기를 부정하고 하나님의 뜻에 순복하는 것이다. 이 순간에도 주저함이나 일말의 합리화가 작동하려고 그 기색(氣色)을 보인다 면 그 자체가 철저한 회개와 변화가 필요한 증거임을 부인치 말아야 할 것 이다.

▶ 필요한 시스템 : 말씀학교, 기도학교, QT, 순종훈련, 자기부정훈련, 제 자영성훈련, 신앙서적 독서


### 제2단계, 신체 부분

건강한 신체와 건강한 마음은 왕성한 역동성의 발판이다. 신체적으로 건 강한 상태를 유지할 때 보다 바람직하고 신선한 생각과 판단력을 가능하게 할 것이다. 따라서 신체적 특성은 그 어느 것 못지않게 중요하다.

신체적 특성이라 함은 리더의 연령, 용모, 신장, 체중, 건강상태 등을 일 컫는 것인데 이것은 리더십을 발휘할 수 있는 역량과 밀접하게 연관되는 것 이다. 신체적 건강은 음식, 생활 습관, 운동, 취미, 성격 등과의 유기적 메커 니즘 속에서 영적인 통제를 받게 된다.

성경은 "너희 몸이 그리스도의 지체인 줄을 알지 못하느냐"(고린도전서 6:15)라고 주님과의 연합된 삶을 말씀하신다. 또한, 우리의 몸은 하나님께 로부터 받은 것이므로 우리의 것이 아님을 분명히 밝히고 있다. "너희 몸은 너희가 하나님께로부터 받은바 너희 가운데 계신 성령의 전인 줄을 알지 못 하느냐 너희는 너희의 것이 아니라 값으로 산 것이 되었으니 그런즉 너희 몸으로 하나님께 영광을 돌리라"(고린도전서 6:19-20).

우리 몸을 거룩하게 하여야 할 이유가 여기에 있는 것이다. 우리의 생명 은 하나님께로부터 받은 것이다. 이것을 올바로 인식하고 고백하며 사는 것 이 하나님께 영광을 돌리는 삶이 되는 것이다. 로마서 12장 1절은 "너희 몸

을 하나님이 기뻐하시는 거룩한 산 제물로 드리라"라는 말씀을 하신다.

그러므로 영육 간에 건강하여 산 제물로 드리기에 부족함 없어야 하겠다. 아울러 세상 유혹과 풍조를 따르지 않고 주님을 증거 하는 구별된 삶을 살아야 할 것이다.

▶ 필요한 시스템: 개인의 체력관리(새벽기도와 조깅, 말씀묵상, 찬양, 등산, 산책 등), 공동체적 건강관리(스포츠 동아리, 운동회, 등산, 건강강좌, 건강관리 프로그램 운영 등).


### 제3단계, 정서 부분

최근 개인의 정서가 리더십에 많은 영향을 미친다는 인식으로 인해 감성에 대한 관심이 점점 더 높아지고 있다. 하지만, 먼저 하나님 중심이라는 관점에서의 정서에 관한 이해가 필요하다. 한 개인의 환경이나 상황에 대한 인식 그리고 신체적 반응의 기저(基底)에는 정서가 있다. 그래서 정서가 안정되어 있고 튼튼해야 한다.

정서적으로 건강한 사람들은 고난이나 위기를 당해도 그렇지 못한 사람들 보다 훨씬 더 대처 능력이 뛰어날 수밖에 없다. 정서적으로 건강하지 못한 사람들은 매사에 흔들리게 된다.

중요한 것은 영적인 건강과 정서적인 건강 사이의 연계와 흐름이다. 현대 교육학의 아버지로 불리는 요한 아모스 코메니우스(Johann Amos Comenius:1592-1670)는 하나님의 형상으로의 회복을 위해 범지혜(Pansophie)라는 교육철학을 바탕으로 한 범교육(Pampaedia)이라는 교육 방법을 주창하였다. 코메니우스는 사물에 대한 본질을 아는 것과 또 그것에 대한 기원과 존재 이유를 이해하며 그것의 존재 목적을 깨달아 바르게 사용하는 것을 인간이 알아야 할 참된 지식이라고 말했다.

그러므로 만물을 존재하게 하신 하나님의 뜻을 알고 그것이 하나님의 영광을 위해 쓰임 받도록 이끄는 것이야말로 참된 지식이라 할 것이다. 코메니우스의 교육이 일컫는 앎의 구조는 자연과 인간 그리고 하나님에 대한 지식이다. 이에 따라서 자연의 이해를 위해 감각과 이성을 개발시켜주어야 한다는 것이다.

또한, 사람과의 바른 관계를 위해 덕성을 함양시켜야 한다는 것이다. 그리고 하나님에 대해 알아가도록 신앙교육의 필요성을 강조하였다. 그는 여기에서 인간의 이해를 하나님의 형상이라는 점에 주목하고 있기 때문에 교육의 목표를 하나님의 형상으로의 회복에 맞추고 있는 것이다.

이는 궁극적으로 그리스도 안에서 새롭게 회복되게 하는 교육이다. 코메니우스의 교육을 통해 인간의 진정한 사랑과 행복을 조명해볼 수도 있을 것이다. 정서와 영성의 깊은 이해 그리고 실천이 개개인의 인간성 변화와 정서적으로 건강한 교회 형성에 얼마나 중요한 것인지를 간과하지 말아야 할 것이다.

정서적으로 미숙하다는 것은 곧 영적으로도 성숙한 그리스도인이 되기 어렵다는 말이다. 정서적으로 안정되고 건강해지는 가르침과 훈련이 필요하다. 정서와 지성은 대립적인 관계가 아니라 보완적이며 조화로워야 한다. 하나님은 인간을 지 · 정 · 의(知情意)가 균형 잡힌 인격으로 창조하셨다. 따라서 성숙한 인격과 영성이라면 항상 지 · 정 · 의(知情意)가 균형을 유지할 수 있어야 할 것이다.

아더 핑크(Arthur Walkington Pink, 1886-1952)는 "거룩이란 인간의 지 · 정 · 의(知情意)가 하나님과 조화를 이룸으로써 내적인 변화가 일어나거나 심령이 혁신되는 일"이라고 했다. 건강한 그리스도인이라면 영적, 정서적, 체험적으로 늘 풍성한 균형을 유지할 것이다.

정서적으로 건강하고 영적으로 성숙한 그리스도인들이라면 부정적인 영향력을 차단하고 성육신적인 삶의 원리를 따라 자연과 인간 그리고 하나님과의 관계를 깊이 이해한 균형을 놓치지 않을 것이다.

▶ 필요한 시스템 : 감사훈련, 감성훈련(여행, 스토리텔링, 음악, 대화, 사진 등), 품성훈련(나눔, 돌봄,  격려, 온유, 기쁨, 사랑, 관용 등)


### 제4단계, 지적 부분

지혜의 근본은 하나님을 경외하는 것이다. 따라서 지성은 하나님께 구해야 하는 것이며 말씀으로 훈련되어져야 하는 것이다. 지성이 개발될 때 깨달음의 문이 열리고 지적 혁명이 일어나 새로운 안목이 발생한다.

지성은 의지와 감성뿐만 아니라 영성의 기초가 된다. 지성이 개발되어야 분별력을 얻을 수 있으며 그것이 감성을 깨워 하나님께 연결되는 깊이 있는 영성을 만들어 낼 수 있기 때문이다.

성숙한 리더는 자연과 인간 그리고 하나님과의 관계를 깊이 이해한 올바른 판단력과 결단력 그리고 지적 역량력을 겸비해야 한다. 즉 범지혜(Pansophie)적 능력을 함양해야 한다. 이 목표의 달성을 위해 이성, 덕성, 영성의 조화와 균형이 필요한 것이다.

코메니우스는 이를 위해 희망하는 모든 사람이 쉽게 이를 수 있는 가르침의 장(場)이 있어야 함을 강조했다. 교회는 개인적으로나 공동체적으로 이러한 시스템을 구축해야 한다. 그렇게 하지 않고서는 폭넓은 지식과 덕성 그리고 성숙한 영성을 조화롭게 함양시키는데 많은 어려움이 뒤따를 수밖에 없다.

▶ 필요한 시스템: 성경의 이해와 읽기, 교리(조직신학), 사회문화와 정치경제적 안목을 위한 강좌와 독서


### ⑥ 스몰그룹(Small Group) GP(Green Pastures)를 위한 운영과 구조

GP 구조의 전형은 그리스도의 몸으로서의 교회에서 출발해야 한다. 이

땅에 많은 교회가 있고 따라서 교회에 출석하는 많은 사람이 있다. 그렇다면 무엇보다도 교회가 무엇인지에 관한 올바른 개념정립이 필요하다. 교회는 예수 그리스도로 인해 생겨났다. 그것은 성육신과 부활이라는 하나님의 너무나도 큰 사랑 때문이라는 것을 의미하는 것이다.

성경은 "그리스도가 교회의 머리이며 교회는 그의 몸"(에베소서 5:23)이라고 한다. 또한 "몸은 하나인데 많은 지체가 있고 몸의 지체가 많으나 한 몸임과 같이 그리스도도 그러하니라"(고린도전서 12:12), "나는 포도나무요 너희는 가지라 그가 내 안에, 내가 그 안에 거하면 사람이 열매를 많이 맺나니 나를 떠나서는 너희가 아무 것도 할 수 없음이라"(요한복음 15:5)라는 말씀에 비추어 볼 때 교회는 조직이 아니라 복음에 의한 삶으로 이루어지는 생명공동체이다. 즉 그리스도를 머리로 하면서 몸을 이루는 지체들인 성도들로 구성된 것이 교회이다.

그리스도인들의 중요한 커뮤니케이션은 친교, 교제, 사귐, 교통을 뜻하는 코이노니아(Koinonia)이다. 예수 그리스도 안에서 어떠한 거리낌이나 벽도 없이 성령의 역사 하심으로 서로 하나 되는 것이 코이노니아(Koinonia)이다. 성령은 교회의 코이노니아(Koinonia)를 영적으로 유지시키는 원동력이다.

이러한 삶의 누림이 바로 교회의 머리 되신 그리스도의 통치를 받는 방법이다. 교회는 절대로 어떤 한 사람이 지배해서는 안 된다. 예수 그리스도만이 교회에서 최고의 권위를 갖기 때문이다. 그래서 내 주장을 앞세우지 말고 머리이신 주님의 뜻을 앞세워야 한다.

그리고 예수 그리스도 안에서 하나 되어야 한다. 우리 몸은 머리, 몸, 손, 발 등의 지체들로 이루어져 있지만, 이것이 제멋대로 분리된 것이 아니라 통일된 유기체를 형성하며 동일 본질의 생명으로 연결되어 있는 것이다. 지체들이 한 몸으로 하나 되듯이 스몰그룹(Small Group)의 구성원들도 스몰그룹도 그리스도 안에서 반드시 하나 되어야 한다. 이것을 이루어 나가는 것이 최선의 운영이며 구조요, 최고의 리더십이다.

구원은 개인적 영역이지만 그리스도인들의 성숙은 공동체 속에서 일어난다. 이 공동체 회복이야말로 포스트모던(Post Modern)이 방출하는 폐해를 극복할 수 있는 연합된 힘이다.

"몸은 하나인데 많은 지체가 있고 몸의 지체가 많으나 한 몸임과 같이 그리스도도 그러하니라"(고린도전서 12:12), "그에게서 온 몸이 각 마디를 통하여 도움을 입음으로 연락하고 상합하여 각 지체의 분량대로 역사하여 그 몸을 자라게 하며 사랑 안에서 스스로 세우느니라"(에베소서 4:16).

그리스도의 몸으로서의 교회는 각 지체가 지니는 고유한 기능과 역할을 통해 각각의 은사를 발휘하며 한 몸을 이루어 생명력을 발산하는 것이다. "우리가 한 몸에 많은 지체를 가졌으나 모든 지체가 같은 기능을 가진 것이 아니니"(로마서 12:4), "몸 가운데서 분쟁이 없고 오직 여러 지체가 서로 같이 돌보게 하셨느니라"(고린도전서 12:25). "만일 한 지체가 고통을 받으면 모든 지체가 함께 고통을 받고 한 지체가 영광을 얻으면 모든 지체가 함께 즐거워하느니라"(고린도전서 12:26), 이와 같은 말씀에 따라 지체들끼리는 서로서로 돌보아야 하는 것이다.

기쁨도 슬픔도 함께해야 한다. 기쁨을 나누면 더 커지고 슬픔을 나누면 줄어든다고 하지 않는가! 건강하고 아름다운 교회 공동체라면 하나님께서 각자에게 베푸신 은사를 귀하게 여기고 서로 배려하고 존중해야 할 것이다. 문제는 이렇게 다양한 생각과 경험을 소지한 자들이 어떻게 조화로운 한 몸을 구성할 수 있겠는가에 있다.

그것이 가능한 것은 바로 그리스도의 머리되심의 은혜와 신비이다. 사람의 몸에 많은 기관과 조직이 있지만, 그것을 아무 문제없이 일사불란하게 움직이고 통제하는 것이 머리이다. 따라서 교회가 하나 될 수 있는 신비는 그리스도와의 관계 맺음에 있음을 알 수 있다.

결론적으로 말하자면 그리스도인들의 참된 연합과 동력은 어떤 이론이나 훈련, 규칙이나 의리, 또는 도덕적 수양을 통해 이루어지는 것이 아니다. 그리스도의 머리 되심이 각 지체를 연합하고 교제케 함으로써 이루어지는 것이다.

사람의 몸의 생명력은 심장의 박동으로 이루어지는 혈액의 공급에서 비롯된다. 이처럼 스몰그룹(Small Group)의 생명력과 치유도 그리스도의 사랑과 성령의 은혜가 모든 지체를 휘감아 돌아갈 때에 나타나는 것이다.

### ⑦ 스몰그룹(Small Group) GP(Green Pastures)와 전도

초대교회의 전도방법은 성령의 음성과 하나님의 말씀에 대한 전적 순종, 복음에 대한 불타는 열정 그리고 순수한 헌신이었다. 초대교회는 환경적으로나 규모적으로도 지금의 상황과는 비교할 수 없이 열악했다. 그럼에도 그들은 제자훈련과 전도훈련을 병행하여 받으며 양적, 질적인 성장을 동시에 경험했던 것이다.

초대교인들에게 있어 전도의 동기는 예수님의 사랑과 말씀이었고 그들의 인도자는 성령이셨다. 그리고 성도들은 절대적인 순종으로 따랐다. 무엇이든지 넘쳐흘러야 외부로 연결되는 것이고 그 영향을 미치게 되는 것이다.

GP는 늘 예수 그리스도와의 호흡 속에서 누구나가 좋아하고 수긍하는 삶의 모습으로 다가가는 전도를 지향한다. 물론 어려운 일일 것이나 최소한 비난이나 거부감을 주는 행위는 피할 수 있을 것이다.

간디는 "나는 그리스도는 좋아한다. 그러나 크리스천은 싫어한다."라는 말로 그의 아픔을 대신했다. GP는 사회 현상과 이웃을 그리스도의 마음으로 바라보고 섬기는 일이 전도의 출발이라고 생각해야 한다. 이 사회와 현대인들이 어떤 현상에 놓여 있는지도 알아야 그들을 품고 섬겨주며 예수 그리스도의 복음을 더 잘 전할 수 있을 것이다.

왜 현대인들의 삶이 더욱더 피곤해져 가는 것일까? 현대의 풍요는 무엇보다도 과학과 기술을 기반으로 한다. 이로 인한 편리는 수백 년 전의 생활상과 비교해볼 때 현시대의 한 사람이 꾸려나가는 생활은 그 당시 하인 40여 명이 도와야 가능한 것과 비슷하다고 한다. 그야말로 대단한 풍요를 누리는 생활수준이라는 것이다. 그런데 현대인들은 점점 더 살기가 힘들어졌다고 볼멘소리를 한다. 상대적 빈곤감의 늪으로 빠져들고 있기 때문이다.

이런 현상에 대해 하버마스(Jürgen Habermas)는 과학과 기술의 논리가 보편적 기준으로 작동되며 사회생활 전반에서 광범위한 영향력을 발휘하고 있음에 주목하였다. 이를 바탕으로 한 정치적 측면에서의 과학과 기술주의의 이용은 자본주의 사회의 새로운 이데올로기로 자리를 잡았다는 것이다.

하버마스는 이러한 현상은 결국 현대인들의 삶을 더욱더 황폐화시킬 뿐이라는 의미에서 '생활세계의 식민지화'라고 그 의미를 부여했다. 그의 이러한 주장은 과학과 기술에 대한 부정이 아니라 반성과 새로운 모색을 통해 인류의 더 나은 행복을 찾아가자는 성찰을 위한 주문일 것이다.

출애굽기 32장을 통해 금송아지 신상을 만들어 놓고 하나님을 대신하려 했던 망령된 행동의 한 사건을 볼 수 있다. "모든 백성이 그 귀에서 금 고리를 빼어 아론에게로 가져가매"(3절)에서 볼 수 있듯이 자신들의 것으로, 자신들이 만들어, 자신들의 풍요를 위하여 의미를 부여하고 지배당하고자 원한 것이 바로 금송아지 우상인 셈이었다.

이처럼 우상은 하나님 중심에서 벗어나 풍요에 눈이 먼 자기중심이요, 자기 결정적 사고에 지배당하는 것이다. 하나님을 부르짖으면서도 하나님을 알지 못한 무지의 결과이다. 오직 지금의 필요와 위기모면을 위한 얄팍한 사고의 산물인 우상 제작은 자기중심적 사고와 물질주의적 욕망의 표본을 보여주는 것이다.

21세기를 흘러가는 시대적 조류에서도 크게 다를 바 없는 일들이 산재해 있다. 과학과 기술의 발전으로 인해 산업화된 대중문화는 본질적인 것을 비본질적인 것으로, 질적 측면을 양적, 물적인 것으로 환원시켜 사고하도록 만들고 있다.

인간의 육신적인 필요에 교묘하게 스며들어 인간의 삶을 지배하며 같을 수도 없는 것들을 같은 것처럼 인식시켜 아무런 저항 없이 무너져 버리게 하는 물화(物化, Reification)현상[28]이 만연하다.

이것은 거짓된 만족이며 대리만족일 뿐이다. 사탄이 인간의 기만된 만족에 대한 의존성을 조장하는 것이다. 사회적 논리의 모든 것이 급속하게 번져나가는 전염병처럼 돈의 가치로 환산되는 물신화(物神化)로 치닫고 있다. 허버트 마르쿠제(Herbert Marcuse)는 현실에 존재하는 모든 비합리적인 것에 대한 단호한 부정을 선언하고 맞서는 '위대한 거부(Great Refusal)'를 부르짖었다.

GP의 전도는 그리스도의 복음에 반하는 모든 비합리적인 것에 대한 위대한 거부(Great Refusal)를 통해 새로운 전도의 물결을 일으켜야 한다. 이는 단순한 구호나 일회적인 행사를 일컫는 것이 아니다. 진정한 의미의 섬김과 나눔을 뜻하는 그리스도의 성육신 삶을 본받아 실천하자는 것이다.

전도는 창조주 하나님의 은혜와 사랑을 다른 사람들과 함께 나누고자 하는 뜨거운 열망의 표출이다. 그렇다면 전도의 출발이 예배에서부터 비롯되어야 함을 부인할 수 없을 것이다. 왜냐하면, 진정한 예배로 인한 성령의 역사 하심은 전도 의식을 촉발하여 공동체의 역동성을 더욱 강하게 일으켜주기 때문이다.

식당을 경영하는 사람이 있다면 날마다 판매할 메뉴에 대한 음식재료를

---

28) 물화(物化, Reification)현상이란, 물신숭배적 사상에서 출발하는 개념으로, 의미를 사물로 환원하여 바라보기에 사람들의 관계마저도 교환가치로 따져 사물의 성격을 지니게 만든다는 것이다.

정성껏 준비할 것이다. 이러한 준비를 통해 식당은 날마다 음식을 판매하며 경영이익을 축적해 나가는 것이다. 그리스도인은 예배를 통해 하나님으로부터 공급 받은 은혜와 사랑을 날마다 장사해야 한다.

이것이 바로 예배를 통한 전도 표출의 원리인 셈이다. 따라서 예배야말로 전도 동력의 핵심이 되는 것이다. 그러니 GP는 상시 전도 공동체인 셈이다. 강조할 때에나 내키지 않는 의무감에서 이렇게 저렇게 고민해보는 것이 전도가 아니다. GP와 구성원들의 존재적 가치와 목적이 바로 전도인 것이다.

식당에서도 많은 판매 전략을 가지고 있듯이 GP에도 많은 전도전략이 있어야 하고 끊임없이 개발되어져야 한다. 구체적인 전략과 프로그램은 '행복디자인전도' 가 제시하는 것들이다. 이와 연계하여 지체적 사명 감당에 따른 해당 역할에 탄력적이고 창의적인 호응을 이루어가야 할 것이다.

예수님의 사역에서 볼 수 있는 전도 훈련의 방법을 보면 우선 배우기를 열망하는 이들에 대한 선택이었다. 예수님께서는 대중을 소홀히 하지 않으면서도 12명의 소수 제자에게 집중하여 훈련을 시키셨다. 결국 이 제자들이 오순절 이후 커다란 전도를 이루어간 주인공들이었다.

이들은 주님과 동거하며 주님의 가르침과 삶을 배우고 사랑을 받았던 사람들이다. 그들에게 있어서 무엇보다도 중요한 배움은 헌신과 순종이었다. 이 순종과 헌신이 가서 제자 삼으라는 명령에 아무런 이의도 없이 그대로 따를 수 있었던 바탕이었다.

제자들은 모든 과정과 결과에 대해 주님께 아뢰며 더 좋은 방법을 강구했던 것이다. 그로 말미암아 믿는 사람의 숫자가 날마다 더하는 것을 경험하며 그 가운데에서 지속적으로 충성 된 일꾼들을 배출해냈던 것이다.


### (8) 행복디자인전도의 정착(Landing Service)과 양육

전도하기는 날이 갈수록 쉽지 않고 어렵게 등록시킨 사람들마저도 정착

률은 대부분 10~20% 정도를 넘지 못하는 실정이다. 많은 사람에게 기독교는 그만큼의 부정적 이미지로 인식되고 있다는 방증이기도 하다.

과거 교회는 소외자들의 친구였고 대변자였다. 불의와 맞서는 이정표요, 새로움과 깨끗함의 지표였다. 사회의 암울한 곳을 밝혀주는 한 줄기 빛이었다. 그 빛을 찾아 많은 사람이 교회로 나왔고 예수 그리스도를 만나 삶이 변했으며 구원의 은혜를 받았다.

그런데 언제부터인가 한국 교회는 서서히 문제를 드러내기 시작했다. 외부로 향하던 힘의 결집이 내부적 소용돌이에 휘말리는가 하면 비신자들에게 지난날과 같이 좋은 영향력을 발휘하지 못하고 있다. 몇몇 교회의 성장도 중요하지만, 거시적인 안목에서의 전도는 영향력의 회복이다. 다름 아닌 그리스도의 가르침에 순종하고 성령의 역사 하심을 기대해야 하는 것이다.

자기중심적 사고의 크기를 날마다 줄여서 그 자리에 성령께서 역사 하시도록 해 드려야 한다. 이것이 토대가 되어서 예수님의 사랑을 회복하고 지역사회를 섬기는 삶을 실천할 때 전도가 힘을 얻고 많은 사람이 교회로 발걸음을 옮기는 물결을 형성하게 될 것이다.

무엇보다도 급선무는 현실이 아무리 어렵더라도 전도는 멈출 수 없는 것이고, 또 전도하여 교회에 등록하는 새신자들을 최대한 정착시켜야 하는 일이다. 신규 이주자들을 위한 랜딩서비스(Landing Service)라는 것이 있다. 초보 이주자들에게 새로운 문화와 환경에 적응하는 시기는 대단히 중요하다. 이를 감안하여 신규 이민자들을 대상으로 정착을 도와주는 일이 랜딩서비스(Landing Service)이다.

무엇보다도 신규 이민자들은 의사소통과 문화적 차이로 인한 어려움이 많을 것이다. 필요한 조언과 동행을 통해 주택이나 병원, 학교, 차량 구입 등의 필수불가결한 모든 요소에서 시행착오를 줄이고 최단 시일 내에 안정적으로 정착 할 수 있도록 도와주는 것이 랜딩서비스(Landing Service)이다. 이처럼 새신자들이 교회라는 낯선 환경에서 빠른 적응을 이루도록 최적의 랜딩서비스(Landing Service)를 실현해야 할 것이다.

교회에 온 사람들이 편안하게 정착하기를 원하는 것은 누구나 바라는 일이다. 우선은 모두가 모이는 예배와 스몰그룹(Small Group) 사이의 아름다운 연계가 균형을 이루어야 한다. 그 핵심은 제자 육성에 뿌리를 두어야 흔들리지 않는다. 인간적인 배려나 감동은 정적(情的)인 측면이라서 쉽게 달아오르고 쉽게 식어버릴 수 있다. 정적인 배려와 함께 지적인 배려가 동반되며 그것이 삶의 실천으로 이어져가야 한다.

새신자 정착은 등록이라는 행정적 절차에 의하여 마무리 될 사항이 아니다. 가장 중요하면서도 전체적인 요인은 환경이다. 이는 물리적 환경과 함께 보다 중요한 영적인 환경을 말하는 것이다. 새신자가 만나게 되는 영적인 환경은 그의 영적 성장에 대한 결과를 예측할 수 있을 만큼 중요하다. 무엇보다도 이 영적 환경은 역동적이고 뜨거우면서도 차분한 이성과 덕성이 조화롭게 어우러져야 할 것이다.

보통 새신자 양육에서의 교육 커리큘럼은 그리스도 안에서 얻게 되는 생활의 기쁨, 지체 간의 사랑과 우애, 성령 충만한 삶의 모습 등으로 구성되어 있을 것이다. 그러나 새신자들이 교회에서 그렇지 못한 현실을 발견하게 될 때 실망과 함께 그동안의 가르침에 대하여 의심하게 될 것이다. 인간은 환경에 대한 영향을 무엇보다도 크게 받는 존재이다. 즉 모르는 사이에 환경에 순응하며 그 분위기에 젖어들고 닮아가게 된다. 그러므로 먼저 된 자들이 정말로 성령 충만한 삶으로 인해 우러나오는 행복을 누리는 것이 중요하다.

이러한 맥락이 시사하는 바의 흐름이 바로 동화(Assimilation)를 통한 하나 됨(Bonding)이다. 이는 또 하나의 새로운 출발이요, 열림이다. 부흥하고 성장하는 교회는 무질서나 폐쇄성으로 잔뜩 움츠린 닫힌 사고의 교회가 아니라 변화에 순발력 있게 대처하는 새로운 혁신적 사고로 열린 교회이다.

정착을 위한 노력의 처음 단계는 관심이다. 작은 교회는 모든 성도가 관심을 가져주어야 한다. 중대형 교회라면 새신자 관련 부서에서 따뜻한 관심과 사랑을 표해야 할 것이다. 두 번째 요소는 일대일 전담이다. 적어도 8주가량은 교회에 나왔을 때나 교회 관련 행사, 소식 등에 있어서 한 사람이 전담하여 돌봐주어야 한다.

기본적으로는 안부와 격려, 공예배나 해당 모임에 대해 적극적이지만 편안하게 안내해주어야 한다. 직접 통화하기가 부담스러우면 이메일이나 휴대폰 문자메시지와 같은 방법을 통해 거리를 좁혀나가면 될 것이다. 최대한 짧은 기간 내에 어색함과 불안정감을 털어내게 해야 한다. 교회에 출석했을 때에는 자연스럽게 동석하여 안정감을 갖도록 도와야 할 것이다.

이 기간에 새신자 교육이 이루어져야 한다. 그리고 일대일 전담을 통해 교회 내에서 해당 새신자와 가장 잘 어울릴 수 있는 단짝도 찾아주어야 한다. 일대일 전담 과정은 세 번째 단계인 스몰그룹(Small Group) GP에 정착할 때까지는 배려되어야 한다.

양육을 위한 교육은 서신이나 이 메일, 출석수업, 세미나, 인터넷 과정 등을 통해서도 가능하다. 반드시 출석만을 강조하는 것보다는 서신이나 이 메일, 인터넷 카페 등을 통한 교육의 병행도 가능하다.

스몰그룹(Small Group) GP의 정착에 있어 무엇보다도 중요한 것은 관심과 사랑이다. 네 번째 단계는 스몰그룹(Small Group) GP안에서의 성장으로 인한 충성 된 일꾼으로서의 탄생이다.

효과적인 새신자 양육을 위해 영적 진리에 대한 필수적인 사항은 놓치지 말아야 한다. 첫째, 그리스도의 구원 사역에 대한 바른 지식과 믿음을 가지도록 도와야 한다. 둘째, 믿음이 자라도록 도와야 한다. 셋째, 그리스도인의 행복과 성화적인 삶에 관하여 알고 실천하도록 도와야 한다. 넷째, 교회에 적응하고 동역하며 공동체로서의 삶을 누리도록 도와야 한다. 다섯째, 자신이 체험한 복음의 증인 된 삶을 살도록 도와야 한다.

성경적 관점은 새신자를 영적 어린아이로 말한다. 그러므로 이에 걸맞은 보호와 가르침이 필요하다. 보통 어린아이의 양육을 보면 부모의 개인적인 측면과 유치원과 같은 교육기관을 통한 집단적인 측면 그리고 개인적 학습이 있을 수 있다. 새신자의 경우에도 이와 크게 다르지 않다. 먼저 집단적 양육은 교회나 스몰그룹(Small Group)에서 이루어지게 하는 것이다.

두 번째 개인적 양육은 새신자의 성격이나, 환경 등을 고려하여 이에 걸맞은 성숙한 신자로 하여금 새신자와의 일대일의 관계를 맺어 보살피게 하는 것이다. 개인적 양육에서는 지적 영역의 나눔과 함께 이해와 격려, 배려와 상담, 참여와 도전이 적절하게 조화를 이루어서 살갑고 친밀하지만, 진취적이어야 한다. 개인의 학습은 서적이나, 유인물, 과제 등을 통한 새신자 스스로 하는 학습을 말한다.

이러한 모든 것은 반드시 균형을 이루어 새신자가 성숙한 영적 장년으로 성장할 때까지 이루어져야 한다. 그런데 보통 실패하는 원인은 이론에서 그치는 경우이거나 잘 모르기 때문이다. 분명한 기본적 지식을 가지고 새신자를 향한 열망과 사랑으로 정성을 다해야 한다. 하물며 화초나 금붕어를 키우는 일도 시간을 투자하지 않고 소홀히 하면 결국 죽도록 버려두는 것이나 마찬가지의 결과를 가져오게 될 것이다.

새신자 양육의 절정은 그에게서 영적 번식이 일어나는 것이다. 디모데후서 2:2에는 "또 네가 많은 증인 앞에서 내게 들은 바를 충성 된 사람들에게 부탁하라. 저희가 또 다른 사람들을 가르칠 수 있으리라."라고 바울이 디모데에게 권면 한 말씀이 있다.

다른 사람에게 가르치라는 것이며, 그것을 배운 사람이 또 다른 어떤 사람들을 가르치게 하라는 것이다. 이것이 역사의 진보를 이루는 수레바퀴일 것이다. 그러니 우리는 전하고 가르쳐서 많은 사람이 지도자로 우뚝 서게 해야 한다. 어찌 보면 포도나무의 열매는 포도송이에서 끝나는 것이 아니라 다시 포도나무가 되어 포도를 생산하는 재생산의 번식이 지속되어야만 세대를 이어가며 생명력과 풍요를 누리게 되는 것이다.

포도나 사과나무는 묘목을 심은 후 3년이 지나면 첫 열매를 보게 되는데 처음에는 아직 자그만 나무에 수십 개의 열매가 주렁주렁 매달린 것을 보고 있노라면 신기하고 기특하기 그지없다. 새신자의 양육을 통해 이런 기쁨을 누리는 것이야말로 주님께서 기뻐하시는 일이다.

예수님께서는 3년 동안 하나님 나라를 전파하셨고 뒤를 이어 제자들이 주님의 명령을 받들어 그 일을 계속 했다. 그 역사는 지금까지 이르렀고 또 주님 오실 때까지 계속 될 것이다. 이 지속적인 사역을 위해 새신자 모두가 복음에 불타는 헌신적인 지도자들로 키워져야 한다.

예수님께서 제자들을 선택하시고 그들에게 집중적으로 교육하신 만큼, 우리도 양육에 임함에 있어 새신자들에게 고도의 집중력을 발휘해야 할 것이다. 양육에서 항상 기억해야 할 것은 육체적, 정적, 사회적, 영적인 요소들이 균형을 이루어 전인적 양육이 되도록 해야 할 것이다. 이 모든 것의 첫걸음이 새신자 양육임을 잊어서는 안 될 것이다.

양육의 새로운 시야를 바라보자. 경상북도 영천시 고경면 창하리에는 안홍석이라는 분이 배 농사를 짓고 있는데 사람들은 그를 '배 박사' 라고 부른다는 것이다. 거기에는 그만한 이유가 있다. 그는 처음부터 배 농사를 하던 사람이 아니었다. 사업을 그만두고 나서 배 농사를 시작하였다.

과일은 그저 열심히 물 주고 거름이나 비료만 주면 되는 것으로 생각한 첫해 농사는 보기 좋게 실패했다. 그러나 그 실패가 그의 성공에 밑거름되었던 것이다. 그는 배 농사에 대한 연구에 몰두했다. 이 과정에서 발효퇴비와 과일 맛과 영양의 관계를 발견하여 단맛을 높이는 특급 퇴비를 개발했다는 것이다. 또한, 해풍을 맞은 과일이 더 달다는 것을 알고 바닷물을 길어다가 지하수와 섞어서 배나무에 뿌리는 법도 개발했다고 한다.

여기에서 그치지 않고 그의 연구는 계속 되었다. 더덕 옆에 긴 나무 막대기를 꽂아두었더니 더덕이 경쟁하듯 더 커지고 많이 생산되는 것을 발견하고 배나무 옆에도 긴 장대를 꽂아 연간 1-2m 자라는 배나무를 4-5m까지 자라게 만들었다. 그는 더욱 연구의 횃불을 높이 들었다.

나무의 주지(主枝)나 부주지(副主枝)에 3-5군데 톱질을 하여 가지를 Y자 모양으로 만들어 키가 크는 영양생장으로 흘러가는 양분과 에너지를 열매 맺는 생식성장에 집중하게 함으로써 우수한 품질의 배를 생산하게 되었던 것이다.

이뿐만이 아니다. 노동력 최소화를 위해 장비와 농기계도 새롭게 혁신하였다. 승용차처럼 앉아서 풀을 깎을 수 있는 '승용 예초기'와 경운기를 작게 변경한 '미니 경운기', 배나무 키의 높이에 따라 만든 '층계식 작업대' 등이다. 이 모든 것들은 배의 양육을 효율적으로 만들며 최고 상품의 배를 출하하게 한 노력의 결과물들이었다.

뜬금없이 배 농사 이야기를 하자는 것이 아니다. 초보 농사꾼이었지만 그의 혁신적인 사고와 연구는 수십 년을 이어오며 전통적인 답습으로 농사를 지은 사람들과는 비교할 수 없는 놀라운 결과를 만들어 낸 것이다. 새신자 양육에도 안홍석씨와 같은 혁신적인 사고와 발상의 전환이 필요하다는 것이다.

행복디자인전도에 있어서 GP의 양육과 번식은 이런 시스템이다. 먼저는 관계 맺기 SOC(社會資本, Social Overhead Capital)개발이다. 무엇보다도 많은 사람을 접촉하여 복음전도의 환경을 조성할 수 있어야 할 것이다. 그래서 많은 사람이 스스로 모여들게 만드는 것이다. 그다음은 그들과의 관계 형성이다. 이 관계 형성에는 FT(Facilitator)들의 역할이 접착력을 발휘해야 한다.

관계 형성에서는 친절, 배려, 나눔 등의 섬김을 기본으로 하여 교회에서 준비한 각종 모임에 이들이 참여하도록 안내하며 같이 동참해야 한다. 또한, 이들이 외부에서 활동하는 모임에도 관심을 두고 동참하기도 하여 그 영역을 넓혀가며 관계 맺기에 주력한다. 친밀한 관계가 형성됨에 따라 함께 차도 마시고 식사도 하며 서로의 우정을 확인하는 가운데 경계의 벽을 허물어나가면 된다.

이런 과정에서 삶을 나누고 고민을 상담하는 등의 과정을 통하여 복음을 전할 수 있는 물꼬를 튼다. 어느 정도의 분위기가 형성되면 '도서와 영적 사귐 전도'에 들어간다. 고민 상담이나 생활문제의 대화 가운데 해당 내용과 연관 있는 책이 있다고 말을 건네며 빌려주겠노라고 한 다음 해당 서적을 사서 빌려준다.

이때 해당 서적은 쉽고 감동적이며 얇은 것으로 목회자의 도움을 받아 선택하면 된다. 그리고 더 깊은 관계적 연결을 위해 동일한 책을 구매하여 읽은 다음 그 책에 관한 소감을 나누어야 한다. 주로 격려와 동감을 표하며 전도적 차원에서의 필요한 사항만을 짧은 코멘트로 곁들인다. 그리고 돌려받은 후 동일한 사역을 위해 교회에 기증하면 좋을 것이다.

두 번째 기회에 있어서의 책은 소망적, 긍정적 내용이되 역시 얇고 쉬운 것으로 선택하면 된다. 세 번째는 그 내용이 삶에 대한 조감과 반성, 위로, 돌이킴, 진정한 인생의 의미, 천국소망 등의 간증적 요소가 있는 내용이면 된다. 이것은 대화 가운데 교회출석으로 이끌 많은 기회를 제공하게 될 것이다. 이런 과정을 통해 출석하게 되는 사람에게는 위에서 언급한 절차에 따라 양육에 들어가면 된다.

이렇게 생활 속에서 이웃을 전도하는 가장 좋은 방법이 관계의 개발과 진심의 전달이다. 첫 번째 단계는 전도대상자를 선정하여 사귀어 나가야 한다. 상호관심사를 나누고 교감을 갖는 것이 우선이다. 두 번째 단계는 작은 음식이나 이웃 간에 부담 없이 나눌 수 있는 조그만 선물 등을 전달하며 나눔의 정적(情的)인 분위기를 만들어 나가야 한다.

세 번째 단계는 삶으로 들어가는 일이다. 사람이라면 누구든지 문제가 없는 사람이 있겠는가? 상대방의 마음을 열기 위해 먼저 자신의 인생이나 삶의 문제를 털어놓으면서 상대방의 형편이나 고민 등의 삶의 문제에 대해 귀를 기울인다. 네 번째 단계는 출구전략이다. 문제가 있으면 해결책이 있을 텐데 예수 그리스도가 해답임을 제시하며 유명인들의 사례를 들어 격려하고 용기를 주어야 한다.

다섯 번째 단계는 하나님의 실존과 역사(役事) 하심에 대해 자신의 입장에서의 경험과 변화를 진솔하게 전한다. 여섯 번째 단계는 교회의 동아리나 모임에 같이 나갈 것을 권유하여 함께 동참한다. 이곳에서 그리스도인들에게 감동을 하도록 만든다.

일곱 번째 단계는 열린 문 만들기이다. 함께 식사도 하고 여행이나 시장도 함께 가는 친밀함을 만든다. 여덟 번째 단계는 진입이다. 여기에서는 여섯 번째 단계와 연관하여 자연스럽게 교회출석의 계기를 만든다.

아홉 번째 단계는 환영과 소속이다. 모든 교우를 통해 이제까지 어느 곳에서도 경험해보지 못한 환영과 친절을 경험하게 하여 감격 가운데 편안한 소속감을 갖게 한다. 열 번째 단계는 양육이다. 양육은 구원의 감격 속에 적극적인 품성 계발을 이루도록 지원하여 전도의 삶이 되게 한다.

이런 과정으로 결국 새신자는 GP에 들어가게 된다. GP는 매년 구성원의 10%씩 전도하는 것을 불문율(不文律)로 해야 한다. 이런 방침에 따라 철저한 운영을 이루어간다면 교회 전체가 최소 연간 10%의 성장을 만들어낼 수 있을 것이다.

등록이 이루어지고 교회 내부에 들어오게 되면 구체적인 양육 시스템에 들어가야 한다. 그 목표와 내용은 어떤 것이 되어야 하겠는가? 새신자 양육의 최우선은 목표에 대한 설정이다. 그 목표는 새신자의 정착과 성숙에 따른 증·번식이다. 다음은 커리큘럼의 개발이다. 그다음은 장소와 기간에 따른 일정이다. 마지막은 지도방법과 평가 등의 교수 계획이다.

커리큘럼은 신앙생활(교회생활 전반)과 성경 및 교리(성경의 이해와 조직 신학적 분야의 핵심), 성숙한 그리스도인의 삶(전도와 달란트적 사명 감당)을 기본적으로 구성하여야 할 것이다.

### (9) 행복디자인전도와 리더십

선(善)한 말 한마디로도 행복을 디자인할 수 있다. 이 세상 모든 사람의 공통적인 바람이 있다면 그것은 행복하게 사는 것임을 부인할 수 없을 것이다. 사람들이 부지런히 일하는 것이나 높은 지위에 올라가려고 애쓰는 것도 다 행복을 얻고자 함이다.

사람들이 이렇게 행복해지려고 많은 애를 쓰지만, 이상하게도 이 세상에는 행복한 사람보다 불행한 사람이 더 많다. 무슨 이유에서 일까? 대부분 행복을 잘못 찾고 있기 때문이다. 그야말로 행복을 찾아야 할 번지수를 잘못 찾아간 셈이다. 창조 섭리 안에서의 모든 이치가 원리와 원천으로부터의 출발임은 삼척동자도 부인할 수 없는 일이 아닌가?

행복의 근원은 바로 예수 그리스도라는 사실이다. 그래서 바울은 예수 그리스도를 아는 지식을 가장 고상한 지식이라고 한 것이 아닌가? 그러므로 누구든지 행복한 사람이 되기 원한다면 언제 어디서나 매 순간 예수 그리스도를 선택하면 된다. 오직 나를 비우고 예수 그리스도로 채우면 된다. 그런데 보통은 돈으로, 권력으로, 욕심으로 자신을 채워서 행복해지려고 한다.

노벨상 수상자인 미국 프린스턴대학교의 다니엘 카너먼(Daniel Kahneman) 교수는 "금전적 수입이 많아지면 개인의 전반적인 만족도도 향상된다는 주장은 대부분 착각"이라고 말한다. 행복 찾기에서 돈의 효과는 생각보다 적다는 것이 카너만 교수의 주장이다.

즉 돈으로 행복을 살 수 있다는 것은 환상에 불과하다는 것이다. 똑같은 정보를 놓고도 사람들의 판단은 각각 다르게 나타난다. 카너만이 말하는 편향 되고 비합리적인 판단의 가장 큰 특징은 '확인 편향'(Confirmation Bias)[29]이라는 것이다.

근거가 빈약한 장밋빛 전망을 하며 자신은 남들과 다르다고 믿는다. 이것이 바로 환상이요, 매몰이다. 시력과 맞는 안경을 써야 제대로 볼 수가 있다. 그렇지 않으면 진실에 대한 시각마저도 굴절된 스펙트럼을 지니고 다양한 형태로 나타나게 된다.

돈에 있어서도 마찬가지이다. 예금통장이 가득 차있을지는 모르지만, 마음은 늘 빈곤할 수도 있다. 이러한 왜곡 현상을 바로잡기 위해서는 개인과 가정의 행복이 축적되고 그것이 사회적인 행복으로 흘러넘치게 되면 불행의 악순환은 더는 틈타지 못하게 될 것이다.

자기만의 행복을 계산하는 허망한 욕망으로의 집착을 버리고 이타적으로 삶의 자세를 바꿔야 함께 행복할 수 있을 것이다. 행복은 혼자서 누릴 수 있는 성질의 것이 못된다. 아무리 돈이 많고, 재화가 풍족해도 험산준령(險山峻嶺) 꼭대기와 같이 아무도 없는 한정된 공간에서 행복하다고 하지는 않을 것이다.

인간은 함께 살면서 너와 나의 의미를 확인하는 가운데 행복을 발견하는 것이다. 어느 사이엔가 교회 내에도 물질적 가치나 남보다 더 많은 지식, 화려한 명예, 자랑스러운 지위가 행복의 척도라고 믿는 현대인들의 상대적 우월감이 공동체의 행복을 위협하고 있다.

행복은 나눔이며, 사랑이고 공생공영을 위해 지속 가능한 원동력임을 잊

---

29) 일반적으로 사람들은 자신이 아는 것이나 믿는 것과 일치하는 방향으로 모든 정보를 해석하고 판단하여 범주화하고 결정한다는 것을 의미한다.

지 말아야 할 것이다. 행복은 주관적 안녕감이기도 하지만 결코 독립적일 수는 없다. 상호적이고 조화 속에서 나타나는 아름다움이기도 하다.

1998년 노벨 경제학상을 받은 아마티아 센(Amartya Sen) 교수는 개인의 자유를 사회적 약속으로 보았는데 행복의 척도가 주관적 평가에 의해서만 언급되는 것에서 벗어나야 한다고 주장했다. 다시 말해서 노예가 느끼는 만족감이나 후진국에서 나타나는 우민화 정책에 따른 행복감을 진정한 것이라고 여길 수는 없다는 것이다.

이제 우리는 "너희는 먼저 그의 나라와 의를 구하라"(마태복음 6:33)라는 하나님의 말씀을 따라 성령 안에서 의와 평강과 희락의 삶으로 공동체를 이루어가야 한다. 로마서 3:10에는 의인은 이 세상에 단 한 명도 존재하지 않는다고 말한다.

우리가 의롭게 사는 방법은 오직 한 가지 믿음으로 사는 길 뿐이다(디도서 3:5, 히브리서 11:4-6). 이러한 삶은 그 중심을 오직 그리스도께만 두고 그와 동행하며 그분의 계명대로 사는 것이다(빌립보서 2:5). 이것은 그리스도를 내 이성과 의지, 감정의 주인으로 모셔서 전 인격적으로 그분을 섬길 때 가능해진다.

에베소서 4:13은 "우리가 다 하나님의 아들을 믿는 것과 아는 일에 하나가 되어 온전한 사람을 이루어 그리스도의 장성한 분량이 충만한 데까지 이르리니"라고 말한다. 행복은 개인의 주관적 만족만으로 이루어지는 것이 아니다. 개인의 만족과 안녕 그리고 기쁨이 이웃과 함께 어우러져 아름답게 조화를 이루는 것이 거시적인 차원의 행복이다.

빌립보서 2:4-5는 "각각 자기 일을 돌볼뿐더러 또한 각각 다른 사람들의 일을 돌보아 나의 기쁨을 충만하게 하라 너희 안에 이 마음을 품으라 곧 그리스도 예수의 마음이니"라고 말씀하신다. 그리스도 예수의 마음은 "사랑"이다. 요한복음 13장 34절은 "새 계명을 너희에게 주노니 서로 사랑하라 내가 너희를 사랑한 것 같이 너희도 서로 사랑하라"라고 말씀하신다. 모든 사람이 행복을 찾으려고 부단한 노력을 한다. 그러나 서둘러 그 길을 가도 행복을 발견하지 못한다면 그 수고가 헛된 것이다.

동서고금을 통해 많은 철학자와 사상가 그리고 문필가들이 '행복론'을 펼쳤다. 하지만, 그 나름의 정의와 대답은 각양각색이었다. 핵심을 빗나갔기 때문이다. 참된 행복은 오직 창조주 하나님의 품 안에서라야 찾을 수 있고 누릴 수 있다는 것이다. 비교하자면 갓난아기가 자기를 낳아준 어머니의 품안에서라야 행복을 느끼고 누리는 것이나 같은 이치일 것이다.

참 행복이 어디에 있는가? 하나님 안에 있다. 그 안에서의 존재적 가치의 발견과 유기체적 조화 그리고 사명의 발견은 행복의 시작이다. 이것이야말로 참 행복을 디자인하는 출발이다. 참 행복을 디자인하는 그리스도인의 리더십이야말로 이 시대의 아름다움과 공생공영의 기쁨을 창출하는 옹달샘이며 시냇물이고 강물이다. 곳곳에서 넘쳐흐르는 이런 물줄기들을 통해 하나님의 은혜가 넘실거리며 끝없이 펼쳐지는 행복의 바다를 만들어가야 한다.

그리스도인들에게는 진정한 행복 디자이너가 있으니 그분이 예수님이시다. 요셉도, 모세도, 여호수아도, 어렵고 힘든 상황 가운데에서도 하나님으로 말미암아 행복한 인생을 디자인할 수 있었던 것이다. 왜곡된 인생의 수렁에서 허우적거리던 삶에도 행복을 디자인해주시는 분이 바로 주님이시다. 삭개오도, 다윗도, 베드로도, 주님을 진정으로 만났을 때 잘못 디자인된 인생을 고쳐 복된 인생을 살 수 있었던 것이다.

이러한 행복 디자인의 출발이요, 본질이신 예수 그리스도를 전하는 것이 '행복디자인전도'이다. 그런데 전하는 방법에 있어서도 모두가 행복해지는 소식을 전하고 행복하게 만들어 주어야 한다. 따라서 이를 이끌어가는 지도력을 만들어내야 하고 그것을 아름답게 발휘해야 한다.

## (10) 행복디자인전도와 품성 계발

진정한 행복은 우리 힘으로 자신하거나 얻을 수 있는 것이 아니다. 오직 하나님을 의지하고 그분의 말씀을 따라 성령의 인도를 받을 때 이루어지는 것이다. 내가 행복해야 그 행복을 이웃에게도 전달할 수 있다. 그 첫 번째이자, 가장 핵심적인 요소가 자기부정이다.

이것이 없이는 언제나 인간중심의 불완전하고 변질되는 인본주의적 행복에서 헤매다, 지치게 되고 분열과 갈등의 소용돌이에 빠져드는 불행을 자초하게 된다. 주님이 주시는 행복한 길로 가며 그 행복을 전달하라는 것이 주님의 뜻이다. 이것이야말로 "예루살렘과 온 유대와 사마리아와 땅끝까지 이르러 내 증인이 되라 하시니라"(사도행전 1: 8)라는 주님의 지상명령에 순종하는 길이다.

### ① 자기부정(自己否定, Self-Denial)

그리스도인이 된다는 것의 가장 큰 변화는 삶의 우선순위를 완전히 바꾼다는 것이다. 그리스도인이 되었다고 하면서도 하나님이 내 삶에 최우선 순위가 되지 못한다면 그것은 마치 바이러스가 침투한 씨앗처럼 곳곳에서 많은 문제를 드러내게 된다. 그리스도를 따르려는 출발은 반드시 자기부정을 요청하게 된다. 자기부정이 없이는 결코 행복해질 수 없다. 인간 스스로 자기만족을 채워 나간다는 것은 불가능하기 때문이다.

하나님께서는 우리를 향하신 선한 뜻을 가지고 계신다. 하나님의 뜻이 우리 가운데에서 역동적으로 드러날 때, 우리를 통하여 하나님의 하나님 되심이 나타나는 것이다. "하나님의 하나님 되심"이야말로 하나님의 기쁨이 아니겠는가? 우리는 하나님의 기쁨을 위해 창조되었다. 겉모양은 믿는 사람이로되 진실로 우주 만물과 자기 인생의 주인이 하나님이시라는 것을 인정하지 못하면 내 인생은 나의 것이라는 착각에 빠지고 만다. 이런 사람들은 자신이 자기 인생의 최우선순위임이 확고부동한 것이다.

그래서 내 기쁨, 내 만족을 위해 일하게 되는 것이다. 내세우는 명분은 예수 그리스도이지만 정작 핵심은 자신의 기쁨과 만족을 채우기 위해 온 맘을 쏟는 것이다. 그 증거가 바로 교회에서 내가 중심이 되어야 하며 내가 대접받아야 하고, 무엇이든 내 뜻대로 해야 된다는 자기 충실의 열심이다.

심지어 목회자에게도 이를 강요하려 든다. 이런 교회는 편할 날이 없게 된다. 이런 사람의 특성은 네 편 내 편을 만든다. 옳지도 않은 자기 신앙적 이데올로기를 강요하고 그것으로 강단까지도 조종하려고 한다. 그리고 그것이 관철되지 않으면 스트라이크(Strike)를 일으켜 목회자를 힘들게 하고 코너로 몰아넣기도 한다.

무슨 이유를 댄다고 하더라도 이것이 어찌 성경적이며 바르다고 하겠는가? 진정한 그리스도인이라면 언제나 "살아계신 하나님 앞에서"라는 자세로 생각하고 행동해야 한다. 하지만, 참으로 답답하고 안타까운 것은 자기부정을 하지 않는 사람은 이러한 질문 앞에서도 자기합리화를 앞세운다는 것이다.

이런 사람들은 대부분 그릇된 신앙관에 매여 있거나 정착하지 못하고 이리저리 몰려다니는 경우가 많다. 시편 1편은 복 있는 사람과 악인들의 삶을 대비하면서 "악인들은 그렇지 아니하여 오직 바람에 나는 겨와 같다. 그러므로 악인들은 심판을 견디지 못하며 죄인들이 의인들의 모임에 들지 못하게 된다. 무릇 의인들의 길은 여호와께서 인정하시나 악인들의 길은 망하리로다."라고 말씀하고 계신다.

악인의 삶은 바람에 나는 겨와 같이 정함이 없는 인생이라는 것이다. 무엇보다도 참된 그리스도인들이라면 갈라디아서 5장 22절에 언급된 성령의 아홉 가지 열매인 사랑, 희락, 화평, 오래 참음, 자비, 양선, 충성, 온유, 절제의 열매가 나타나야 할 것이다.

성령의 아홉 가지 열매는 곧 예수 그리스도를 닮아가는 성화의 삶에서 나타나는 인격이요, 성품이다. 이런 열매를 가꾸기는커녕 증오, 투기, 성냄, 분열, 염려, 성급함, 잔인, 비열, 배반, 협박, 포악, 과시, 방탕과 같은 열매가 드러나고 있다면 그는 악인의 길을 걷는 것이다. 이를 하나라도 발견한다면 지체 없이 회개하고 돌아서야 할진대 계속하여 이 길을 고집한다면 스스로 불행과 자멸의 길을 재촉하는 일이다.

자기부정은 주님께로 가는 행복한 길이다. 내가 나 자신을 알지도 못하고 책임질 수도 없기에 주님께 온전히 맡기는 삶이 바로 자기부정의 삶이다. 그러니 자기부정이야말로 행복디자인의 고속도로가 되는 셈이요, 교회부흥의 초석이 되는 일이다.

흔히들 최대, 최고라는 수식어를 많이 쓰지만, 이 세상에 절대적 가치를 지닌 최대, 최고가 과연 존재하겠는가? 오직 하나님만이 최대, 최고임이 삶의 현장에서 확인되는 것이 자기부정이다.

이런 인생은 "여호와를 기뻐하라"(시편 37:4)라는 말씀에 순종하는 삶을 사는 사람이다. 자기부정의 삶은 하나님과의 만남에 방해되는 모든 것을 초월하는 삶이다. 그리스도인들에게 있어서 무엇보다도 우선해야 할 일이라면 하나님께 순종하여 말씀대로 사는 삶이 되도록 힘쓰는 것이 아니겠는가? 이것이 없이 어찌 하나님을 기뻐할 수 있겠는가?

우리 안에 도사린 육신적 야망을 모두 꺾어버렸을 때, 하나님과의 진정한 소통이 이루어지게 될 것이다. 이때 하나님께서는 우리의 삶에 부족함이 없도록 역사해 주실 것이다.

입으로 하나님의 사랑을 외치는 것은 쉽게 할 수도 있겠지만 자기부정(自己否定)이라는 십자가를 지고 진리 되신 하나님께 순종하여 나가는 길은 결코 쉽지 않을 것이다. 자기부정은 나의 유익을 묻는 것이 아니라 하나님의 뜻을 묻는 것이다.

십자가 고난을 앞둔 겟세마네 기도에서도 예수님께서는 "내 뜻대로 하지 마시고 아버지의 뜻대로 하옵소서"라고 기도하셨다. 예수님께서도 스스로 자신을 비우심으로써 자기부정의 본을 보이셨다. 그리스도인들은 예수님의 십자가 못 박히심과 함께 죽고, 주님의 부활로 말미암아 함께 산 자들이다.

자아(自我)는 스스로 자아를 버릴 수 없다는 것이 자아의 속성이 아니겠는가? 오직 거듭난 사람만이 자기를 부정할 수 있는 것이다. "내가 그리스도와 함께 십자가에 못 박혔나니 그런 즉 이제는 내가 산 것이 아니요 오직 내 안에 그리스도께서 사신 것이라"(갈라디아서 2:20)라는 말씀대로 우리는 오직 그리스도 안에서만 모든 것을 할 수 있다는 사실을 명심해야 한다.

자기부정(自己否定)의 사람은 기도의 사람이며 하나님의 말씀에 대해 청종하는 사람이다. 자기부정의 사람은 죄에 대해 민감하게 반응하며 성령의 역사 하심에 즐거운 마음으로 순종하는 사람이다. 이런 사람은 필연적으로 복음의 증인으로 살기를 열망한다. 자기부정의 사람은 그야말로 그리스도의 편지가 되어 그를 보는 사람마다 그의 모습에서 그리스도를 발견하게 하는 사람이다.

## ② 그리스도인들의 품성 계발

오늘날 우리는 거대한 시대적 가치관의 파도 앞에서 당황하고 있다. 그러나 우리는 이 파도를 유연하게 넘어 더 큰 바다를 향해 나가야 한다. 이 파도를 유연하게 넘게 하는 효율적인 방법 가운데 하나가 성경적 품성 계발이다. 품성(Character)은 자라면서 얻는 후천적인 것이다. 품성 계발은 타고난 자질에 대한 후천적 교육으로 양성되는 성화 과정이라고 할 수도 있다.

홀로 있을 때에도 삼가해 도리에 어그러진 일을 하지 않는다는 뜻의 신독(愼獨)이라는 말이 있다. 아무 누구도 보지 않을 때에라도 정직하게 자신의 일을 하거나 마음을 바로 다스려야 함을 강조한 말이다. 품성(Character)이라 함도 성경의 진리와 성령의 인도함으로 남이 보지 않을 때에도 볼 때와 동일하게 나타나는 성화 된 인품을 일컫는다.

하나님께서는 우리가 행복한 삶을 살아가기를 원하신다. 그런데 바르지 못한 성격과 처신으로 불협화음을 일으키고 분쟁을 유발하는 것은 행복을 가로막는 행위이다. 이런 것을 방지하고 교정하기 위해 품성 계발을 해야 한다. 이것이 행복을 디자인하는 복된 길의 서막이다. 그리스도인들 하나하나가 아름다운 성품으로 변화될 때 하나님께서 기뻐하시고 지역사회가 환호하는 교회위상을 회복할 수 있을 것이다.

하나님께서는 "그런즉 누구든지 그리스도 안에 있으면 새로운 피조물이라 이전 것은 지나갔으니 보라 새것이 되었도다"(고린도후서 5:17)라고 말씀하고 계시는데 그리스도인이라는 사람들이 여전히 죄의 습성을 가지고 분란의 중심에 서 있다면 그는 더는 어떤 변명도 하지 말고 무조건 회개해야 한다.

그리고 변화해서 성령의 열매를 맺도록 온몸과 온맘으로 힘써야 한다. 주님은 지금도 부드러운 음성으로 "두렵고 떨림으로 너희 구원을 이루라"(빌립보서 2:12)라는 말씀으로 우리의 변화를 촉구하고 계신다.

많은 그리스도인이 감각 없는 영적 문둥병 가운데 자기중심의 우상에 얽매여 신음하며 벼랑 끝으로 달려가고 있다. 공동체의 상처와 아픔을 조금도 느끼지 못하고, 오직 자신의 유익과 주장만을 앞세우며 광란의 질주처럼 전후좌우를 살피지도 않으며 무조건 밀고 나간다.

겉으로는 그리스도인이요, 경건한 삶을 사는 척하지만, 내적으로는 저열감, 두려움, 열등감, 외로움, 우울증 등의 깊은 상처로 인해 남을 힘들게 함은 물론 자신도 너무나 힘든 삶을 살아가기도 한다. 자기 애정과 합리화로 병든 마음은 마치 상처가 썩어서 고름을 드러내듯이 미움, 다툼, 시기, 질투, 원망, 갈등, 분열, 분노의 독소를 거침없이 쏟아낸다.

이는 독특한 성격 정도로 넘어가기엔 도(度)를 지나친 인격 장애이다. 성품을 계발(啓發)하고 발전시킨다는 것은 긴 시간이 필요하다. 우리는 누구라도 주님께서 주신 아름다운 성품을 계발하고 가꾸어야 한다. 그리스도의 제자다운 성품으로 바뀌어야 한다. 그래서 날마다 경건한 삶을 살아가도록 최선의 노력을 경주해야 한다. 진정한 변화와 헌신이 필요하다.

"너희는 이 세대를 본받지 말고 오직 마음을 새롭게 함으로 변화를 받아 하나님의 선하시고 기뻐하시고 온전하신 뜻이 무엇인가 분별하도록 하라"(로마서 12:2)라는 말씀에 지체 없이 순종해야 한다. 이런 의지를 보이며 기도하는 사람에게 "하나님의 말씀은 날 선 검보다 예리하여 골수를 찔러 쪼개기까지 하며 마음의 생각과 뜻을 감찰하신다"(히브리서 4:12)라는 하나님의 말씀이 변화를 이끌어 주실 것이다.

하나님은 우주 만물의 창조주이시지만 공의와 사랑으로 다스리시는 분이시다. "너희 안에서 행하시는 이는 하나님이시니 자기의 기쁘신 뜻을 위하여 너희로 소원을 두고 행하게 하시나니"(빌립보서 2:13)라는 말씀처럼 하나님의 선하신 다스림 가운데로 나오기를 원하신다. 이를 순수하게 받아들이는 자들이야말로 진정한 그리스도인이라 할 것이다.

전도가 단지 이성(理性)을 향해 건조하게 외치는 반향 없는 메아리와 같이 되어서는 안 된다. 성경은 "서로 돌아보아 사랑과 선행을 격려하며 모이기를 폐하는 어떤 사람들의 습관과 같이 하지 말고 오직 권하여 그날이 가까움을 볼수록 더욱 그리하자"(히브리서 10:24-25)라고 말씀하신다. 이는 분명히 그리스도의 뜨거운 사랑의 피가 흐르는 실천적 지성과 의지적 변화를 촉구함이다. 건강하고 아름다운 성품을 지닌 교회와 성도들이라면 성경적 이해를 기반으로 그 신앙이 실천적인 삶으로 나타나야 할 것이다.

③ 예수 그리스도를 닮는 품성 계발

인간은 누구나 하나님의 통치 아래 있는 자들이다. 그리고 하나님 앞에서는 그 어떤 것도 숨길 수 없다. 다 드러나기 마련인데 악한 세력에 속아서 이용당하고 토사구팽(兎死狗烹)이 된 무익한 종이 되어 바깥 어두운 데로 내쫓겨 거기서 슬피 울며 이를 가는 인생이 되어서는 안 될 것이다(마태복음 25:30).

어떻게 하면 근본적이고 진정한 변화가 가능하겠는가? 마음의 주관자가 바뀌어야 한다. 매사에 그리스도를 인정함으로 그리스도의 다스림을 받아야 한다. 이것이 자기부정이다. 이렇게 되지 않는다면 작은 유혹에도 악한 길에 서게 된다. 중간은 없다. 하나님 중심의 선(善)이든지, 피조물 중심의 악(惡)이든지 둘 중의 하나일 수밖에 없다. 그렇다면 정답은 이미 제시되었다.

주저 없이 그리스도를 따르는 삶을 선택해야 한다. 그렇지 않으면 악이요, 위선적인 삶을 살게 된다. 많은 사람에게 고통과 상처를 안기게 된다. 자신은 잘하고 있다고 생각하는 자화자찬의 사람이라면 더욱더 지금 이 시간 성경 말씀의 거울에 자신을 비춰보고, 핑계 없이 돌이켜 하나님의 뜻을 구해야 할 것이다.

부족하지만 진정 주님의 뜻을 따르고자 힘쓰고 애쓰는 사람들이라면 복된 삶을 사는 사람들이다. 더욱 열심히 주님을 섬기며 또한 이웃과 성도들을 섬겨야 할 것이다. 주님께서는 "너희는 이 세대를 본받지 말고 오직 마음을 새롭게 함으로 변화를 받아 하나님의 선하시고 기뻐하시고 온전하신 뜻이 무엇인지 분별하도록 하라"(로마서 12:2)라고 말씀하시고 계신다.

지체 없이 마음을 새롭게 하여 변화를 받으라는 것이 주님의 명령일진데 이를 거부해서는 안 된다. 변화를 수용하는 사람들이라면 성령의 아홉 가지 열매인 사랑, 희락, 화평, 오래 참음, 자비, 양선, 충성, 온유, 절제의 열매(갈라디아서 5:22)가 그 결과로 나타날 것이다.

④ 성령의 아홉 가지 열매를 맺는 품성 계발

그리스도인들이라면 마땅히 성령의 열매 맺는 삶을 살아야 한다. 이에 어긋나거나 반하는 행위라면 지체 없이 버리고 회개하여야 한다.

이 아홉 가지 열매를 위해 날마다 하나님의 말씀을 묵상하고 배우고 익히며, 그리스도의 구원하심에 대한 은혜를 가슴에 새기고 감사하며 그리스도의 사랑을 실천해야 한다. 그리고 날마다 기도하며 성령의 인도 하심에 민감하게 반응하여 순종할 때, 성령의 열매를 맺는 품성 계발을 이루게 될 것이다.

성령의 열매는 맺어도 그만, 안 맺어도 그만인 것이 아니다. 성령의 열매를 맺지 않는다는 것은 육체의 소욕을 따라 악한 길로 가는 것임을 명심해야 한다. 그래서 그리스도인들이라면 반드시 성령의 열매를 맺어야 하는 것이다.


하나, Love

자신의 이익만을 생각하지 아니하고 그리스도를 마음에 품고 타인의 허물을 덮어주고 감싸주며 섬기는 사랑(Love)


둘, Joy

매사에 주님을 바라보며 감사하고 기뻐하는 희락(Joy)


셋, Peace

언행에 편벽이 없고 법도를 좇아 상대에게 불편을 주지 않으며 양보하고 배려하여 분쟁의 틈을 주지 않는 화평(Peace)


넷, Patience

주님의 도우심과 역사를 확신하며 실망이나 낙담 없이 조급하여 그르치지 않는 인내(Patience)

다섯, Kindness

산상수훈의 말씀대로 주님의 뜻을 따라 관대한 마음으로 긍휼과 구제를 실천하는 자비(Kindness)

여섯, Goodness

어질고 착한 자비로운 마음속에서 우러나오는 행동의 표현으로 남을 무시하여 상처를 주지 않으며 무례히 행치 않고 존중하는 양선(Goodness)

일곱, Faithfulness

좌로나 우로나 흔들림도 없고, 때를 얻든지 못 얻든지 주님만 집중하여 맡겨준 일에 최선을 다하여 열심히 하는 충성(Faithfulness)

여덟, Gentleness

주님 한 분만으로 만족하고 순응하여 외유내강함으로 남의 허물을 감싸는 포근하고 부드러운 온유(Gentleness)

아홉, Self-control

매사에 주님을 바라보며 주님의 뜻을 구하여 만용 하지 않고 성령님의 감동에 따라 자기를 다스리는 절제(Self-control)

## (11) 성경적 지식경영(Biblical Knowledge Management)의 조성

바야흐로 우리는 지식과 정보화의 시대를 살아가고 있다. 수많은 지식과 정보가 넘쳐나고 있다. 이것을 어떻게 하면 보다 더 효율적으로 사용함으로 인해 다른 사람과 조직에 유익을 끼치며 합력하여 선(善)을 이루게 할 것인가를 생각하는 것이 지식경영이라고 할 수 있다. 이에 더하여 하나님의 뜻을 바라보며 세상의 많은 사람에게 참된 유익을 제공하려는 것이 성경적 지식경영이라고 할 수 있다.

### ① 성경적 지식경영의 자세

첫째, 살아계신 주님, 나보다도 더 나를 사랑하시는 주님을 기대하라는 것이다. 둘째, 탁월하라는 것이다. 내가 노력하고 힘쓰고 애써서 얻는 남다른 차별성이나 우수함을 말하는 것이 아니다. 주님과의 호흡과 대화 속에서 주님으로부터 공급받아 이 땅에 심고 가꾸어 열매 맺는 것을 일컫는다. 이것은 단지 부러움의 대상이 아니라 덕과 유익을 세우는 지혜를 소유하라는 것이다.

셋째, 날마다 새로워져야 한다는 것이다. 주님께서는 새 술은 새 부대에 담으라고 하셨다. 늘 옛것을 발판으로 새로워지려는 사고를 통해 아직 오지도 않은 미래로부터도 배울 줄 알아야 한다는 것이다.

지금의 생활은 미래와 연결되어 있으며, 현재의 상상은 미래를 이어주는 영적 센서(感知器, Sensor)이다. 이것은 신비주의적 사고가 아닌 첨단 과학기술(Science＋Engineering＝Technology)적 차원의 이해로도 가능하다. 우리는 날마다 자신의 십자가를 지고 부활의 주님을 따라야 한다.

일반적으로 혁신(Innovation)이라는 것은 과학기술(Technology)과 경영(Management)이 효율적으로 어우러질 때 이루어질 수 있다. 하지만, 성경적 지식경영에서 바라보는 진정한 혁신은 내가 죽고 주님이 사는 것이다. 즉 자기부정과 십자가의 길을 걷는 자를 통해 일어나는 가치혁신이다.

성경은 철저하게 하나님과의 관계성 속에서 인간을 이해하도록 하고 있음을 알 수 있다. 인간은 성령의 인도 하심으로만 참되고 올바른 길을 갈 수 있다. 그러므로 진정한 혁신이 일어나려면 성령의 인도하심이 필요하다. 비로소 이때 인간은 하나님께서 기뻐하시는 참되고 올바른 방향으로 움직여지게 되는 것이다. 이런 자세의 출발에서부터 도모 되는 지식경영이 바로 성경적 지식경영이다.

성경적 지식경영(Biblical Knowledge Management)을 이루어 나가고자 한다면 자신의 힘과 주변 정세나 환경을 통해 목표를 성취해보려는 한계를 극복해야 한다. 언제나 모든 것을 하나님으로부터라는 생각과 믿음을 품고 경영해야 한다는 것이다. 주님이 원하시는 것만이 나의 지식이요, 지표가 될 때 진정한 성경적 지식경영(Biblical Knowledge Management)이 시작되는 것이다.

주님께서 주시는 지혜로 말미암아 온 지식의 발견과 그것의 조직화가 선행되어야 한다. 그리고 그 지식의 자원적 공유시스템을 조직원 모두가 유기체적인 사고와 기쁨 속에서 갖추어 나가야 한다. 이렇게 된다면 우리는 이 시대에 주님께서 뜻하시는 바를 이루는 일에 선하게 쓰임 받을 수 있을 것이다.

## ② 성경적 지식경영과 선교적 역량 강화

지식경영은 해당 구성원들의 접근이 용이하며 다른 분야에서도 공유하고 활용하게 하여 관련된 모두의 지식향상을 촉진하게 해야 한다. 이로써 결국 조직의 지적자본이 확대되게 하며 자산이 될 수 있게 하는 일련의 과정과 경영절차를 지식경영이라고 할 수 있다.

그렇다면 조직의 힘을 향상시키기 위한 핵심역량의 강화를 위해 효율적 시스템을 갖추어야 한다. 즉 누군가 소유한 어떤 정보를 어떤 형태로 어떻게 교환할 것인가를 만들어내야 한다.

'행복디자인전도'에 있어서도 성도들이 소유한 기초 데이터(Raw Data)를 정보(Information)로 전환하고 이 정보를 지식(Knowledge)으로 변형시켜 교회의 선교 역량력을 높여나가야 한다. 이를 통해 교회는 극대화된 힘을 발휘하여 복음을 전함으로써 더욱더 많은 사람을 보다 더 빠르게 주님께로 인도하고 제자화하자는 것이 바로 성경적 지식경영의 프로세스(Process)이다.

## 3. 프로그램(Program)

"그의 위에 여호와의 영 곧 지혜와 총명의 영이요 모략과 재능의 영이요 지식과 여호와를 경외하는 영이 강림하시리니"(이사야 11:2)

'행복디자인전도' 프로그램의 가장 핵심은 그리스도의 성육신(成肉身, Incarnation)의 사랑을 전하기 위한 나눔이 되어야 한다. 그래서 이웃과 사회 속으로 복음이 끊임없이 스며들게 해야 한다. 이로 인해 날마다 믿는 사람의 숫자가 그 수를 더하게 되는 기쁨을 누릴 수 있어야 한다. 목회자들이라면 교회성장에 많은 노력을 기울인다. 그러면서도 정작 교회가 위치한 이웃과 지역사회를 간과하기가 쉽다. 하나님을 향한 사랑을 이웃 사랑으로 실천할 때 사람들은 더욱 감동적으로 복음을 전해 듣게 될 것이다.

여기에서 언급하는 프로그램들[30]도 또 하나의 프로그램으로 전락하지 않으려면, 일단 비그리스도인들에 대한 접근이 나눔과 공유를 통한 예수 문화를 퍼뜨리는 전략이 되어야 한다.

정수장의 물이 가정으로 공급되려면 수도관이 필요한 것이다. 마찬가지로 복음이 전해지려면 수도관의 역할과 같은 복음에 대한 정서적 공유의 과정이 선제적(先制的)으로 필요하다. 정서적 공유의 과정이 전제되지 못하면 소통의 부재가 일어나고 전도는 어려움을 겪게 될 것이다.

정서적 공유의 과정은 잠재된 갈망을 수면 위로 끌어 올려준다. 핵심은

---

30) 평생교육선교회에서 연구개발하며 지원한다. (http://cafe.daum.net/lemam)

무엇을 어떻게 할 것인가의 문제이다. 복음을 더욱더 잘 전달하여 하루 속히 보다 더 많은 사람이 주께로 돌아오게 해야 한다. 이제 전도에 있어서 발상의 전환과 함께 성경에서 가르치는 전도에 충실해야 한다.

시대적으로 전도가 점점 더 어려워지고 있다. 어려울 때일수록 더욱더 열심히 방법과 기회를 찾아내야 한다. "Dream is nowhere(꿈은 어디에도 없다)와 Dream is now here(꿈은 지금 여기에 있다)."라는 문장의 차이는 띄어쓰기 하나이지만 뜻은 정반대로 변한다. 새로운 시야로 바라보면 새로운 결과를 얻을 수 있다.

### (1) 행복디자인 영어교실

영어교실은 여기저기에서 많이들 시행하는 프로그램들이지만 이렇다 할 진전이 없어서들 안타까워하는 것이 다반사이다. 문제는 흥미와 지속성을 위한 시스템이 관건이다. 이러한 차별화를 위해 '행복디자인전도'에서는 웹 기반 디지털 어학실습 시스템 프로그램(오픈 잉글리쉬)과 맞춤교재를 준비해 놓음으로써 남녀노소 누구나 흥미와 지속성을 가지고 영어습득에 도전하게 하고 있다.

시행하고자 하는 교회에서는 주부, 직장인, 대학생, 초·중·고학생들로 반을 구성하면 된다. 그리고 좀 더 세부적으로는 반별, 수준별로 모임을 구성하면 된다. 필요에 따라서는 초보자들을 위한 알파벳(ABCD)부터 시작하는 첫걸음반, 회화능력향상을 위한 말하기 훈련반, 영어의 이해반 등 다양한 반을 구성할 수 있다. 일단 내부적인 준비가 중요하다. 프로그램운영을 위한 계획에 따라 방법, 시간, 사역자들이 철저히 준비되어서 오는 사람들이 만족과 감동 속에 지속적으로 교회에 나오고 싶어지게 만들어야 한다. '행복디자인전도' 시스템은 연계된 프로그램의 운영과 함께 마침내 교회에 등록할 때까지 이어져가게 한다.

그리고 양육과 증·번식을 이루어가게 하여 간다. 다음은 모집이다. 잘 준비되었으면 많은 사람이 와야 한다. 모집은 내부 인맥을 통한 구전과 생활정보지, 인터넷, 전국연합광고, 기본 전도 및 홍보 시스템 연계 등으로 많은 사람이 오게 할 수 있다.(안내 http://cafe.daum.net/lemam)

### (2) 오픈 잉글리쉬 클럽과 전국연합광고 시스템

전국연합광고 시스템은 회원교회들이 신문 광고비를 분담하여 한두 번 광고할 비용으로 여러 차례 광고하는 전략이다. 이때 웹 기반 디지털 어학 실습 시스템 프로그램(오픈 잉글리쉬)을 무상 제공한다는 내용을 집중적으로 광고하는데 인터넷을 통해 희망하는 전국의 불특정 다수로부터 신청을 받게 된다.

그러나 회원 교회가 위치한 해당 지역의 신청자들은 모두 해당 회원교회에서 관리하며 전도하게 하는 초유의 획기적인 시스템이다. 이벤트성 전도 행사를 준비하는 교회들의 최대 고민은 항상 사람들을 모으는 일이다. 웬만한 출연자나 부탁으로는 한두 시간일지라도 교회에 초청하기가 결코 쉽지 않다. 그런데 이 프로그램과 전략은 일거에 다수를 모으며 전도 대상자들이 거꾸로 고마워하는 반전의 시스템이다.

그뿐만 아니라 초청 시간적인 면에서도 한두 시간 정도라는 한계로 인해 안타까워하는 아쉬움이 발생하지 않는다는 것이다. 한 달이든 두 달이든 아니 몇 개월이라도 참여할 수 있도록 교회가 계획(Planning)하기 나름이다.

신청자들에게는 안내와 함께 일일이 가정을 방문하여 동아리 출석을 전제로 프로그램을 제공하게 된다. 가정방문을 통하여 프로그램 설치와 제공 취지, 사용방법 설명 등을 전달하며 가정의 상황을 파악하고 교회에 호감을 느끼도록 좋은 인상을 남긴다.

이후 동아리 출범식을 통해 다시 한 번 이웃 사랑에 대한 교회의 의지를 전달하게 된다. 영어습득을 위해 활동하는 기간에 다른 동아리나 프로그램들과도 연계하며 전도하여 교회에 출석하게 하면 된다.

이 프로그램과 전략은 여러 면에서 전도에 대한 발상의 전환과 이미지를 바꾸어 놓았다. 일단 수용자들이 더 기뻐하고 고마워한다. 그리고 일회성으로 끝나는 것이 아니고 수개월씩 충분한 시간을 가지고 마음껏 전도하게 된다는 것이다. 전도하는 입장에서도 위축감이나 부담감이 완전히 사라져 버리게 됐다는 것이다.(안내 http://cafe.daum.net/lemam)

### (3) 비신자들이 더 좋아하고 감격하는 초청이벤트

계절에 따라 다양한 행사를 준비하여 전도 대상자를 초청하면 된다. 하지만, 이 역시 발상의 전환이 필요하다. 일반적인 방법으로 전도행사를 열면 교인들은 초청 대상자들이 바닥나버렸다고 당혹스러워하기도 한다. 그리고 교회의 실내에서 실행하는 행사에는 보편적으로 시큰둥하다. 비신자들도 크게 환영하는 전도를 해야 한다. 계절에 따라 어울리게 테마별 이벤트를 준비해야 한다. 예를 들면 가을에는 포도밭에서 포도 수확과 함께 시낭송회 또는 작은 음악회를 열면 된다.

또는 사과, 배, 고구마 수확, 알밤 줍기 봄철에는 파종, 토속음식(김치, 장, 두부 등) 만들기, 여름에는 천연 염색, 토종닭 바비큐, 물고기잡기, 갯벌생태, 독살로 바닷물고기 잡기, 사상체질산책, 원두막, 전통문화, 논두렁달리기, 떡메치기, 농촌 사진 찍기, 뗏목, 줄 배, 맨손 송어잡기, 찰떡 치기, 숲, 산악자전거, 장뇌삼 찾기, 별자리, 산골음악회 등의 많은 체험 프로그램을 만들 수 있다. 문제는 참여도와 전도라는 것이다.

이 프로그램은 특정 교회만을 위한 것이 아니고 원하는 교회는 참여 희망 인원만큼 신청하고 참여하면 된다.

전도 대상자를 행사에 초청하기 전부터 전도전략 시스템에 따라 사귀며 정서적 공유를 만들어 놓아야 한다. 행사가 결정되면 행사적 성격에 따라 대상자와 가족 모두를 초청하면 된다. 비용은 초청자가 부담하여 티켓을 선물할 수도 있고 대상자 스스로 부담할 수도 있다. 교회 내 자영사업자들은 고객관리 차원에서 전도대상 고객들에게 초청장을 무상 또는 할인권의 형태로 제공할 수도 있다.

이는 가족 여행이자 자녀를 위한 체험학습도 병행할 수 있기 때문에 가족 모두가 동참할 수 있다. 관광에 대한 개념도 보는 관광(Seeing)에서 하는 관광(Doing)으로 변모하고 있기 때문에 행사에 대한 정서적 공유도 쉽다. 보통 교회의 실내 행사라면 한 시간 행사참석의 허락도 쉽지 않다. 그러나 이것은 관광이고 체험이기 때문에 시간에 쫓기지 않고 온종일 즐겁게 함께 지낼 수 있다.

내용은 세대별 체험 프로그램의 진행, 단체 레크리에이션, 참석교회소개 및 담임목사 인사, 초청 크리스천 연예인 공연 및 간증, 참여자들과의 사진 촬영, 선물 증정 등으로 구성하면 된다. 행사 후에는 연예인들과 찍은 사진 돌려주기 또는 행사장에서 찍은 사진 콘테스트, 교회 프로그램과의 연계 등을 통해 복음과 교회에 동화(同化)되도록 만들어가 마침내 교회에 출석하도록 인도해갈 수 있다는 것이다.

물론 이 프로그램의 내부용은 2시간 정도의 교회 내부용 행사로 만들 수도 있다. 이때에도 성도들은 큰 부담 없이 함께 행사를 준비하고 동참할 수 있어 전도와 함께 내부 결속과 신앙증진에도 큰 유익을 얻을 수 있다. 전도적 측면에서 볼 때에는 더욱 좋다.

초청자들의 뜨거운 반응을 얻을 수 있어 당일은 물론 사후관리를 통한 지속적 전도에도 효과적이다. 무엇보다도 이런 행사 후에 참여자들의 좋은 입소문으로 인해 교회의 이미지 제고는 물론 전도적 환경 조성에 획기적인 전환을 가져오게 할 수 있다는 것이다.(안내 http://cafe.daum.net/lemam)

## (4) 월례 조찬세미나

물이 넘쳐나는 홍수 가운데에 오히려 마실 물이 없다는 말이 있다. 지식과 정보화의 홍수 가운데에서 정작 필요한 양질의 정보를 제때 얻기가 쉽지 않다고들 말한다. 이러한 때 지역주민을 위한 맞춤식 세미나를 열어 준다면 매우 좋아하고 참석인원도 많이 모을 수 있다. 일단 지역의 오피니언 리더들을 중심으로 희망주제를 선정하고 주최 측에서 섭외되는 강사들을 제시하면 그들이 희망하는 강사를 선택하게 한다.

보통 토요일 아침이 좋다. 세미나 후에 조찬을 하고 가벼운 등산모임을 하며 신뢰와 동질감을 형성한다. 주제는 삶의 질 향상에 관심을 기울이는 현대인들의 특성을 고려해서 여가, 인생, 리더십, 행복, 여행, 독서 등으로 하면 된다. 개 교회 차원에서 어려운 문제라면 함께 할 수 있는 몇몇 교회들이 연합하여 비용을 부담하고 자신들의 전도 대상자들을 초청하면 될 것이다.


## (5) 독서 모임

흔히들 21세기를 지식기반 사회라고 한다. 이는 21세기 경쟁력은 지식, 정보, 문화 등과 같은 무형의 지적 자산이 될 것이라는 이유 때문이다. 한 도시 '한 책읽기 운동'은 1998년 미국 시애틀에서 시작돼 널리 확산한 것으로 미국 전역 50개 주 가운데 38개 주 90여 개 도시가 참여하는 성공을 거두고 있다. 교회가 주축이 되어 지역주민들과 함께 '한 책읽기 운동'을 펼쳐 나간다면 격의 없이 만날 기회를 만들 수 있고 자연스럽게 친밀해질 수 있게 될 것이다.

이 운동은 월례조찬 모임과도 연계하여 선정위원회를 만들고 매월 선정된 책을 발표하고 우수 독후감은 시상하고 인터넷을 통해 공유하면 된다. 읽은 책은 기증하게 하여 도서관을 만들면 파급효과를 더욱 크게 할 수 있다. 그뿐만 아니라 해당 인터넷 카페도 만들어 다양한 연계 프로그램과 함게 우정을 쌓아가게 한다.

예를 들어 주일 오후 북 클럽(Book Club) 주최 음악회를 열수도 있고, 문학토론, 세미나 등을 교회 내 공간에서 열 수 있을 것이다. 더 나아가 회원들이 요구하는 강좌를 열거나 모임을 만들어 나가면 된다. 이런 과정을 통해 교회가 행복한 삶의 한 축으로 자리하게 하며 전도해 나가는 프로그램이다.

### (6) 미니 영어학습 월간지

길에서 전도지를 나누어주면 귀찮아하고 버리는 사람들이 대부분이다. 물론 열심히 전도하는 일이야 문제 될 리가 있겠는가! 하지만, 좀 더 많은 사람에게 환영받으며 효율적으로 전도할 수 있는 지혜가 필요하다는 이야기다. 누구나 영어에 대한 관심은 뜨겁고 노력도 많이 하지만 특별한 효과를 얻지 못하고 쉽게 포기하고 마는 것이 보통의 경우이다. 이러한 분들이 부담 없이 쉽고 재미있게 영어를 다시 시작하고 몰입할 수 있게 된다면 모두 다 환영할 만한 일이다.

이를 위해 누구나 이해할 수 있도록 쉽고 재미있는 미니 영어학습 월간지를 예쁘게 디자인하여 매월 배포한다면 서로 받아가려고 할 것이다. 물론 소문을 듣고 원하는 사람들의 신청도 쇄도하게 될 것이다. 미니 영어학습 월간지의 앞뒤 면에는 교회소개를 배치하면 될 것이다. 미니 영어학습 월간지 구독회원은 인터넷 카페 동호회 활동, 오프라인 모임, 오픈 잉글리쉬 클럽 가입 등으로 교회에 밀착하게 하여 전도하고 출석까지 이어져 나가게 하면 된다.

### (7) 웹 기반 디지털 어학실습 마을 영어학습관

교회 내에 디지털 어학실습 프로그램을 장착한 어학실습실을 설치하여 지역주민들이나 학생들이 자연스럽게 교회를 드나들며 이용할 수 있게 만든다. 프로그램은 평생교육선교회에서 주관한다. 어학실습실이라고 하여 큰 비용이 들어가는 것은 아니다. 무엇보다도 운영방안이 중요하다. 오픈잉글리쉬 클럽, 어머니 영어교실, 미니 영어학습 월간지 등의 회원들과 연계하여 운영하면 된다.

### (8) 공익위원회

지역의 오피니언 리더들을 집중하여 그들을 일일이 찾아다니며 인사 나누는 일로부터 시작한다. 이때 작은 기념품 같은 것도 전달하며 일단 교회에 대한 좋은 인상을 남기는 것이 우선이다. 그다음 교회가 지역을 위해 하고자 하는 일들을 설명하여 조언을 구하는 우편물과 이메일을 보내고 나서 방문하여 수거하면서 감사의 인사와 함께 또 한 번 작은 선물도 전달한다.

종합된 의견을 가지고 지역사회교육위원회, 그린패스춰 생활협의회 등의 발족식을 준비하고 그들을 위원들로 위촉한다. 이 행사에는 지자체의 단체장, 시·도의원이나 국회의원들까지 초청하여 교회의 좋은 이미지를 심고 확산시킬 수 있는 발판을 마련하면 된다.

① 지역사회교육위원회는 교육문제를 중점으로 품앗이교육, 체험학습, 특기적성교육, 학교주변 및 학원 등하고, 학교폭력, 왕따 등의 주민들의 피부적인 고민을 공동대처하여 걱정을 덜어 주며 가까이 다가가면 된다.

② 그린패스춰 생활협의회는 주민들의 생활과 밀접한 문제들 가운데 공공기관에서 다루기 어렵거나 신경 쓰지 못하는 문제들을 찾아서 다루면 된다. 아이들 옷이나 장난감 물려주기, 자원봉사, 소외 계층 섬기기, 온오프라인 지역신문, 마을 인터넷 카페 등을 만들며 주민들의 삶의 질 향상을 주도하는 일들을 통해 다가가면 된다.

### (9) 기도 천사 후원회

한국의 고3 학부모들은 대학입시 때문에 남다른 긴장과 힘든 시간을 보낸다. 이런 학부모와 학생들을 위로 하고 격려하는 일을 통해 전도하는 방법이다. 고3 학생을 위한 기도회를 개최하고 지역의 고3 학부모를 초청한다. 이때 100일 중보기도 신청을 받고 100일 카운트 카드와 함께 기념품을 선물한다.

교회 내에서는 일대일 중보 기도자를 정하고 해당 학부모에게 기도제목을 받고 매일 기도와 격려, 성경 한 구절을 휴대폰 문자와 이 메일을 통해 전달하며 교회 내 다른 프로그램들과도 연계하여 전도한다. 수능 후 학생과 학부모들에게 각각 성대한 잔치를 열어 위로하며 학부모나 학생들의 신앙 간증 순서도 갖고 선물도 증정한다. 이어 대학입시에 관한 중보기도를 이어가며 전도하면 된다.

### (10) 티타임 바이블스토리

여전도회가 주축이 되어 시행하는 것이 좋을 것이다. 주부들을 중심으로 티타임을 갖고 그 시간에 바이블스토리텔링을 실시하고 열린 질문을 통해 토론하며 기독교적 세계관을 만들어가는 방식으로 전도하는 전략이다. 티타임 바이블스토리 모임은 영어교실이나 다른 모임을 통해 이 모임을 소개받고 모인 사람들을 중심으로 진행한다. 필요한 경우 영어 바이블스토리를 시행할 수도 있고 영어와 우리말 혼합으로 시행할 수도 있다.

### (11) 택시 타고 교회 오는 날 제정 캠페인

조금 규모가 있는 교회라면 한 달에 한 번 정도 교회에 올 때 승용차를 놔두고 택시를 이용하여 교회에 출석하자는 캠페인(Campaign)이다. 제정식 행사에는 택시회사와 개인택시조합 대표 및 관계자, 기사, 지역유지, 단체장, 시·군·구의원, 국회의원 등이 동참하게 하여 지역사랑과 경제 활성화에 교회가 앞장선다는 것을 알리고 좋은 이미지를 구축하며 전도한다.

### (12) 경기, 경연개최 전도

UCC, 등산, 인라인, 농구, 축구, 배드민턴, 조기축구, 등산 등의 경기나 경연을 개최하여 동호인들이나 특기, 취미 활동자들에게 활력을 불어넣는 가운데 친목을 다지며 전도하는 방식이다. 어린이나 청소년들은 UCC, 인라인, 농구 등을 통해 도서상품권 같은 시상을 할 수도 있고 장년들은 경기 후에 가족 장기자랑이나 공연을 하면서 생활용품 등을 선물한다.

등산과 연계해서는 정상 음악회 같은 것을 열 수도 있다. 그냥 전도지를 나눠 주거나 방문하여 전도하면 거부감을 가지던 사람들도 교회가 주최하는 행사에 참여하기 때문에 아무런 거리낌이나 선입견 없이 어울리며 친분을 쌓게 된다. 이를 통해 각종 연계 프로그램에 참석하게 하거나 전도의 기회를 삼아 교회에 출석하도록 인도하면 된다.

### (13) 비치용(備置用) 서적 전도

관공서, 은행, 병원 등에 가면 볼일 볼 동안 대기해야 하는 경우가 많다. 이런 시간 무료함을 달래기 위해 월간지나 서적 등을 배치하는 경우가 많다. 교회에서 좋은 책들을 선정하여 교회 홍보 스티커나 직접 출판, 주문제작 등을 통해 교회 안내를 인쇄한 책들을 비치용 도서로 제공하는 방식이다.

### (14) 공동전단지

교우 및 전도 대상자들이 운영하는 업체들과 공동으로 신문 삽입 전단지를 제작하여 배포하면 비용을 절감하는 것은 물론 신뢰 구축에도 훨씬 유리하다. 보통 B5 전단에 교회를 포함한 20개 정도의 업체가 들어가기 때문에

1회 홍보비용으로 20회를 홍보할 수 있다는 것이다.

이런 기회를 통해 20여 개 대표들과 조찬 모임도 하고 친목도 다지며 전도할 수 있어 다방면으로 유익이 된다.


### (15) 어린이 학습물 무상제공

일방적인 전도지는 비그리스도인들에게 매력을 줄 수 없다. 하지만, 어린이들을 대상으로 유익한 영어단어집, 수학공식집, 공부방법, 한자 급수 등의 학습물을 제작하여 배포하면 서로 받아 가려고 할 것이다. 이런 인쇄물에 교회를 소개하면 지속적인 홍보를 할 수 있을 뿐만 아니라 교회에 대한 좋은 이미지를 구축하며 전도할 수 있다.


### (16) 품앗이 과외 공부방

자녀 교육에 관심이 없는 부모가 어디 있겠는가? 하지만, 사교육비가 생활비의 큰 비중을 차지하며 가정경제에 부담을 주고 있다. 교인들이나 지역 학부모들 가운데 전공자나 지도 능력이 있는 사람들이 과목별로 연합하여 커리큘럼을 구성하면 된다. 그리고 품앗이처럼 협력하여 과외지도가 가능하도록 교회가 주축이 되어 공간을 제공하고 운영을 주도하며 전도하는 방식이다.


### (17) 블로그 전도단

교회 내 블로그 전도단을 구성하고 인터넷공간에 블로그(Blog)를 개설하고 사이버 공간에서 교류하며 전도하는 방법이다. 자신의 블로그에 설교 내용이나 교회 동아리, 각종 프로그램 등을 소개하면 된다.

보다 적극적으로는 자신의 신앙 간증이나 유명인들의 신앙 간증 등을 게시하며 전도할 수 있다. 오프라인에서는 어렵고 쉽지 않은 방문이나 접근도 온라인에서는 더욱 쉽고 빠르게 접촉하며 전도할 수 있다. 그러므로 이 방법은 큰 두려움이나 망설임 없이 용기를 내게 하는 전도방법이라고 할 수 있다.

### (18) 모범 어린이, 청소년 표창

교회 학생들을 중심으로 학교나 이웃의 착하고 모범이 된 어린이들을 추천 받아 모범을 칭찬하고 장려하며 시상한다. 이때 선행을 하는 친구들을 발굴하여 전도의 기회로 삼는다.

### (19) 분야별 세대별 테마 이벤트

모든 사람에게 획일적으로 적용되는 프로그램이나 이벤트로는 전도가 쉽지 않다. 연령이나, 관심분야 등의 필요에 따라 접근하여 전도하여야 더 큰 열매를 얻을 수 있을 것이다.

ⓐ 아빠의 청춘: 아빠들을 대상으로 한 조찬 세미나, 스포츠, 등산

ⓑ 엄마의 삶, 아내의 삶: 주부들을 대상으로 한 조찬 세미나, 소풍, 스포츠, 등산

ⓒ 자녀교육 마스터플랜: 자녀교육에 대한 정보와 상담 프로그램

ⓓ 경제야 놀자: 경제에 관한 정보와 삶의 지혜를 제공하는 프로그램

ⓔ 음악의 향연: 합창단, 연주회 등의 공연을 통해 음악적 소양을 발산하는 프로그램

ⓕ 테마여행: 주부들을 중심으로 짧은 시간 머리를 식히며 여유와 정보를 얻게 하는 프로그램(꽃게철 소래포구, 김장철 강경 젓갈시장, 인삼축제, 산나물 체험, 장 담그기 체험 등)

ⓖ 연극과 삶의 향기: 연극 공연 또는 관람을 좋아하는 사람들과 함께하는 프로그램

ⓗ 영화의 세계 : 디지털 캠코더로 영화를 제작하여 상연하는 프로그램

ⓘ 사진예술 : 사진에 관한 이론과 촬영, 컴퓨터를 통한 응용 작품을 만드는
프로그램

ⓙ 요리교실 : 요리에 관한 정보를 나누고 함께 만들고 나누어 먹기도 하는
프로그램

ⓚ 컴퓨터반 : 컴퓨터 기초, 인터넷, 동영상 편집, 포토샵 등을 배우며 활용
하는 프로그램

ⓛ 엄마의 美와 기쁨 : 피부미용, 화장, 건강, 살림의 지혜 등을 나누는 프로
그램

ⓜ 꽃보다 아름다운 당신 : 부부들을 대상으로 테마여행이나 앙코르 결혼
식, 조찬, 주말 모임 등을 하는 프로그램

ⓝ 시문학동아리 : 시(詩)나 수필 쓰기 및 낭송 등을 통해 문학적 소양을 발
산하는 프로그램

ⓞ 놀토 체험 학교 : 엄마 아빠의 빈자리를 대신하여 갯벌체험, 살림체험, 농
어촌 체험 등을 시행하는 프로그램

ⓟ 어른 동요 부르기 모임 : 동요를 좋아하는 어른들이 모여 함께 부르고 공
연도 하는 프로그램

ⓠ 테마(독서, 등산, 손뜨개, 디카, 탁구, 배드민턴 같은 가벼운 운동모임
등)동아리 활동


**(20) 행복나무(Happy Tree)**

소년소녀 가장이나 불우청소년 장학 사업이다. 출퇴근길 시민을 대상으
로 '1,000 원의 사랑'을 홍보하며 모금한다. 준비가 되는 교회라면 오픈 잉
글리쉬 프로그램을 시연하며 정기 기부약정자에게는 이 프로그램을 무상
으로 제공할 수도 있다.

제공되는 오픈 잉글리쉬는 직접 가정에 설치하여 제공함으로써 최대한 전도를 위한 접촉을 늘려나간다. 또한 이때 미니 영어학습 월간지를 제공하는 방식을 통해서도 모금과 전도를 병행할 수 있다.

단순히 1,000원의 행복을 강조할 뿐만 아니라, 교사나 정기 후원자로도 이웃들을 동참하게 하여 좋은 소문을 확산시켜 나가며 해당 참여자들에게도 전도한다.

### (21) 기타 프로그램

아버지학교, 어머니학교, 여성대학, 실버대학, 어린이 주말학교 등

# 행복디자인전도 실행을 위한 Q & A

'행복디자인전도' 에 대해 궁금한 점을
빠르게 알고 싶은 분들은
이 부분을 먼저 읽으십시오.

# 행복디자인전도 실행을 위한 Q & A

1. 오픈 잉글리쉬(Open English)클럽 전도와 프로그램의 이해

(1) 오픈 잉글리쉬 클럽과 연합광고 전도 시스템에 대한 Q & A

① Q:모든 전도 프로그램에서 관건은 사람들을 모으는 것이 가장 힘들고 비용도 많이 들어가는 것이다. 많은 사람을 어떻게 쉽게 모으고 전도할 수 있겠는가?

A: 개 교회별로 보면 한두 번 광고하는 비용으로 교회들이 연합하여 여러 번 광고할 수 있고, 무상으로 영어습득용 웹 기반 멀티미디어 어학실습실 프로그램을 나누어준다는 것이다. 교회들이 연합하여 시행한다는 것이 큰 신뢰를 형성하여 짧은 기간 안에 많은 사람을 모을 수 있을 것이다.(자세한 사항은 3부 행복디자인전도 실행 마스터링/ 3. 프로그램(Program)/ (2)오픈 잉글리쉬 클럽과 전국연합광고 시스템, Page 294를 참조하면 된다.)

② Q:많이 모아도 예배 한 번으로는 전도가 어렵지 않겠는가?

A:그렇다. 그래서 이 방법은 주 1~2회씩 수개월 동안 교회에 나오게 하기 때문에 전도에 있어서 일회성 결말에 대한 부담감을 해소한다. 또한, 무상제공과 각종 프로그램 서비스를 통해 신뢰와 감사의 관계가 형성되므로 충분한 복음 전도의 환경을 제공하게 된다.

③ Q : 영어습득과 전도적 차원에서의 평가와 추천 그리고 반응은 어느 정
    도인가?

A : 영어 습득적 차원에서의 반응과 평가

영어 학습, 특히 영어 말하기 학습의 효율성은 학습자가 원어민들의 언어 환경에 노출되는 정도에 달렸다. 만약 한국인 영어교사가 학습자들에게 영어 원어민들의 언어 환경을 제공할 수만 있다면, 한국어를 모르는 원어민 교사보다 더 효율적인 영어교육을 할 수 있을 것이다.

"Open English"는 디지털 시스템을 사용하여 학습자들에게 영어의 원어민 환경을 제공하면서, 영어식 사고, 의미 마디 강화훈련, 영어식 말하기, 영작하기, 받아쓰기, 어휘게임, 동시통역훈련을 통해 종합적인 영어실력을 향상시키는 특수한 영어교육 프로그램이다.

그 내용을 들여다보면 언어학습 이론에서 주장한 학습방법들을 거의 모두 포괄적으로 응용하여 잘 엮어 놓고 있음을 발견할 수 있다. 그리고 일상생활 속에서 당면하게 되는 상황을 제시하여 각 상황에 대처할 수 있도록 훈련하고 있다. 영어를 구사하지 못하면 기능적 문맹(Functional Illiteracy)이 되는 세계화의 지구촌 시대에 이 "Open English"는 뛰어난 영어교육 프로그램으로서 영어교육의 효율성 제고와 가난한 이웃의 사교육비 절감에 크게 기여하게 될 것이다. 그리고 더 나아가 교회의 선교도구로서도 크게 활용될 수 있을 것이다.

　　김남현 박사(계명대학교 교수, 국제문맹자교육선교회 아시아 대표)


A : 전도적 우수성에 관한 추천

시대적으로 꼭 필요한 전도방법이다. 그리스도의 향기로 이웃과 지역을 섬기는 일이야말로 하나님께서 기뻐하시는 아름다운 전도이다. 지역주민들도 환호하게 되는 시스템이니 곳곳마다 복음의 생명력으로 넘쳐흐

르는 새로운 부흥과 성장의 물결이 넘실거리기를 기대한다.
- 황승용 목사(호남신학대학교 명예총장, 호남신학대학교 총장 역임)
- 김남현 박사(계명대학교 교수, 국제문맹자교육선교회 아시아 대표)
- 박재용 목사(옹포교회 담임, 실천신학대학원대학교 실천신학박사 선교와 디아코니아 전공과정)


"요원하던 비전이 손안에 쥐어져 현실화될 때 정말 뛸 듯이 기뻤고..."

박갑진 목사(한빛교회)


오늘날의 뉴질랜드는 막다른 골목에서 도전한 사람들에 의해 주어졌고 지금 많은 사람이 바라는 꿈의 도시가 되었다. 박요섭 목사님을 만나 AMS 교육을 받고서 뉴질랜드가 생각나는 것은 왜일까?  아마도 끝없는 실패에도 불구하고 하나님에게서 실패는 있을 수 없다는 박요섭 목사님의 마인드와 도전한 사람들에 의해 발견된 뉴질랜드는 같은 메타포를 가지지 않을까 생각된다.

그래서 왠지 나도 뭔가 동질감과 위로를 얻고 새 힘을 얻게 된다. 이런 식의 삶이고 사역이라면, 아니 바로 이것을 위하여 끝없는 실패와 잃어버림 가운데서도 항상 더 크신 은혜로 위로하시고 소망을 주셔서 넘어서게 하시는 하나님 때문에 또 다시금 일어서고 도전할 수 있는 용기를 가지고 여기까지 오지 않았던가?

하나님이 여기서 대평원과 양들의 푸른 초장을 만나게 하시려나 보다! 제가 지금까지 사역해 오면서 나름대로 추구해왔던 것들을 앞서 경험하시고 다 정립해 놓으시고 이를 함께 공유하고 나누시는 사람들을 만나게 해주신 하나님께 감사드립니다.

또한 AMS를 통해 만난 분들이 하나같이 순수하시고 다음 세대를 위해 헌신하시고 또한 열정적으로 사셨던 분들과 함께 할 수 있다는 것이 저를 무척 행복하게 합니다.

사역에 있어서 저의 영성이 미흡하여 많은 시간을 아쉽게 보냈고 힘들게 성도들을 끌어왔습니다. 묵묵히 따라줬던 성도들에게 말은 하지 않았지만, 한계를 느끼고 있었고, 그래서 새로운 대안을 찾으며 그들의 필요를 채워주고 싶었습니다.

그야말로 10여 년 사역의 S곡선에 새로운 도약의 전기를 맞이하려는 상황이었습니다. 바로 이때 여름 가뭄의 냉수같이 박 교수님을 만나 "바로 이것이구나! 이를 위함이었구나!" 하는 답을 얻게 되었습니다. 강의를 들으면서 받은 감동과 생각들을 몇 가지로 간단히 나누겠습니다.

첫째, 삶을 위한 영성 곧 행복목회입니다.

강의 중에서 가장 기억에 남는 말이 있다면 "본질의 시대적 가치 구현"입니다. '죽어도 좋다.' 라는 말과 함께 전해진 복음을 향한 헌신과 열정은 너무나 감동적이었습니다. 나름대로 복음을 위해서 본질을 놓을 수가 없었기에 자리를 지키며 살고 있는데 박 교수님은 말 그대로 "죽음 앞에선 영성"을 실천하고 계셨습니다.

부끄럽기도 하고 스스로 얼마나 초라하게 느껴졌던지 제가 꼭 하나님 앞에 응석을 부리고 있던 것 같았습니다. 박 목사님 자신이 또 한 분의 카스텔라노스 목사처럼 '하나님의 살아계심' 앞에 복음을 붙잡고 살아가시는 분처럼 여겨졌고 저 역시 복음의 본질 앞에 살아야겠다는 큰 도전을 받았습니다.

둘째, 아로마미션 파이프라인 시스템 전략과 O.E(Open English) 프로그램입니다.

지역사회에 감동을 불러일으키는 것, 많은 이들과 함께 하며 세심하게 복음의 수혜자들을 배려하면서 조금씩, 조금씩 내부적 신학교육으로 이끄는 것이 탁월합니다. 제 개인적으로 영적 산업혁명을 꿈꾸며 복음을 단순화, 표준화, 전문화하여 시스템화하는데 관심을 뒀었습니다.

하지만, 뭔가 부족함을 많이 느꼈었는데 정착과정이 빠져서 강제로 이끄는 식이었습니다. 그래서 자연스럽지 못하고 힘들게 제자사역을 하였습니다. 하지만, 박 교수님의 AMS는 정착과정을 서서히 충분히 하여서 저절로 교회에 정착되게 되어 있더군요. 그야말로 교회가 지역사회라는 영적 취수장의 물을 정수하는 역할을 하여 새 신자를 프로세스화함으로써 자연스럽게 양육하게 되어 있었습니다.

셋째. NEED와 전도, 선교 인력의 전문성입니다.

무엇보다도 시대적 안목과 시대 견인적 교회의 역할과 함께 O.E(Open English)가 탁월합니다. O.E(Open English)는 이 시대와 사람들이 요청하는 영어교육을 만족하게 하면서 동시에 교회가 지역사회를 품고 교회의 일꾼을 키우면서 시대를 견인하는 시스템입니다.

하나님께서는 제게 선교센터를 세워 선교인력을 키우려는 꿈을 주셨습니다. 그래서 개척 초기부터 지금까지 관심이 있었는데 ASP 방식의 O.E(Open English)와 COS로 통해 가능해졌습니다.

요원하던 비전이 손안에 쥐어져 현실화될 때 정말 뛸 듯이 기뻤고 하나님이 이렇게 이루어주시고 보상해주시는구나 싶어 얼마나 감사했는지 모릅니다. 이제 O.E(Open English)와 COS만 가지고도 제자사역과 선교언어의 장벽을 넘어서게 되었습니다. 여기서 세워진 전문 인력을 그대로 선교현지로 옮겨도 되니까요.

넷째, 멤버십과 리더십입니다.

성도들의 교회품성을 계발하라는 메시지는 사역과 일꾼이 무너지지 않게하는 너무나 중요한 것입니다. 어쩌면 본질만을 아니, 그것을 붙잡고 놓을 수 없었기에 외롭게 걸어왔는데…, 그럼에도 불구하고 성도들과 비전을 공유하고 멤버십을 함께 할 수 없는 안타까움이 있었는데, 그것을 이론적으로 재확인하고 그 기초 위에 사역의 장을 넓혀 가고, 전도할 수 있게 되어서 매우 기쁘고 감사합니다.

앞서 밝힌 것처럼 AMS를 통해 만난 분들 한 분 한 분이 하나같이 순수하시고 다음 세대를 위해 헌신하시고 또한, 열정적으로 살아오신 분입니다. 이런분들과 함께 할 수 있다는 것이 저를 무척 행복하게 합니다.


④ Q:전도적 환경조성과 다른 프로그램과의 연계성은 어느 정도인가?

A: 무엇보다도 사람들이 모여들도록 만드는 것이니, 기존의 모든 프로그램과 필요 적절한 연계를 이루어간다. 우수한 프로그램의 무상제공과 철저한 서비스가 뒷받침되다가 보니 교회의 신뢰와 호감도가 상승하여 준비된 영혼의 즉각적 구조에 민감하게 적용되는 시스템이다. 이런 과정 속에서 교육, 상담, 나눔, 돌봄 등 지역주민들의 삶의 구심점으로서의 인식이 주민들 사이에 확산되어감으로써 자연스럽게 지역주민의 예비 신자화가 이루어져 간다.


⑤ Q:영어교육은 어떻게 진행하는가? 담당자가 영어를 못해도 되는가?

A: 잘하면 좋지만 디지털 어학실습 프로그램으로 운영되기 때문에 못해도 관계없다. 이해, 몰입, 표출 등을 위한 입체적 학습구현 특별자료를 제공하므로 해당 교재와 함께 동아리 형태로 운영하면 된다. 단 이 시스템의 운영에 관한 해당 교육을 받아야 한다.


⑥ Q:전도와 어떻게 연결되는가?

A:주 1-2회씩 수개월 동안 교회에 나오게 하는 시스템이기 때문에 목회

자, 담당자, VP, FT, LD, GPLD 들이 사전교육을 철저히 이수한다면 최
상의 전도적 열매를 얻을 수 있을 것이다.

⑦ Q : 교회에 정착은 어떻게 만들어야 하는가?

A : 전도는 우리의 사명이고 임무이지만 전도 대상자에게 믿음을 강요하거
나 강압할 수는 없는 일이다. 주 1-2회씩 수개월 동안 교회에 나오는 동
안 다양하게 제시되는 정착 메커니즘 속으로 녹아들게 하여야 한다.
그렇지만, 이것보다 더욱 중요한 것은 교회의 분위기가 감격스러워 자
신도 출석해야겠다는 신선하고도 강력한 충격이 일어나게 해야 한다.
비신자들의 이러한 갈망이 성도들이 발생하는 사랑의 자력에 의해 교회
안으로 속속 빨려들어 접착되게 해야 할 것이다.

## (2) 오픈 잉글리쉬 프로그램의 사용에 대한 이해

Open English 아이콘을 더블 클릭 시 나타나는 화면으로 User ID
와 Password 를 입력한다.(하루에 1인 2대의 컴퓨터만 가능하므로
다른 사람에게 ID나 Password를 알려주어 불이익을 당하지 않도록
주의바람.)

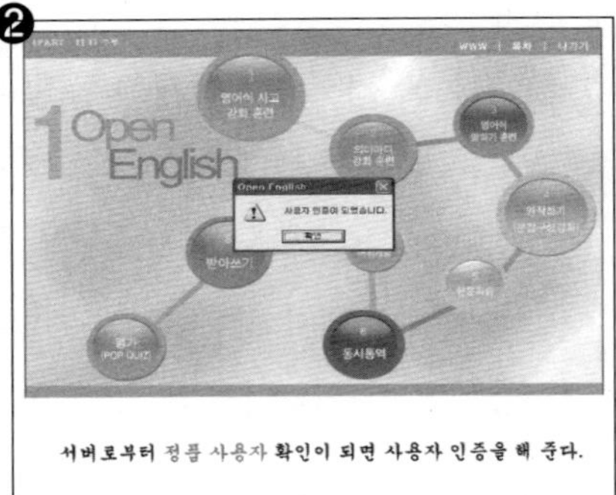

서버로부터 정품 사용자 확인이 되면 사용자 인증을 해 준다.

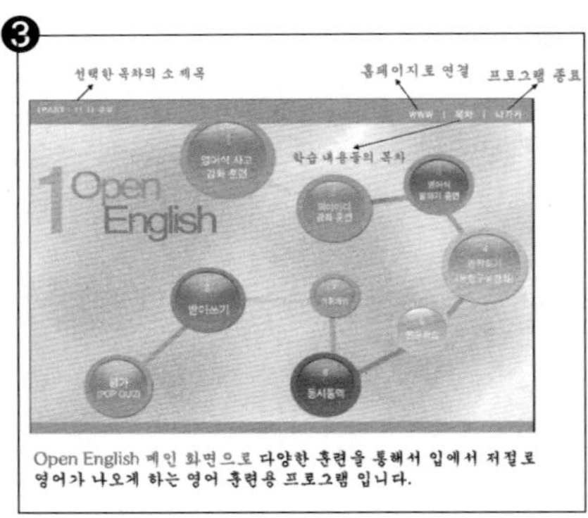

Open English 메인 화면으로 다양한 훈련을 통해서 입에서 저절로
영어가 나오게 하는 영어 훈련용 프로그램 입니다.

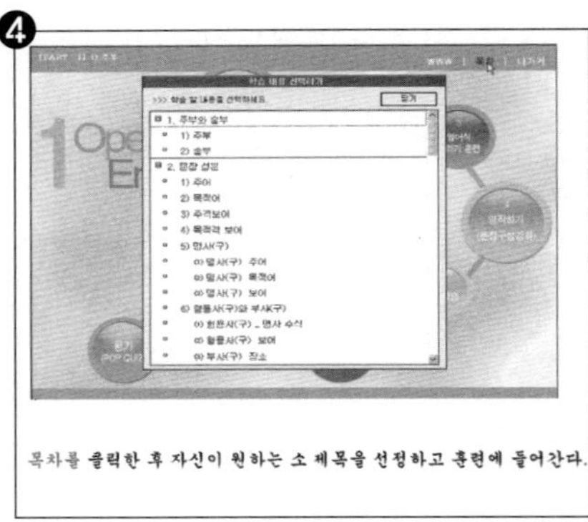

목차를 클릭한 후 자신이 원하는 소 제목을 선정하고 훈련에 들어간다.

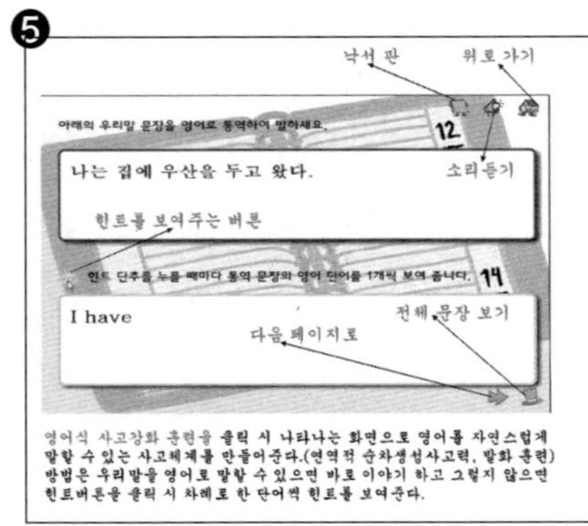

영어식 사고강화 훈련을 클릭 시 나타나는 화면으로 영어를 자연스럽게
말할 수 있는 사고체계를 만들어준다.(연역적 순차생성사고력, 말화 훈련)
방법은 우리말을 영어로 말할 수 있으면 바로 이야기 하고 그럴지 않으면
힌트버튼을 클릭 시 차례로 한 단어씩 힌트를 보여준다.

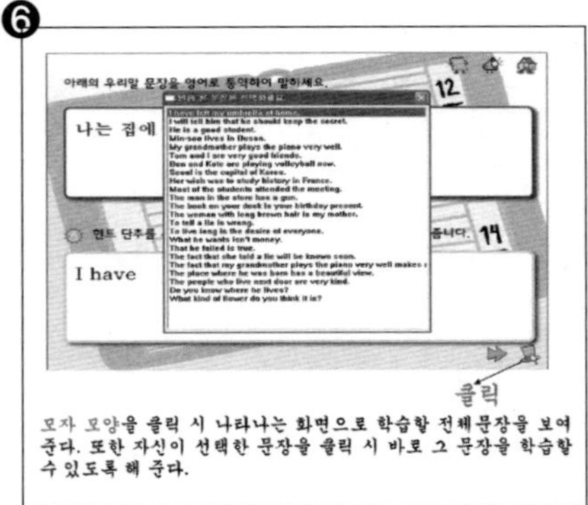

모자 모양을 클릭 시 나타나는 화면으로 학습할 전체문장을 보여
준다. 또한 자신이 선택한 문장을 클릭 시 바로 그 문장을 학습할
수 있도록 해 준다.

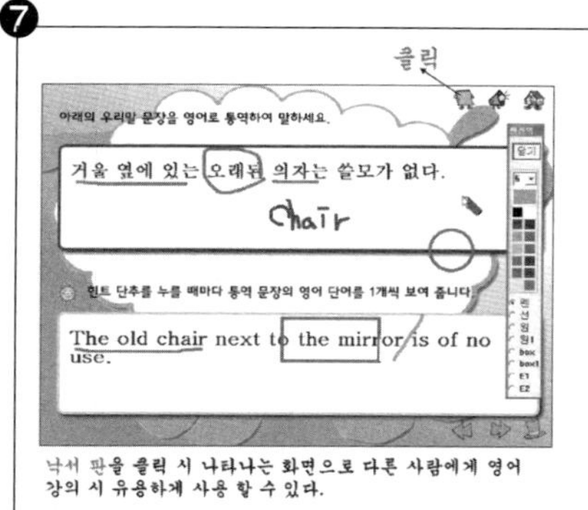

낙서 판을 클릭 시 나타나는 화면으로 다른 사람에게 영어 강의 시 유용하게 사용 할 수 있다.

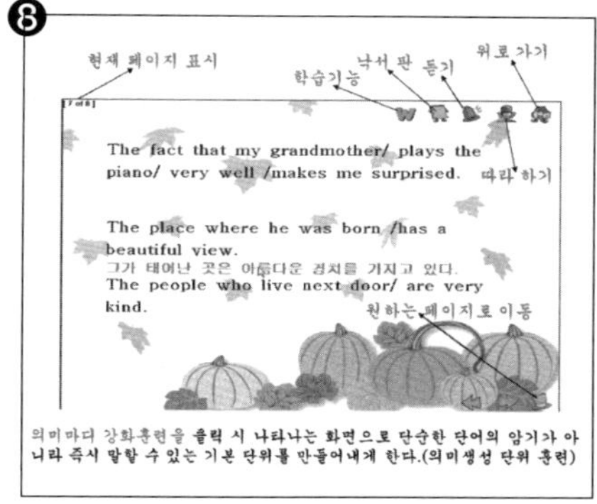

의미마다 강화훈련을 클릭 시 나타나는 화면으로 단순한 단어의 암기가 아니라 즉시 말할 수 있는 기본 단위를 만들어내게 한다.(의미생성 단위 훈련)

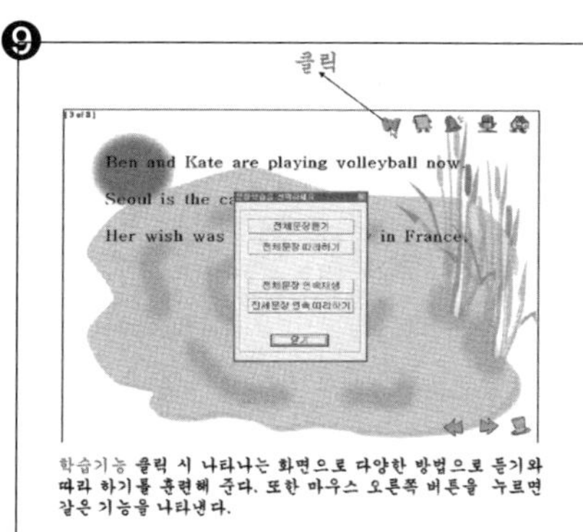

학습기능 클릭 시 나타나는 화면으로 다양한 방법으로 듣기와 따라 하기를 훈련해 준다. 또한 마우스 오른쪽 버튼을 누르면 같은 기능을 나타낸다.

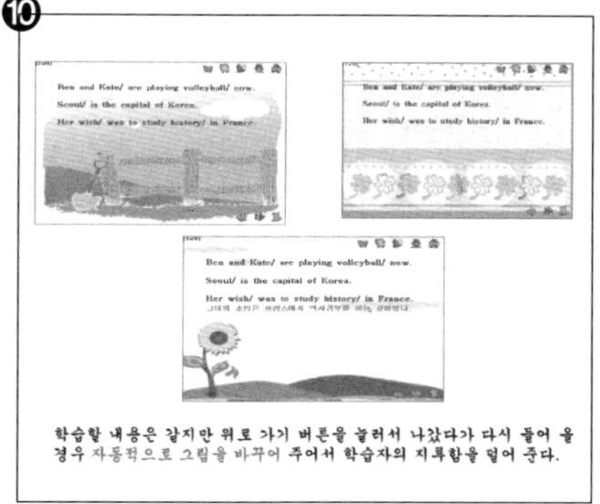

학습할 내용은 같지만 위로 가기 버튼을 눌러서 나갔다가 다시 들어 올 경우 자동적으로 그림을 바꾸어 주어서 학습자의 지루함을 덜어 준다.

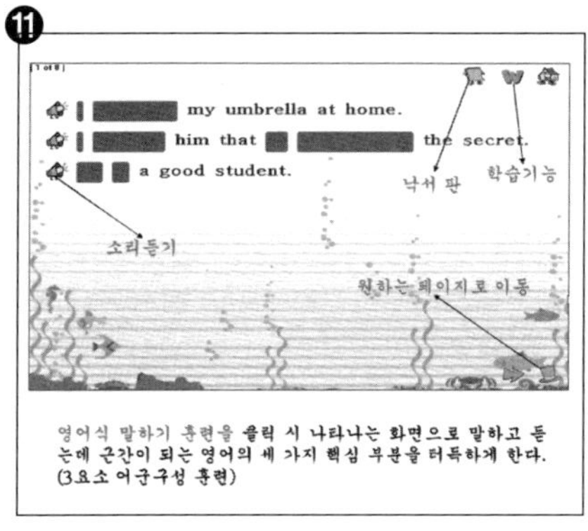

영어식 말하기 훈련을 클릭 시 나타나는 화면으로 말하고 듣는데 근간이 되는 영어의 세 가지 핵심 부분을 터득하게 한다. (3요소 어군구성 훈련)

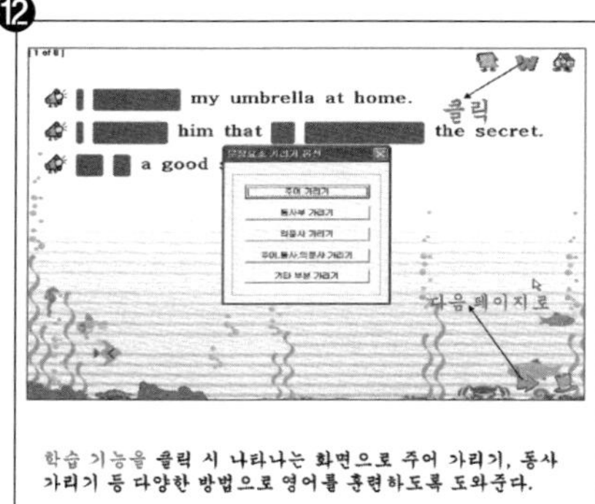

학습 기능을 클릭 시 나타나는 화면으로 주어 가리기, 동사 가리기 등 다양한 방법으로 영어를 훈련하도록 도와준다.

**13**

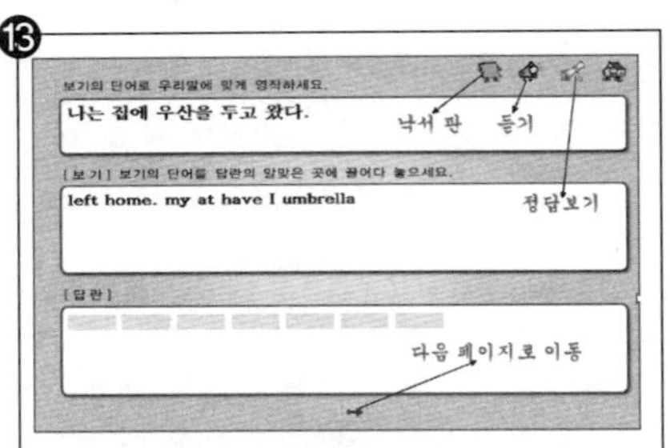

영작하기를 클릭 시 나타나는 화면으로 머릿속에 흩어져 있는 어휘들을 쉽고 빠르게 말이나 글로 표현할 수 있게 한다.(문장생성 구조력 훈련) 방법은 위의 단어들을 드래그해서 노란색 Box에 넣으면 된다.

**14**

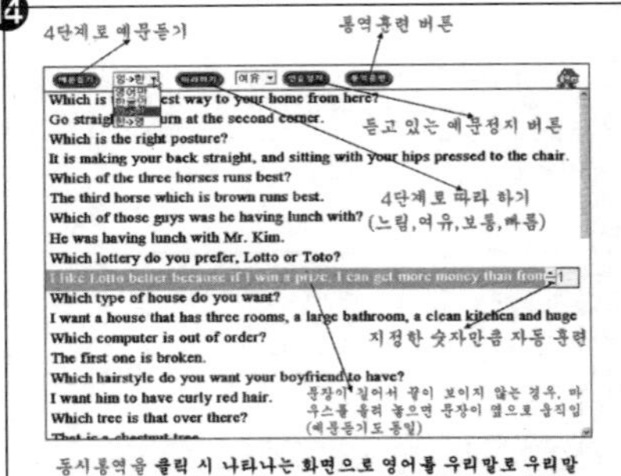

동시통역을 클릭 시 나타나는 화면으로 영어를 우리말로 우리말을 영어로 말할 수 있도록 도와 준다. 또한 마우스 왼쪽을 누르면 영어로, 마우스 오른쪽을 누르면 우리말로 들려준다.

**15**

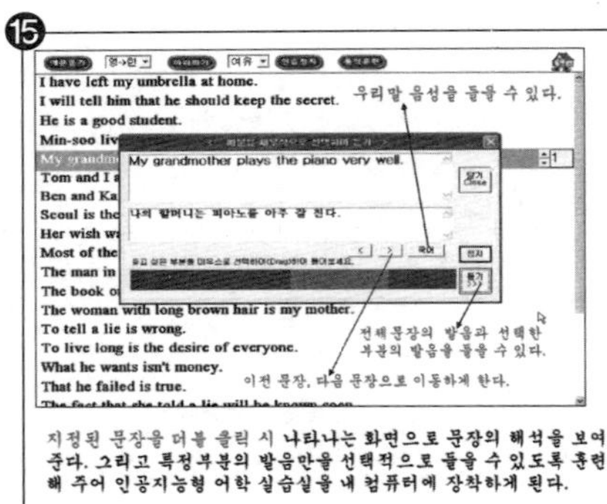

지정된 문장을 더블 클릭 시 나타나는 화면으로 문장의 해석을 보여 준다. 그리고 특정부분의 발음만을 선택적으로 들을 수 있도록 훈련해 주어 인공지능형 어학 실습실을 내 컴퓨터에 장착하게 된다.

**16**

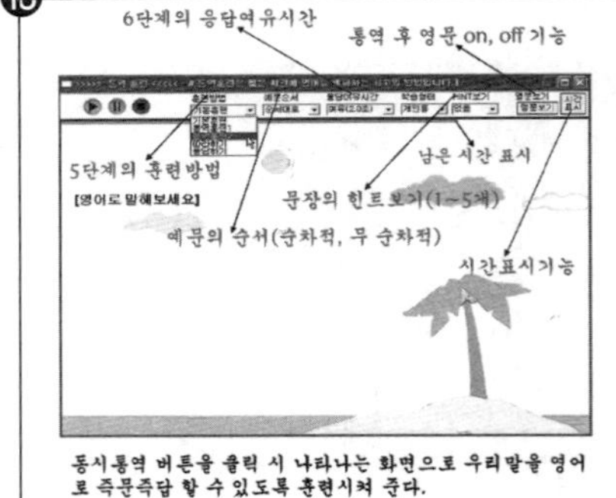

동시통역 버튼을 클릭 시 나타나는 화면으로 우리말을 영어로 즉문즉답 할 수 있도록 훈련시켜 준다.

**17**

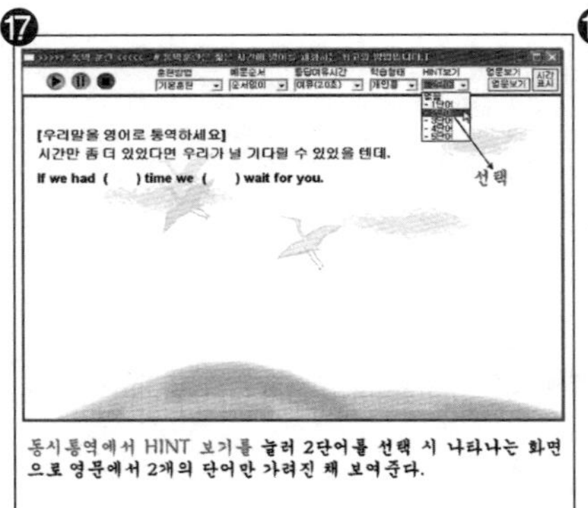

동시통역에서 HINT 보기를 눌러 2단어를 선택 시 나타나는 화면으로 영문에서 2개의 단어만 가려진 채 보여준다.

**18**

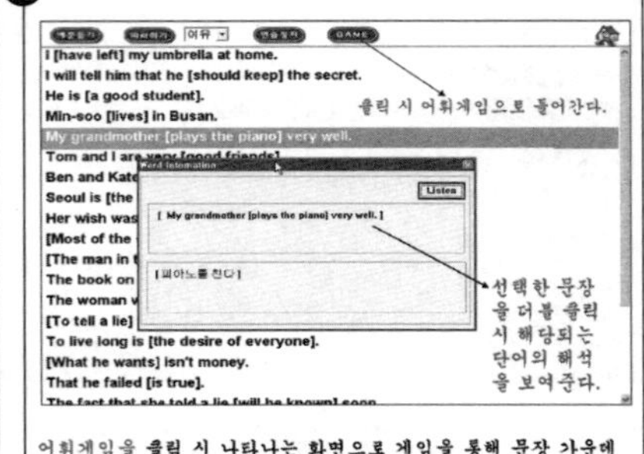

어휘게임을 클릭 시 나타나는 화면으로 게임을 통해 문장 가운데 쓰이고 있는 어휘들을 터득하게 한다.

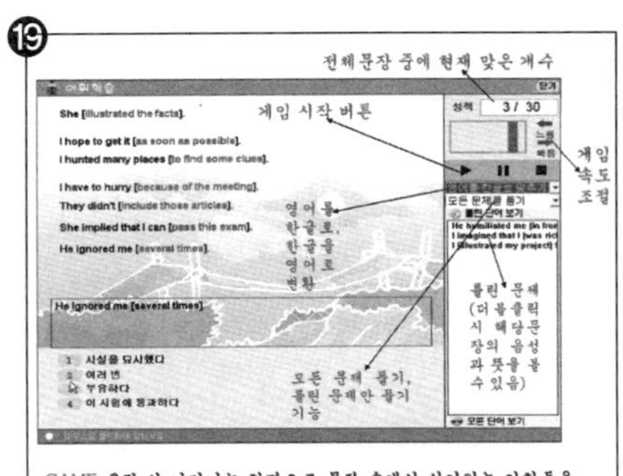


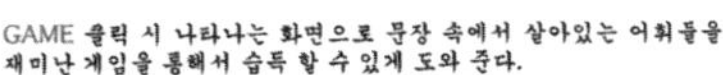

GAME 클릭 시 나타나는 화면으로 문장 속에서 살아있는 어휘들을 재미난 게임을 통해서 습득 할 수 있게 도와 준다.

받아쓰기 클릭 시 나타나는 화면으로 다양한 시스템의 듣기, 받아 쓰기를 통해 순발력을 강화한다. (임계량 측척과 순발력 창출 훈련)

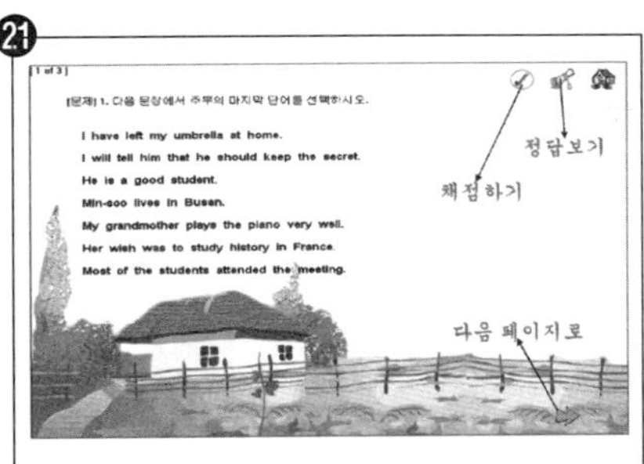


평가 클릭 시 나타나는 화면으로 간단한 평가를 통해 기억을 높이며 확신을 갖도록 하게한다.

Open English는 총 7장의 CD로 구성 되어 1~5번, 7번은 같은 방식의 훈련으로 이루어져 있지만 6번 CD는 학습자의 다양한 훈련을 체험 할 수 있도록 106개의 이야기로 구성 되어 있다.

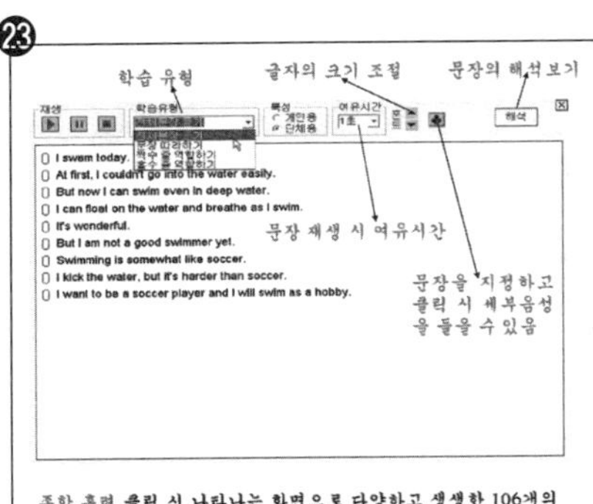


종합 훈련 클릭 시 나타나는 화면으로 다양하고 생생한 106개의 이야기를 통해 표현력을 향상 할 수 있도록 도와준다.

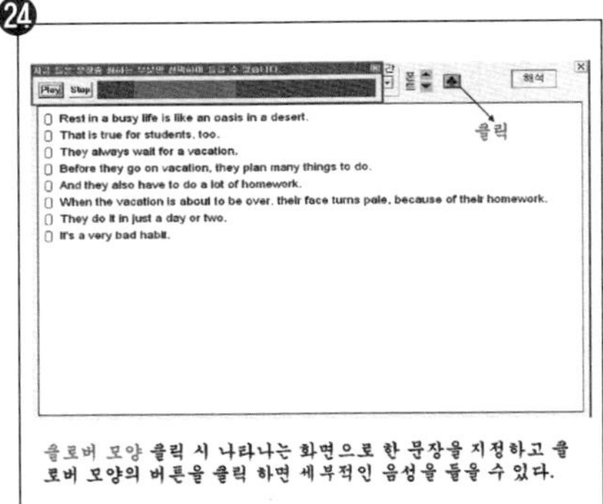


클로버 모양 클릭 시 나타나는 화면으로 한 문장을 지정하고 클로버 모양의 버튼을 클릭 하면 세부적인 음성을 들을 수 있다.

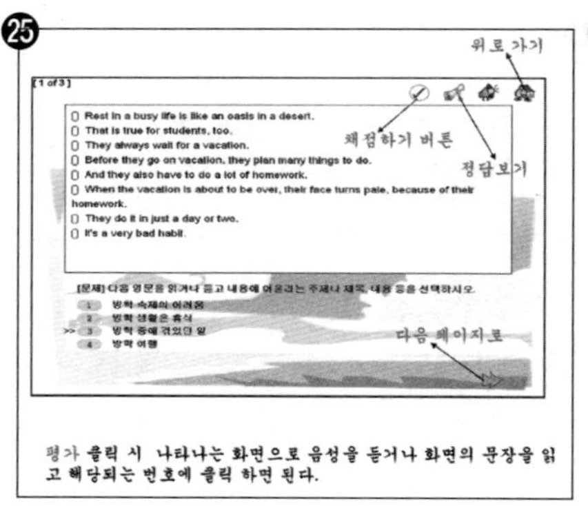


평가 클릭 시 나타나는 화면으로 음성을 듣거나 화면의 문장을 읽고 해당되는 번호에 클릭 하면 된다.

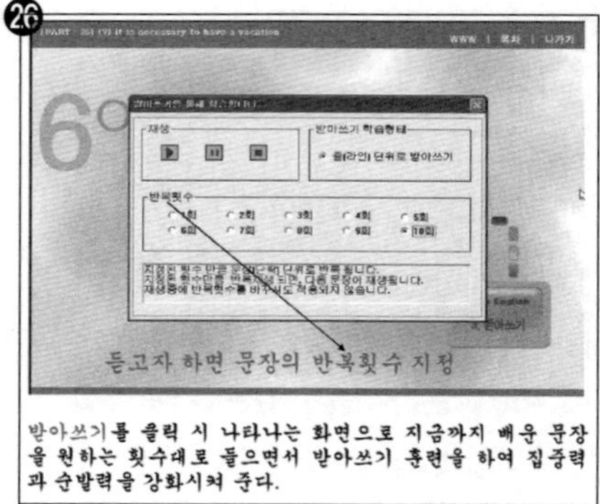


받아쓰기를 클릭 시 나타나는 화면으로 지금까지 배운 문장을 원하는 횟수대로 들으면서 받아쓰기 훈련을 하여 집중력과 순발력을 강화시켜 준다.

## 2. 행복디자인전도 실행 교육과 세미나

### (1) 전도 및 은사 콘테스트

① 전도 은사자 발굴

② 강사 발탁

③ 새로운 전도전략화

④ 전도전략 자료집 발간

전국적으로 전도에 대한 남다른 은사를 가진 분들의 아이디어와 재능, 사례들을 모아서 발표하므로 많은 사람이 도전받고 활용하도록 만드는 것이다. 인터넷 홈페이지에 이 부분에 관한 공간을 개설하고 수시로 접수하여 우수사례는 발표나 자료집으로 만들어 온·오프라인으로 제공하고자 한다. 또한, 은사자들을 발굴하여 강사로도 발탁할 것이다. 온·오프라인을 통해 어떤 내용이라도 주저 없이 많은 아이디어와 간증, 사례들을 보내주면 된다.

## (2) 행복디자인전도 세미나와 사관학교

제1회 세미나 참석자들에 한하여 제공하는 혜택

하나, 향후 1년간 웹 기반 디지털어학실습 프로그램 "Open English"를
　　　무상지급

둘, "말문 여는 영어기초어법 코스"도 무료 교육

셋, "행복디자인전도" 책값 전액 환급

행복디자인전도 세미나를 통해 전략과 실행방법, 자료 등을 나누고 새로운 활력과 동력을 만들어간다. 행복디자인전도사관학교에서는 상세한 실무와 이론, 품성을 교육하게 된다.

희망자는 평생교육선교회 인터넷 홈페이지를 통해 신청하고 공지되는 일정에 따라 해당 장소에 참여하면 된다. 본 세미나 제1회 참석자들에 한하여 향후 1년간 웹 기반 디지털어학실습 프로그램 "Open English"를 무상 지급하며 "말문 여는 영어기초어법 코스"도 무료로 교육받을 기회를 부여한다. (http://cafe.daum.net/lemam)


## (3) 행복디자인리더십 아카데미

행복디자인은 하나님 안으로의 삶의 중심이동이며 하나님을 최우선으로 하는 우선순위의 변경이다. 수많은 리더십이 존재하지만 정작 중요한 것은 삶의 본질과 출발이다. 이것을 모르는 이야기라면 그것은 인본주의적이요, 자기중심적 리더십을 발휘할 수밖에 없다.

중심과 우선순위가 바르지 못하면 그 어떤 것도 정상적인 메커니즘으로

작동될 수 없고 좋은 열매를 거두기 힘들다. 펑크(Puncture) 난 바퀴를 달고서는 자동차가 달릴 수 없으며 초점이 맞지 않는 안경을 끼고서는 올바른 시야를 확보할 수도 없고 사물을 제대로 분별할 수도 없음이 자명하다.

곧바로 사고로 이어질 위험이 있으니, 더더욱 성장과 발전이란 요원한 것이 되고 만다. 바로 이런 문제를 바로잡아 펑크 난 바퀴를 수리하고 시력에 맞는 안경을 끼워주는 교육과 훈련이 행복디자인리더십 아카데미에서 이루어지는 것이다.

### (4) '행복디자인전도' 책값 환급과 세미나

'행복디자인전도'에서는 그리스도의 향기로 전도하자는 향기전도(Aroma Mission)를 주창하고 있다. 이 운동이 이 땅 곳곳에 그리스도의 향기를 전달하는데 쓰임 받기 원하여서 교회마다 전 성도들이 『행복디자인전도』를 읽을 기회가 만들어졌으면 좋겠다고 생각한다.

또한, 이 교육과 세미나를 통해 능력 있는 전도자, 행복한 그리스도인임을 다시 한 번 발견할 수 있기를 희망한다. 따라서 이러한 모두가 교회마다 부흥의 불길이 타오르게 하는 일에 쓰임 받음으로 인해 행복한 전도 아우성이 들불처럼 번져나가기를 기대한다.

어떤 특정인들만의 특별한 방법에 의해서만 전도하는 것을 극복해야 한다. 우리는 모두 그리스도의 향기요, 편지이다. 이런 사실에 대한 인식을 다시금 새롭게 하여 모든 그리스도인의 삶이 그자체로써 전도가 되게 해야 할 것이다. 전도는 마음에 내키면 하고 그렇지 않으면 하지 않는 것이 아니다. 생존에서의 생명력의 유지와도 같은 것이 되어야 한다. 이렇게 회복되는 성도들의 삶으로 인해 교회마다 사람들이 모여들어 교회성장의 기쁨을 마음껏 누릴 수 있기를 기도하며 갈망한다.

이와 같은 취지에서 『행복디자인전도』를 산 사람이 서점발행 영수증과 교환권을 지참하고 '행복디자인전도' 세미나에 참여하면 현장에서 책값을 환급하여 준다.

도서 구입자들에게 드리는 또 하나의 혜택은 '말문 여는 영어기초어법 코스'에 무료로 교육받을 수 있는 수강증도 보너스로 제공해준다. 이 모든 것의 안내와 등록 서비스는 평생교육선교회 인터넷 홈페이지에서 이루어 진다.(http://cafe.daum.net/lemam)

### (5) 영어강의(말문 여는 영어기초어법)

본 강의는 전국의 기독교 서점에서 『행복디자인전도』 책을 구입한 분들에게 제공되는 것으로써 교육에 관한 정보는 평생교육선교회 인터넷 카페(http://cafe.daum.net/lemam)를 참조하여 접수하고 공지된 장소와 일시에 참여하면 된다. 본 강의에 대한 수강증을 영어를 배우고자 하는 전도 대상자에게 선물로 주어도 좋을 것이다. 가능하면 함께 수강하면서 이 기간을 전도의 기회로 삼는다면 자연스럽게 복음을 전할 수 있는 참으로 좋은 시간이 될 것이다. 전도를 위해 수강증이 더 필요한 경우에는 평생교육선교회 인터넷 카페를 참조하여 안내를 따르면 된다.


### ■ 말문 여는 영어기초어법 20강

### ▶ 단비영어

Good BE- 단비(好雨) 영어[Good Basic English]
획기적이고 놀라운 영어 습득의 단비

| 1강 / 영어의 이해와 조감 | 2강 / 현재 영어능력진단과 방향제시 |
| --- | --- |
| 3강 / 문장을 구성하는 주요인물 | 4강 / 문장구성의 필수적 시스템 |
| 5강 / 필수적 시스템의 파견 근무자들 | 6강 / 동사와 본질적 의미 |
| 7강 / 의문사와 묻는 말 | 8강 / 때를 나타내는 말에 대한 이해와 연습 |

| | |
|---|---|
| 9강 / 동사를 보조하는 말에 대한 이해와 연습 | 10강 / 관사, 단어와 문장 잇기 |
| 11강 / 관계사와 꾸며주기 | 12강 / 새롭게 이해하는 전치사 |
| 13강 / 말의 맛을 더하는 부사 | 14강 / 가정, 비교, 수동태 |
| 15강 / 동명사, 분사 | 16강 / 부정사 |
| 17강 / 명사에 대한 확장 | 18강 / 열려라 20 |
| 19강 / 의사표현 구름판 | 20강 / 테스트와 총정리 |

여호와께서 너희 땅에 이른 비, 늦은 비를 적당한 때에 내리시리니 너희가 곡식과 포도주와 기름을 얻을 것이요(신명기 11:14)

## 세미나 및 교육 프로그램

■ 지은이가 진행하는 행복디자인 전도부흥회, 세미나, 강습회 요청을 위한 안내

▶전도부흥회(행복, 능력, 충성)
– 중직 및 직분자들이 아름답게 변화
– 평신도들이 역동적으로 변화

▶세미나(행복, 가치혁신, 감격)
– 햇살처럼 쏟아지는 축복
– 삶의 놀라운 변화
– 삶의 총체적 의미로서의 예배와  전도의 삶으로 변화

▶교육훈련(행복, 차별화, 만족)
– 탁월하고 명쾌한 강의
– 차별화된 열매
– 만족스러운 수확

▶프로그램교육훈련
– 오픈 잉글리쉬(전도) 지도자 반
– 영어능력 집중배양 특별단기교육

▶접수 및 안내
E-Mail/ goodseed@paran.com
선교회 인터넷 카페:

　http://cafe.daum.net/lemam

# BIBLIOGRAPHY


강명희, 김민경.『정보사회와 교육』. 서울:열린 배움지기, 2000.

강희천.『기독교교육사상』. 서울:연세대학교 출판부, 1998.

고영철. 류광찬, 박행모.『교육학개론』. 서울:삼선 출판사, 1994,

구자룡.『마케팅2.0 iWOM』. 서울:동아일보사, 2007.

권정생.『강아지 똥』. 서울:길벗어린이, 1996.

권태일.『사랑 밭 새벽편지』. 서울:작은씨앗, 2005.

김광희.『누워서 읽는 경영학원론』. 서울:내하출판사, 2005.

김광희.『유쾌한 이야기 경영학』. 서울:내하출판사, 2008.

김기숙.『코메니우스의 인간성 교육론과 기독교대학』. 서울:한들출판사, 2003.

김선아.『코메니우스의 교육사상』. 파주:한국학술정보, 2008.

김우룡.『뉴미디어 개론』. 서울:나남출판, 1994.

김정환. 강선보,『교육학 개론』. 서울:박영사 2000.

김종서.『교육학개론(최신)』. 파주:교육과학사, 2009.

나건.『디자인 발전소』. 서울:비쥬얼스토리공장출판부, 2008.

대한환경공학회.『최신 환경과학』. 서울:동화기술, 1996.

박숙희. 염명숙.『교수학습과 교육공학』. 서울:학지사, 2003.

박찬식. 이우성.『한국교회여, 미래사회를 대비하라』. 서울:(사)기독교산업사회연구소, 2006.

성태제.『최신 교육학 개론』. 서울:학지사, 2007.

송해룡.『디지털 미디어, 서비스 그리고 콘텐츠』. 서울:다락방, 2003.

신완선.『컬러 리더십』. 서울:더난출판, 2002.

안애경.『핀란드 디자인 산책』. 서울:나무수, 2009.

엘지커뮤니카토피아연구소.『정보혁명 · 생활혁명 · 의식혁명』. 서울:백산서당, 1999.

연세대학교 교육철학연구회.『위대한 교육사상가들 VI』. 서울:교육과학사, 2002.

유광찬.『교육과정의 이해』. 파주:교육과학사 2008.

이동현.『경영의 교양을 읽는다』. 서울:더난출판, 2006.

이숙종.『코메니우스의 교육사상』. 파주:교육과학사, 2006.

이재규.『지식경영학원론』. 서울:박영사, 2003.

이훈구.『행복의 심리학』. 서울:법문사, 1998.

장용호.『사이버 공동체 형성의 역동적 모형』. 서울:집문당, 2002.

전석호.『정보화와 뉴미디어』. 서울:태영출판사, 2004.

정재윤.『나이키의 상대는 닌텐도다』. 서울:마젤란, 2006.

정정숙.『기독교교육사』. 서울:베다니출판사, 1999.

정충영.『사이버교회 어떻게 할 것인가』. 서울:겨자씨, 2004.

주형일.『영상매체와 사회』. 서울:한울, 2004.

최창섭.『인간과 미디어 환경』. 서울:성바오로 출판사, 1990.

한국도시연구소.『생태도시론』. 서울:박영사, 1998.

함주한.『마케팅 무작정 따라하기』. 서울:길벗, 2005.

Argyle, Michael.『행복심리학』. 김동기, 김은미(역). 서울:학지사, 2005.

C. K. 프라할라드.『새로운 혁신의 시대』. 박세연(역). 서울:비즈니스북스, 2009.

Hilty, Carl.『행복론』. 박현석(역). 서울:예림미디어, 2004.

Ingrid Bens.『퍼실리테이션 쉽게 하기』. 이영석, 오동근(역). 서울:ORP연구소, 2006. J.A.코메니우스.『대교수학』. 정확실(역). 파주:교육과학사, 2007.

J.A.코메니우스.『코메니우스의 범교육학』. 정일웅(역). 서울:그리심, 2003.

Nettle, Daniel.『행복의 심리학』. 김상우(역). 서울:와이즈북, 2006.

김위찬, 르네 마보안.『블루오션전략』. 강혜구(역). 서울:교보문고, 2005.

다니엘 핑크.『새로운 미래가 온다』. 김명철(역). 서울:한국경제신문, 2006.

대니얼 길버트.『행복에 걸려 비틀거리다』. 서은국, 최인철, 김미정(역). 서울:김영사, 2006.

로져 슈워즈.『퍼실리테이션 스킬』. 봉현철(역). 서울:다산서고, 2003.

리처드 G 위버.『우리가 열광하는 관리자, 퍼실리테이터』. 송경근(역). 서울:한언, 2004.

마틴 로이드 존스.『부흥』. 정상윤(역). 서울:복있는사람, 2006.

미야자키 데츠야.『경영학 무작정 따라하기』. 이우희(역). 서울:길벗, 2009.

빅터 파파넥.『인간을 위한 디자인』. 현용순, 조재경(역). 서울:미진사, 2009.

아리스토텔레스.『니코마코스 윤리학』. 이창우, 김재홍, 강상진(역). 서울:이제이북스, 2006.

아마티아 센.『자유로서의 발전』. 박우희(역). 서울:세종연구원, 2001.

앨빈 토플러, 하이디 토플러.『부의 미래』. 김중웅(역). 서울:청림출판, 2006.

웨인 슈미트.『지혜로운 생테크 이렇게 하라』. 이철민(역). 서울:프리셉트, 1997.

제프리 무어.『캐즘 마케팅』. 유승삼, 김기원(역). 서울:세종서적, 2002.

조엘 쿠르츠만.『미래와의 대화』. 오관기(역). 서울:양문, 1999.

존 칼빈.『기독교강요 1』. 고영민(역). 서울:기독교문사, 2006.

존 칼빈.『기독교강요 상』. 원광연(역). 서울:크리스챤다이제스트, 2009.

켄 블랜차드, 돈 허트슨, 이던 윌리스.『1분 경영수업』. 윤동구(역). 서울:랜덤하우스코리아, 2008.

파스칼.『쉽게 읽는 팡세』. 김태곤(역). 서울:생명의말씀사, 2008.

파스칼.『팡세』. 권응호(역). 서울:홍신문화사, 1997.

프롬나드디자인연구원.『프롬나드 디자인』. 서울:한국학술정보, 2009.

피터 드러커.『(피터 드러커) 미래경영』. 이재규(역). 서울:청림출판, 2002.

피터 드러커.『Next Society』. 이재규(역). 서울:한국경제신문, 2002.

헨리 페트로스키.『인간과 공학 이야기』. 최용준(역). 서울:지호, 1997.

호리 기미토시.『문제 해결을 위한 퍼실리테이션의 기술』. 현창혁(역). 서울:일빛, 2005.